탈무드

마빈 토케어 / 오용수 옮김

지성문화사

머리말…

　어떤 사람이 유태인에 대해 연구하려고 결심한 후 먼저 《구약성서》를 공부한 다음, 여러 가지 유태에 관한 책을 널리 읽었다. 그러나 그는 유태인이 아니었으므로 결국 유태인을 쉽게 이해할 수 없었다. 그러는 동안에 그는 유태인의 궤범(軌範)이 되고 있는 《탈무드》를 공부하지 않는 한 유태인을 이해할 수 없다는 결론을 얻게 되었다. 그래서 어느 날 그는 랍비를 찾아가 문을 두드렸다. 뒤에서 상세히 설명하겠지만 랍비란 유태교의 승려라고 할 수 있으나 그보다는 유태인에게 있어서 때로는 교사이고, 때로는 재판관이며, 때로는 바로 어버이가 되기도 하는 훌륭한 사람이다.

　랍비는 그 사람에게 「당신은 《탈무드》를 공부하고 싶다지만 아직 《탈무드》를 배울 자격이 없소」하고 말했다. 그러나 랍비를 찾아간 사람은 「저는 《탈무드》를 공부하고 싶습니다」라고 끈질기게 졸랐다. 그러고는 「저에게 그러한 자격이 있는지 없는지 테스트라도 해 봐야 알 게 아닙니까. 일단 테스트라도 한번 해주십시오」라고 말했다. 랍비는 그렇게까지 원한다면 어디 한번 간단한 테스트를 하나 해 보자고 하면서 다음과 같은 문제를 제시했다.

두 소년이 여름방학을 이용하여 굴뚝 청소를 했다. 청소가 끝난 후 한 아이는 얼굴이 새까맣게 그슬려 굴뚝에서 내려왔고, 또 다른 아이는 깨끗한 얼굴로 내려왔다. 『이런 경우 어느 소년이 얼굴을 씻으리라고 생각하시오?』

그 사람은 『물론 얼굴이 더러운 소년이 세수를 하겠지요』라고 대답했다. 그러자 랍비는 냉정하게 『그러니까 당신은 아직 《탈무드》를 공부할 자격이 없다는 것이오』하고 말했다. 그 사나이는 『그럼 해답이 무엇입니까?』하고 물었다. 랍비는 『당신이 만일 《탈무드》를 공부하면 이런 답을 스스로 알게 될 것이오』하면서 다음과 같이 설명했다.

『두 소년은 굴뚝을 청소했다. 한 아이는 깨끗한 얼굴, 한 아이는 더러운 얼굴을 하고 내려왔다. 얼굴이 더러운 아이는 깨끗한 얼굴의 아이를 보고 내 얼굴은 깨끗하다고 생각한 반면, 깨끗한 얼굴을 한 아이는 상대방의 더러운 얼굴을 보고 나도 더러울 것이라고 생각할 것이다』

그러자 사나이는 얼른 『아, 알았습니다』하고 외치며, 『다시 한번 테스트해 주십시오』라고 말했다. 랍비는 똑같은 질문을 했다. 『두 소년이 굴뚝 청소를 했다. 한 아이는 깨끗한 얼굴, 한 아이는 더러운 얼굴로 내려왔다. 그러면 어느 아이가 얼굴을 씻으리라고 생각하는가?』

그 사나이는 이미 답을 알고 있으므로 『그거야 물론 깨끗한 얼굴을 한 아이가 얼굴을 씻을 겁니다』라고 대답했다. 그러자 랍비는 이번에도 냉정한 어조로 당신은 아직 《탈무드》를 공부할 자격이 없소』하고 말했다. 그는 매우 낙심하여 『그렇다면 도대체 《탈무드》에서 어떻게 말하고 있습니까?』라고 물었다.

랍비는 『두 소년이 굴뚝 청소를 했다면 똑같은 굴뚝을 함께 청소했을 터인데, 그중 한 아이는 깨끗한 얼굴을 하고 한 아이는 더러운 얼굴을 하고 내려오는 일은 있을 수 없는 것이오」라고 잘라 말했다.

이것은 최근에 있었던 이야기이다. 나는 어떤 유명한 대학 교수로부터 전화를 받았다. 그의 이야기를 들어 보니, 《탈무드》를 연구하고 싶은데 하룻밤만이라도 좋으니 빌려 줄 수 없겠느냐는 것이었다. 나는 흔쾌히 승낙하고 정중하게 대답했다. 「좋습니다. 언제든지 빌려 드릴 수 있지만, 그 대신 오실 때는 트럭을 타고 오셔야 합니다.」

《탈무드》는 통권 20권으로 1만 2천 페이지에 이르며, 낱말 수로 따지면 250만 단어 이상이며 무게가 74킬로그램이나 되는 방대한 것이기 때문이다.

《탈무드》란 도대체 무엇인가? 어떻게 해서 만들어진 것이며, 어떤 책인가를 설명한다는 것은 극히 어려운 일이다. 너무 단순하게 설명하면 《탈무드》를 왜곡시키게 되며, 또 자세히 설명하려면 한이 없기 때문이다.

《탈무드》는 책이 아니다. 탈무드는 문학이다. 이 1만 2천 페이지는 기원전 500년에서 기원후 500년까지 구전(口傳)되어 온 내용을 10년이란 세월에 걸쳐서 2천여 명의 학자가 편찬한 것이다. 동시에 이것은 과거에 우리 조상들의 생활을 지배해 왔듯이 현대의 우리들도 지배하고 있다. 말하자면 유태 민족 5천 년의 슬기이며 모든 지식의 저수지라고도 할 수 있다.

그러나 이것은 정치가, 관리, 과학자, 철학자, 부호, 저명인사 등에 의해 만들어진 것은 아니다. 오로지 학자에 의해 문화, 도덕, 종교, 전통이 전해 내려온 것이다.

이것은 법전이 아니지만 법을 논하고 있다. 역사책이 아니지만 역사를 언급하고 있다. 인물 사전이 아니면서 많은 인물이 소개되고 있다. 또한 백과사전이 아니면서 백과사전과 같은 구실도 하고 있다.

인생의 의의란 무엇인가, 인간의 존엄이란 무엇인가, 행복이란 무엇인가, 사랑이란 무엇인가, 5천 년에 걸친 유태인의 지적 재산, 정신적 자양이 《탈무드》에 집약되어 있다.

진정한 의미에서 탁월한 문헌이며, 장대하고 화려한 문화의 모자이크이다. 서양 문명을 낳은 문화 양식, 서양 문명의 사고방식을 이해하기 위해서는 《탈무드》를 통지하고 않고는 지나갈 수 없으리라.

이 책의 원류는 《구약성서》이며, 고대 유태인의 사상이라기보다 《구약성서》를 보충하고 《구약성서》를 보다 넓게 펼쳐 놓은 것이다. 그래서 기독교도들은 그리스도 출현 이후의 문화는 모두 무시하려 했고, 《탈무드》를 인정하는 것을 굳게 거부해 왔다.

《탈무드》는 글로 쓰어지기 전에는 구전으로 교사에 의해 학생들에게 전해 내려왔다. 그 때문에 내용의 전개는 대부분 질문과 대답이라는 형식을 취하고 있다. 그 내용은 대단히 광범위하고, 모든 테마가 히브리어와 아람어로 되어 있다. 그리고 이것이 책으로 편찬될 당시는 구두점이나 서문과 후기도 없는, 오직 내용만으로 채워진 것이었다.

당시 《탈무드》는 너무도 방대한 분량이 여기저기 흩어져 있었기 때문에 유태인들은 《탈무드》의 여러 귀중한 부분이 없어지는 것을 막기 위해 전승자를 도처에서 모집한다. 그때, 전승자 가운데 머리가 좋은 사람은 일부러 제외시켰다고 한다. 그 까닭은 자신의 의견을 삽입하여 전승이 왜곡되는 것을 염려해서였다.

이렇게 하여 수백 년 동안 구전되어 온 《탈무드》 편찬이 많은 도시에서 추진되었다. 오늘날에는 바빌로니아의 《탈무드》와 팔레스티나의 《탈무드》가 존재하고 있는데, 그 중 바빌로니아 《탈무드》가 더 중요시되어 그 권위를 인정받고 있다. 그래서 《탈무드》라고 하면 일반적으로 바빌로니아의 《탈무드》를 가리킨다.

《탈무드》 안에 첨부되어 있는 색인이나 주석은 이스라엘어를 비롯해 바빌로니아어, 프랑스어, 독일어, 스페인어, 북아프리카어, 터키어, 폴란드어, 러시아어, 이탈리아어, 영어, 중국어 등이다. 세계의 많은 나라에서 이 《탈무드》를 배웠고, 읽고 난 뒤 사람들은 새로운 말을 덧붙여 놓았던 것이다.

《탈무드》의 새로운 인쇄판의 마지막 한 페이지는 반드시 백지로 남겨지게 되어 있는데, 이는 《탈무드》가 항상 덧붙여 쓸 수 있는 여지가 남겨져 있다는 것을 상징하고 있다. 나를 찾아오는 유태인들에게도 나는 항상 이 페이지에 무엇인가 더 써 넣어도 좋다고 말했다.

《탈무드》는 읽는 것이 아니라 배우는 것이다. 나의 어린 딸은 내가 아침 일찍 일어나 《탈무드》를 공부하고 있는 것을 본 후 3시간 뒤에 다시 돌아와 들여다보아도 겨우 15단어 정도밖에 나가지 못하고 있는 장면을 자주 본다.

그러나 이 15단어를 이해하고 그 뜻을 진정으로 파악할 수 있다.는 것은 인생 경험을 대단히 풍부하게 해주고, 사물에 대한 사고방식을 확립시켜 주며, 자기 자신을 충만케 해 준다. 사고 능력, 혹은 정신을 단련시키는 데 이보다 더 좋은 책은 없으리라고 생각한다.

따라서 《탈무드》는 유태인의 영혼이라고 할 수 있다. 기나긴 이산(離散)의 역사를 겪어 온 유태 민족에게 있어서 《탈무드》만이 그들의 정신적 지주 역할을 해 왔다.

오늘날 모든 유태인 개개인이 《탈무드》의 연구자라고 말할 수는 없다. 그러나 정신적인 자양분을 《탈무드》에서 얻고 있으며 거기에서 생활의 규범을 찾고 있는 것이 사실이다. 그것은 유태인 생활의 일부가 되고 있으며, 유태인이 그것을 지켜 왔다기보다 오히려 그것을 유태인을 지켜 왔다고 말할 수 있다.

원래 《탈무드》란 위대한 연구, 위대한 학문, 위대한 고전 연구 등의 의미를 갖고 있다.

《탈무드》는 어느 권(卷)을 펴보아도 반드시 2페이지부터 시작하고 있다. 그것은 《탈무드》를 읽지 않아도 당신은 이미 《탈무드》의 연구자라는 것을 의미한다. 첫 페이지는 당신의 경험을 기록하기 위해 준비된 것이다.

유태인은 《탈무드》를 「바다」라고도 한다. 바다는 거대하고, 거기엔 온갖 것이 있다. 그리고 물 밑에 무엇이 있는지는 뚜렷이 알 수 없기 때문이다.

그러나 《탈무드》가 너무도 방대하다고 하여 미리부터 포기할 필요는 없다. 《탈무드》에 다음과 같은 이야기가 있다.

두 사나이가 오랜 여행을 하느라 허기에 지쳐 있었다. 그들이 어떤 방에 들어가니, 맛있는 과일이 바구니에 담겨 높은 천장에 매달려 있었다. 한 사나이가 말했다. 「과일은 먹고 싶지만 너무 높은 곳에 있어 꺼낼 수가 없구나」 그러나 또 한 사람은 「아주 먹음직스런 과일이구나. 난 꼭 먹고야 말겠어. 너무 높은 곳에 매달려 있긴 하지만 저기에 매달려 있다는 건 누군가가 거기에 걸었다는 것이야. 그러니 우리라고 해서 손이 닿지 말란 법은 없어」 그렇게 말하고 사나이는 사다리를 찾아내 한 발 한 발 딛고 올라가서 과일을 꺼냈다.

《탈무드》가 제아무리 위대한 것일지라도 우리와 같은 인간이 만든 것이니, 같은 인간인 우리가 그것을 우리 것으로 소화시키지 못할 까닭이 없다. 다만 한 걸음 한 걸음 순서를 밟아 올라가야만 한다는 이야기일 따름이다. 그러나 독자 여러분의 용기를 북돋아 주기 위해서 나는 이렇게 말하고 싶다.

당신이 알고 있는 세계의 위대한 인물 수백 명을 한 방에 모아 놓고 어딘가에 녹음기를 장치해 둔다. 그리고 이 위대한 인물들이 수백 시간에 걸쳐 계속 이야기하고 토론한 내용을 녹음했다고 하자. 그것은 대단히 귀중한 것이다. 《탈무드》는 그것에 필적한 만한 매력을 지니고 있다.

그 한 페이지만 열어 보아도 위대한 사람들이 1천 년 동안 말해온 것을 당신은 반드시 듣게 될 것이다. 이 책에서 나는 그 충실한 안내자가 되려고 한다.

차 례

탈무드

제1장···탈무드의 마음 ○ 12

제2장···탈무드의 귀 ○ 21

제3장···탈무드의 눈 ○ 83

제4장···탈무드의 머리 ○ 105

제5장···탈무드의 손 ○ 131

제6장···탈무드의 발 ○ 161

〈속편〉 탈무드

제7장···성서의 빛 ○ 175

제8장···성서의 맛 ○ 183

제9장···성서의 향기 ○ 259

제10장···성서의 영향 ○ 279

옮기고 나서··· 295

탈무드의 마음

'탈무드(Talmud)' 란
우리말로 '위대한 연구' 라는 뜻으로,
5천여 년이라는 긴 세월 동안
유태 민족을 버텨 오게 한 생활 규범이다.
이 장에서는 이 방대한 성전(성전)에 대하여
될 수 있는 한 충실하게 해설하고자 했다.
'탈무드' 의 문을 여는 것은 당신 자신의 마음이다.
그리고 '탈무드' 의 마음을 붙잡는 것도 또한
당신 자신의 명석한 머리와 끊임없는
노력에 달려 있다.

세 사람의 랍비

나는 《탈무드》 신학교의 면접시험에서, 『당신은 왜 이 학교에 입학하려고 하는가?』라는 질문을 받았다.

나는 『이 학교가 마음에 들어서 입니다』라고 대답했다. 그러자 시험관은 『만약 당신이 공부를 하고 싶다면 도서관에 가는 편이 낫다. 학교는 공부하는 곳이 아니다』라고 말했다.

나는 『그렇다면 학교에 입학할 필요가 없지 않습니까?』하고 되물었다. 그는 『학교란 위대한 사람 앞에 마주 앉는 것이다. 〈그들〉이라는 살아 있는 본보기로부터 배우는 것이다. 학생은 위대한 랍비나 교사를 지켜봄으로써 배워 가는 것이다』라고 말했다.

그래서 나는 《탈무드》에 나오는 세 사람의 위대한 랍비를 하나하나 소개하고자 한다.

랍비 히렐

그는 2천여 년 전에 바빌로니아에서 태어났다. 20세가 되던 해에 그는 이스라엘로 찾아와 두 사람의 위대한 랍비 밑에서 공부를 했다. 그 당시의 이스라엘은 로마의 지배 하에 있었으므로 유태인의 생활은 무척 곤궁했다. 그는 생계를 위해 벌이에 나섰으나 하루에 겨우 동전 한 닢밖에 벌 수 없었다. 그 동전의 절반은 그의 최저 생계비에 쓰이고 나머지 절반은 수업료로 쓰였다.

어느 날 그는 일자리를 구하지 못했기 때문에 돈을 벌 수 없었다. 그러나 그는 어떻게 해서라도 학교의 강의를 듣고 싶었다. 그래서 학교 지붕 위로 올라가 굴뚝에 귀를 대고 하룻밤 내내 아래쪽 교실에서

흘러나오고 있는 강의를 들었다. 그러다가 그는 어느새 잠이 들어 버렸다. 그때는 추운 겨울밤이었으며 때마침 내리기 시작한 눈이 그의 몸을 덮어 버렸다.

아침이 되어 다시 강의가 시작되었다. 그런데 교실 안이 여느 때보다 어두워 모두 천장을 올려다보니, 천장에 붙은 채광용 유리창에 사람이 엎어져 있는 것이었다. 사람들은 히렐을 끌어내려 몸을 녹이고 기운을 차리도록 해주었다. 그로부터 그는 수업료를 면제받았다. 이것을 계기로 하여 유태 학교의 수업료는 무료가 되었다.

히렐의 이야기는 가장 많이 구전되어 왔으며, 그리스도의 말도 실은 히렐의 말을 인용한 것이 많다.

그는 천재이며 매우 온순하고 예의바른 사람이었다. 그 뒤 히렐은 랍비의 대승정이 되었다.

어느 날, 유태인이 아닌 한 사람이 찾아와 히렐에게 『내가 한쪽발로 서 있는 동안에 유태 학문의 모든 것을 가르쳐 보시오』 하고 말했다. 그러자 히렐은 『자기가 하기 싫은 일을 남에게 강요하지 말라』고 대답했다.

또 한번은 히렐을 성나게 할 수 있는가 하는 문제를 가지고 내기를 한 사람이 있었다. 안식일 준비를 위해 금요일 낮 히렐이 목욕탕에 들어가 몸을 씻고 있을 때 한 사나이가 문을 두드렸다. 히렐은 젖은 몸을 닦은 뒤 옷을 걸치고서 문을 열고 나왔다.

그러자 그 사나이는 『사람의 머리는 왜 둥글까요?』라는 싱거운 질문을 했다. 히렐이 대답하고 나서 욕탕으로 되돌아가면, 그는 다시 문을 두드려 『흑인은 어째서 그렇게 검은가요?』라고 엉터리 질문을 되풀이했다. 흑인이 검은 이유를 열심히 설명해 주고 나서 다시 욕실로 돌아오면 금방 또 문을 두드려 질문을 했다.

이렇게 하기를 다섯 차례나 반복했다.

마지막에 그 사나이가 히렐을 보고 「당신 같은 사람은 이 세상에 없는 것이 더 좋았을 텐데, 나는 당신 때문에 내기를 했다가 큰 손해를 보았소」 하고 말했다.

그러자 히렐은 「내가 인내력을 잃는 것보다 당신이 돈을 잃는 편이 더 낫다」고 대꾸했다.

또 어느 날 히렐이 급하게 거리를 걷고 있었다. 학생들이 그것을 보고 「선생님, 무슨 바쁜 일이라도 생겼습니까?」 라고 묻자, 히렐은 「선행을 하기 위해 급히 가는 중일세」 라고 대답했다. 학생도 함께 따라가 보았더니, 히렐은 공중목욕탕에 들어가서 몸을 씻는 것이었다. 학생은 놀라서 「선생님, 어째서 그것이 선행입니까?」 하고 물었다. 「사람이 자신을 청결하게 하는 것은 대단한 선행이다. 로마 사람들을 보아라. 그 사람들은 많은 동상을 깨끗이 닦고 있다. 그러나 인간은 동상보다 자기 자신을 깨끗이 닦고 있다. 그러나 인간은 동상보다 자기 자신을 깨끗이 씻는 것이 훨씬 좋은 일을 하는 것이다」 라고 말했다.

이밖에도 히렐은 수없이 많은 위대한 말을 남겼다. 머릿속에 되새기면 되새길수록 그 참맛이 우러나는 것들뿐이다.

⊙ 지식을 쌓지 않는 것은 지식을 감소시키고 있는 것과 같은 결과가 된다.

⊙ 자기의 직위를 과시하려는 사람은 이미 자기 인격에 상처를 낸 사람이다.

⊙ 상대방의 입장에 서 보지 않고는 그 사람을 판단하지 말라.

⊙ 배우는 학생은 부끄러워해서는 안 된다.

⊙ 인내력이 없는 사람은 교사가 될 수 없다.

⊙ 만약 당신 주위에 뛰어난 사람이 없다면, 당신 자신이 뛰어난 사람이 되어야만 한다.

⊙ 당신이 자신을 위하지 않는다면, 누가 당신을 위해 주겠는가.

⊙ 지금 그것을 하지 않으면 언제 할 수 있는 날이 있을지 모른다.
⊙ 인생의 최대 목적은 평화를 사랑하고, 평화를 구하고, 평화가 오게 하는 일이다.

⊙ 자신의 일만을 생각하는 사람은 그 자신조차도 될 자격이 없는 인간이다.

랍비 요한나 벤 자카이

요한나는 유태 민족이 사상 최대의 정신적 위기에 직면했을 때 크게 활약한 랍비이다. 기원후 70년에 로마인이 유태의 사원을 파괴하고 유태인을 멸망시키려 했을 때 요한나는 온건파였다. 그래서 강경파는 요한나의 행동을 늘 감시했다. 요한나는 유태 민족이 영원히 살아남기 위한 방법을 골똘히 생각하고 있었다. 마침내 그는 로마의 장군과 어떤 문제를 의논해야만 되겠다는 결론을 내렸다.

그 무렵 유태인은 모두 예루살렘의 성벽 안에서 농성하고 있었으므로 일체의 출입이 금지되어 있었다. 그러나 요한나는 속임수를 써서 탈출했다. 환자 행세를 했던 것이다. 그는 대승정이었으므로 많은 사람이 병상으로 위문을 왔다. 이윽고 그가 위독하다는 소문이 퍼지고, 얼마 후에는 숨을 거두었다는 소문이 나돌았다.

제자들은 예루살렘 성벽 안에는 묘지가 없었으므로 그를 성 밖에 묻을 수 있도록 허가를 신청했다. 그러나 강경파인 수비병들은 랍비가 정말로 죽었는지 믿을 수 없다면서 『칼로 한번 찔러 보아 확인 하겠다.』고 했다. 유태인은 시체를 절대로 직접 보지 않으므로 시체를 확인하지 않고 관 위에서 칼로 찌르려 했다.

『그렇게 하면 사자(死者)를 모독하는 일이 된다』고 제자들은 필사적으로 항변했다. 보통 유태의 장례식은 관을 노천에 방치해 두지만, 제자들은 『랍비는 대승정이니까 격식대로 매장하지 않으면 안된다』고 강경하게 주장했다. 마침내 장례 행렬은 로마군의 전선 쪽으로 향해 가게 되었다.

그러나 전선을 통과할 때 로마 병사 역시 『관을 칼로 찔러 확인 해야겠다』면서 느닷없이 칼을 곧추세워 찌르려 했다. 제자들은 당황하여 『만약 로마 황제가 죽었다고 한다면 당신은 황제의 관을 칼로 찌를 것인가? 우리들은 전혀 무장도 하지 않았다』고 주장했다. 그래서 마침내 전선을 넘을 수 있었다.

랍비는 관을 열고 나와 로마 사령관을 만나겠다고 신청했다. 그리고 그는 로마 사령관의 눈을 응시하면서 『나는 당신에게 로마 황제에 대한 것과 똑같은 경의를 표합니다』라고 말했다. 황제라고 불린 사령관은 황제를 모욕했다면서 벌컥 화를 냈다. 랍비는 『아닙니다. 내가 한 말을 믿으십시오. 당신은 기필코 다음번의 황제가 될 것입니다』라고 단언했다.

그러자 사령관은 「그 말은 이제 그만 해 둡시다. 그런데 당신은 도대체 무엇이 필요해서 온 것이오?」 하고 물었다. 랍비는 「한 가지 부탁이 있습니다」 라고 말했다. 자, 독자라면 무엇이라고 대답했겠는지 한번 생각해 보자.

랍비의 부탁은 이러했다. 「방 한 칸이라도 좋으니 10명쯤의 랍비가 들어갈 수 있는 학교를 하나 만들어 주시오. 그리고 이 학교만은 파괴하지 말아 주시오」

랍비는 조만간 예루살렘이 로마에 의해 점령되고 파괴당할 것을 예견하고 있었다. 대학살이 발생할 것도 알고 있었다. 그러나 학교만 있다면 유태의 전통은 전승되리라고 생각했던 것이다.

사령관은 「좋소, 그렇게 해 드리도록 하겠소」 하고 말했다. 얼마 후에 로마 황제가 죽고 이 사령관이 황제가 되었다. 황제는 로마 병사에게 「조그만 학교 하나만은 파괴하지 말라」 고 명령했다. 그때 그 학교에 남아 있던 학자들이 유태의 지식, 유태의 전통을 지켰다. 전쟁이 끝난 뒤 유태인의 생활양식도 또한 그 학교 덕으로 계속 지킬 수 있었다.

그는 「착한 마음을 갖는 것이 최대의 재산이다」 라고 말했다. 유태교의 제단은 돌만 사용하고 금속은 절대로 쓰지 않는다. 왜냐하면 금속은 무기를 만들 수 있기 때문이다. 제단은 신과 인간 사이에 평화를 가져다주는 것이며, 동시에 신과 인간 사이를 연결하는 상징이다. 즉 말할 수 없는 돌이라도 신과 인간을 이어줄 수 있다. 「당신은 인간이므로 남편과 아내 사이, 나라와 나라 사이에 평화를 가져오게 할 수 있을 것이다」 라고 한 것은 요한나의 명언이다.

랍비 아키바

아키바는 《탈무드》 가운데서도 가장 존경받는 랍비이다. 그는 유태민족의 영웅이기도 하다.

그는 양을 치는 사람으로 큰 부자집에서 고용살이를 했다. 그러던 중 그 집 딸과 사랑하게 되어 아버지의 반대를 무릅쓰고 두 사람은 결혼을 했다. 그래서 딸은 부모로부터 쫓겨나게 되었다. 그는 공부를 하지 않았으므로 읽지도 쓰지도 못했다. 아내는 남편에게 『꼭 한 가지 부탁이 있습니다. 부디 공부를 하도록 하십시오』 하고 말했다. 그래서 그는 어린이들과 함께 학교에 다니게 되었다.

13년 동안의 학업을 마치고 집으로 돌아왔을 때, 그는 당대 최고의 학자로서 성망을 얻고 유명해져 있었다. 후에 그는 《탈무드》의 최초 편집자가 되었는데, 그의 의학과 천문학을 공부했고 많은 외국어도 구사할 수 있었다. 또 몇 차례나 유태인 사절로 뽑혀 로마에 가기도 했다. 기원후 132년 유태인이 로마의 지배로부터 벗어나기 위해 반란을 일으켰을 대 그는 그 정신적인 지도자였다.

이 반란이 진압되자 로마인은 학문을 하는 유태인은 누구를 막론하고 사형에 처한다는 포고문을 발표했다. 그들은 이제 유태인이 책을 통해 참다운 유태인이 된다는 사실을 깨달았기 때문이었다. 이때 랍비 아키바는 다음과 같은 여우 이야기를 했다.

어느 날, 여우가 시냇가를 걷다가 물고기들이 바삐 헤엄쳐 돌아다니는 것을 보았다. 여우는 『왜들 그렇게 바삐 헤엄치고 있느냐?』하고 물었다. 물고기들은 『우리를 잡으러 올 그물이 무섭기 때문이에요』라고 대답했다. 그러자 여우는 『이쪽으로 나오렴. 언덕으로 오면 내가 지켜 줄 테니까 걱정 없어』라고 말했다.

물고기들은 「여우님, 당신은 매우 영리하다고 모두 말하던데 어쩌면 그렇게도 어리석지요?」라고 말했다. 「우리가 여태껏 살아온 물속에서도 이처럼 두려워하고 있는데, 언덕으로 올라가면 어떤 처지에 이를지 모르고 하시는 말씀인가요?」

요컨대 아키바는 「유태인에게 있어 학문은 물과 같은 것이며, 물을 떠나 뭍으로 올라가면 죽어 버린다. 유태인은 어떻게 해서든지 배워야만 한다」라고 말했다.

로마인에게 붙잡힌 아키바는 투옥되고 얼마 뒤에는 로마로 끌려가 처형이 확정되었다. 그리고 그 때 로마인들은 그를 십자가에 매달아 죽이는 것은 너무도 고통 없이 안락하게 죽이는 것이므로 보다 가혹한 형벌을 주어야 한다며, 불에 달군 인두로 온몸을 지져 태워 죽이기로 했다.

처형 날, 유태인의 지도자라는 이유로 로마의 사령관이 현장에 입회했다. 때마침 아침 해가 산 위로 떠오르기 시작하여 아침 기도가 시작되려는 시간이었다. 랍비 아키바는 새빨갛게 달구어진 인두를 온몸에 받으면서 아침 기도를 올리기 시작했다.

이 광경을 본 로마의 사령관은 놀라움에 눈에 크게 뜨고 물었다. 「너는 이렇게 혹독한 고통을 당하면서도 기도를 하는 거냐?」 그러자 랍비는 「나는 신을 사랑하므로 지금까지 기도를 한번도 쉬지 않았다. 지금 이렇게 죽음을 당하는 순간까지도 기도할 수 있는 나 자신에게서 진정으로 신을 사랑하고 있는 나를 발견하여 정말 기쁘다」라고 조용히 말하고 생명의 등불을 서서히 껐다.

탈무드의 귀

듣는 사람의 의지와 상관없이 귀에는
갖가지 정보가 들어온다. 중요한 것은 그 선택이다.
이 장에서는 '탈무드' 가운데서 특히 흥미 있고
교훈적인 일화만을 선택했다.
일화는 사고(思考)의 재료이다. 맛있게 간을 맞추는 것도,
적당히 연하게 만드는 것도
요리사인 당신의 솜씨에 달려 있다.

요술 사과

임금님에게 외동딸이 있었다. 그 공주가 우연히 중병에 걸려 백약이 무효였다. 의사는 신약(神藥)을 쓰지 않으면 살아날 가망이 없다고 말했다.

그래서 임금님은 딸의 병을 고쳐 주는 사람에게 공주를 시집보내고 임금 자리도 물려주겠다고 포고했다.

아무 먼 고을에서 삼형제가 살고 있었는데, 그중 한 사람이 망원경으로 그 포고문을 보았다.

삼형제는 그 공주를 동정하여 어떻게든 공주의 병을 고쳐 주자고 의논했다.

삼형제 중 한 사람은 요술 담요를 갖고 있었다. 그리고 한 사람은 요술 사과를 갖고 있었다. 요술 사과는 먹으면 어떤 병이든 낫게 하는 신통력을 갖고 있었다.

세 사람은 요술 담요를 타고 왕궁으로 찾아갔다.

공주에게 사과를 먹였더니 그 병이 깨끗이 나아 모두들 매우 기뻐했다. 임금님은 큰 잔치를 베풀고 새로운 왕위 계승자를 발표하려고 했다.

그러자 삼형제 중 맏형은 「내가 망원경으로 포고문을 보지 않았다면 우리는 이곳에 올 수 없었다」라고 주장했고, 둘째는 「요술 담요가 없었다면 이렇게 먼 곳까지 도저히 올 수 없었다」고 말했으며, 막내는 「요술 사과가 없었다면 병이 낫지 않았을 것이다」라고 각각 말했다.

만일 당신이 임금이라면 삼형제 중 누구에게 공주를 시집보내겠는가?

답은 「사과를 가진 사나이」이다.

왜냐하면 담요를 가진 사나이는 담요를 갖고 있고, 망원경을 가진 사나이 역시 지금도 망원경을 갖고 있다. 그러나 사과를 갖고 있던 사나이는 사과를 공주에게 먹였기 때문에 아무것도 갖고 있지 않다. 그는 모든 것을 공주를 위해 준 것이다.

《탈무드》에 의하면 「무엇인가를 해줄 때에는 전부를 거기에다 거는 것이 가장 귀중하다」고 한다.

그 릇

대단히 총명하지만 못생긴 랍비가 로마 황제의 공주를 만났다. 공주는 「그렇듯 뛰어난 총명이 이렇게 지저분한 그릇에 담겨 있다니!」하고 말했다.

랍비는 「왕궁에 술이 있습니까?」하고 물었다. 공주가 고개를 끄덕이자 「어떤 그릇에 담겨 있나요?」하고 다시 물었다. 공주는 「보통 볼 수 있는 항아리나 물주전자에 들어 있습니다」라고 대답했다. 랍비는 놀라는 시늉을 하며 「적어도 로마의 공주님이라면 금이나 은으로 만든 그릇도 많을 텐데, 어째서 그렇게 보잘 것 없는 항아리를 사용하신단 말입니까?」하고 말했다.

그러자 공주는 지금까지 금은 그릇에 담겨 있던 물을 보잘 것 없는 그릇으로 옮기고, 값싼 항아리에 담아 놓았던 술을 금은 그릇으로 옮겼다. 술맛은 금방 변해 버렸다.

왕은 노하여 「누가 이런 곳에 술을 담았는가?」하고 물었다. 공주는 「그렇게 하는 것이 더 잘 어울릴 것 같아서 제가 그랬습니다」라고 대답했다.

그러고 나서 공주는 랍비에게로 가 「랍비여, 당신은 어찌하여 이런 일을 권했습니까?」하며 크게 화를 냈다.

랍비는 「나는 다만 대단히 귀중한 것이라 할지라도 값싼 항아리 속에 넣어 두는 편이 좋을 때도 있다는 것을 공주에게 가르쳐 주고 싶었을 뿐입니다」라고 말했다.

세 자매

옛날에 세 명의 딸을 가진 아버지가 있었다. 그 딸들은 모두 미인이었으나 저마다 한 가지씩 결점을 갖고 있었다. 한 아이는 게으름뱅이이고, 한 아이는 도벽이 있었으며, 한 아이는 남을 중상하기를 좋아했다.

그런데 아들 셋이 있는 어떤 사나이가 그 딸들을 며느리로 달라고 제의해 왔다. 딸을 가진 아버지가 딸들의 결점을 숨김없이 말하자, 시아버지 될 사람은 그것은 자기가 책임지고 고쳐 나가겠노라고 말했다.

시아버지 되는 사람은 게으름뱅이 며느리를 위해서 많은 하인을 고용했다. 또 도벽이 있는 며느리를 위해서는 커다란 창고의 열쇠를 맡기고 무엇이나 꺼내어 가지라고 했다. 셋째로 남을 중상하기 좋아하는 며느리에게는 매일 아침 일찍 일어나게 해서 오늘은 무엇인가 남을 헐뜯을 일이 없느냐고 하루도 거르지 않고 물었다.

어느 날 친정아버지가 딸들이 시집가서 잘 살고 있는지 살펴보려고 찾아갔다. 첫째 딸은 하고 싶은 대로 게으름을 부릴 수 있어 아주 행복하다고 말했다. 둘째 딸도 물건을 갖고 싶을 때 얼마든지 가질 수 있어서 행복하다고 말했다. 둘째 딸도 물건을 갖고 싶을 때 얼마든지 가질 수 있어서 행복하다고 말했다. 막내딸은 시아버지가 자기를 유혹해서 괴롭다고 말했다.

하지만 친정아버지는 막내딸의 말만은 믿지 않았다. 어째서일까? 그녀는 시아버지까지도 중상하고 있었기 때문이다.

입을 함부로 놀리지 말라

이 세상의 동물들이 뱀을 보고 말했다. 「사자는 먹이감을 넘어 뜨린 뒤에 먹는다. 늑대는 먹이감을 찢어 발겨서 먹는다. 늑대는 먹이감을 찢어 발겨서 먹는다. 그런데 뱀아, 너는 먹이를 통째로 먹으니 그 이유가 무엇이냐?」

그러자 뱀은 「나는 남을 중상하는 자보다 낫다고 생각한다. 입으로 상대방을 상하게 하지는 않으니까」라고 대답했다.

혀①

장사꾼이 거리를 걸으면서 큰 소리로 「인생의 비결을 살 사람은 없습니까?」라고 외쳤다. 그 소리를 듣고 온 동네 사람이 모여들었다. 그중에는 랍비도 몇 명 있었다.

모두들 「어서 파시오」하고 조르자, 장사꾼은 「인생을 참되게 사는 비결이란 자기 혀를 조심해서 사용하는 것입니다」라고 말했다.

혀②

어떤 랍비가 학생들을 위해 만찬을 베풀었다. 소의 혀, 양의 혀로 만든 요리가 나왔는데, 그중에는 딱딱한 혀와 부드러운 혀가 있었다.

학생들은 다투어 부드러운 혀를 먹으려고 했다.

그때 랍비는 학생들에게 『여러분도 자신의 혀를 언제나 부드럽게 해 두시오. 딱딱한 혀를 가진 사람은 남을 노하게 하거나 불화를 초래할 것입니다』

혀③

어떤 랍비가 하인에게 시장에 가서 무엇이든지 맛있는 것을 사오라고 시켰다.

그러자 하인은 혀를 사왔다.

이틀이 지나서 랍비는 같은 하인에게 오늘은 싼 음식을 사오라고 했다. 그러자 하인은 이번에도 또 혀를 사왔다.

랍비는 『맛있는 걸 사오라고 했을 때도 혀를 사오더니, 오늘은 싼 음식을 사오라고 시켰는데 또 혀를 사왔으니 어찌 된 영문이냐?』 하고 물었다.

하인은 『혀가 좋을 때는 그 이상 좋은 것이 없지만, 한편으로 나쁘면 그 이상 나쁜 것이 없으니까요』 하고 대답했다.

하나님이 맡긴 보석

안식일에 랍비 메이어가 교회에서 설교하고 있을 때, 그의 두 아이가 집에서 숨졌다. 아내는 두 아이의 시체를 이층으로 옮기고 하얀 천을 덮어 주었다.

랍비가 돌아오자 아내는 『당신에게 물어볼 말이 있습니다. 어떤 사람이 나에게 지켜 달라고 하면서 매우 값비싼 보석을 맡기고 갔습니다. 그 임자가 갑자기 맡겼던 보석을 돌려 달라고 찾아 왔을 때, 나는 어떻게 해야 좋을까요?」하고 물었다. 랍비는 『그건 즉시 임자에게 돌려주시오』하고 대답했다.

그러자 아내는 『실은 지금 막 하나님께서 두 개의 귀중한 보석을 하늘로 가지고 돌아가셨습니다』고 말했다. 랍비는 그 말뜻을 깨닫고는 아무 말도 하지 않았다.

어떤 유서

예루살렘에서 멀리 떨어진 곳에 사는 한 현명한 유태인이 아들을 예루살렘의 학교에 입학시켰다. 아들이 학교에서 공부하는 동안에 병석에 눕게 된 아버지는 죽기 전에 도저히 아들과 만날 수 없을 것 같아서 유서를 썼다. 그는 전재산을 한 사람의 노예에게 물려준다는 것, 단 그중에서 아들이 원하는 것 하나만을 아들에게 주도록 하라는 내용이었다.

마침내 부친은 죽고, 노예는 자신의 운이 좋은 것을 기뻐하면서 예루살렘으로 뛰어가 아들에게 부친의 사망을 알리고 유서를 전해주었다. 아들은 대단히 놀라고 슬퍼했다.

장례를 마친 뒤 아들은 어떻게 하면 좋을까를 곰곰이 생각했다. 그는 랍비의 집을 찾아가 상황을 설명하고 『어째서 아버지는 제게 재산을 남기지 않았을까요? 저는 아버지가 노하실 일은 단 한번도 한 적이 없었읍니다』하고 불평을 했다.

랍비는 『천만의 말씀, 자네의 아버지는 대단히 현명하셨고 또 자네를 진심으로 사랑하고 계셨다네. 이 유서를 보면 그것을 잘 알 수 있지 않은가』라고 말했다.

아들은 「전 재산을 노예에게 주고 아들에게는 아무것도 남기지 않으신 것을 보면 애정은커녕 바보스러운 짓을 하셨다고 밖에 생각할 수 없습니다」하고 원망스럽게 말했다.

랍비는 「자네도 아버지만큼 현명하게 머리를 써 보게. 부친이 무엇을 바라고 있었는지 생각한다면, 자네에게 훌륭한 재산을 남겼다는 것을 알게 될 걸세」라고 말했다. 「부친은 노예가 재산을 갖고 도망치거나, 함부로 써 버리거나, 자기가 죽은 사실조차 아들에게 전하지 않을지 모른다고 생각하고 전 재산을 노예에게 주었네. 재산을 전부 주면 노예는 기뻐서 급히 아들을 찾아갈 것이고, 재산도 소중히 보관해 둘 거라고 생각한 거야」

아들은 「그것이 나에게 무슨 소용이 있단 말입니까?」하고 물었다. 랍비는 「자네는 역시 지혜가 모자라는군. 노예의 재산은 모두 주인에게 속한다는 것을 모르는가. 자네의 아버지는 자네가 원하는 것 하나만 자네에게 준다고 하지 않았는가. 자네는 노예를 가지면 되는 걸세. 그러니 이거야말로 부친의 애정 어린 현명한 생각이 아니고 무엇인가?」하고 말했다.

젊은이는 뒤늦게 깨닫고 랍비가 말한 대로 실행했으며 나중에 노예도 해방시켜 주었다. 그리고 입버릇처럼 나이 든 사람의 지혜는 따라가기 힘들다고 되뇌었다.

붕대

법률이란 약과 흡사한 데가 있다.

어느 나라의 왕이 상처 입은 자기 아들에게 붕대를 감아 주면서 「아들아, 이 붕대를 감고 있는 동안은 먹거나 달리거나 물에 들어가도 아프지 않을 것이다. 하지만 이 붕대를 풀면 상처는 더 심해진다』라고 일렀다.

인간도 똑같은 것이다. 인간의 마음속에는 나쁜 것을 바라는 성질이 있다. 그러나 마음속에 법률을 간직하고 있는 한 성질이 나빠지는 일은 없다.

올바름의 차이

알렉산더 대왕이 이스라엘에 왔을 때의 일이다. 유태인이 대왕에게 『대왕께서는 우리가 갖고 있는 금과 은을 보고 싶지 않으신가요?』라고 물었다. 대왕은 『나는 금과 은은 많이 갖고 있으므로 조금도 더 가지고 싶은 생각이 없다. 단지 당신들의 습관과 당신들에게 있어서 올바른 것이 어떤 것인가를 가르쳐 주면 좋겠다』라고 말했다.

대왕이 머물러 있는 동안에 우연히 두 사나이가 랍비에게 의논하러 왔다. 사연은 그 중 한 사람이 또 다른 한 사람에게서 쓰레기더미를 샀는데, 쓰레기를 산 사람이 그 쓰레기 속에서 대단히 값비싼 금화를 발견했다는 내용이었다.

그래서 『나는 이 쓰레기를 산 것이므로 금화 값은 내지 않았다』라고 판 사람에게 말했다. 그러나 판 사나이는 『내가 당신에게 판 것은 쓰레기더미 전부이니 그 안에 무엇이 들어 있든 간에 모두 당신 것이다』라고 말했다.

그 이야기를 들은 랍비는 『당신에겐 딸이 있지요. 또 당신에겐 아들이 있지 않습니까. 그러니 두 사람을 결혼시켜 두 사람에게 그 금화를 주는 것이 올바른 일입니다』라고 판정을 내렸다.

그 뒤 랍비는 알렉산더 대왕에게 『대왕님, 당신 나라에서는 이런

경우 어떻게 판결을 내리십니까?」라고 묻자, 대왕은「우리나라에서
는 두 사람을 죽이고 내가 그 금화를 갖는다. 그것이 나에게 있어서
올바른 일이다」라고 대답했다.

포도밭

어느 날, 한 마리의 여우가 포도밭 근처에서 어떻게든 그 안으로
들어가려고 발버둥치고 있었다. 그러나 울타리가 있어서 좀처럼 숨어
들어갈 수가 없었다.

여우는 3일 동안 아무것도 먹지 않고 몸을 줄인 후 가까스로 울타
리 사이로 빠져 들어가는 데 성공했다.

포도밭에 들어간 여우는 실컷 먹고 나서 다시 빠져 나오려고 했다.
그러나 너무 많이 먹었기 때문에 배가 불러서 울타리를 빠져 나올 수
없었다. 할 수 없이 또 사흘을 굶고 몸을 줄인 뒤에야 울타리를 빠져
나올 수가 있었다.

그 때 여우는「배고픈 것은 들어갈 때나 나올 때나 마찬가지군」하
고 말했다.

인생도 이와 같아서 벌거숭이로 태어나고 죽을 때에도 역시 적수공
권(赤手空拳)으로 가지 않으면 안 되는 것이다.

사람은 죽어서 가족과 재산과 선행 세 가지를 이 세상에 남긴다.
그러나 선행 이외에는 과히 대단한 것이 못 된다.

복수와 증오

한 사나이가 『솥을 좀 빌려 주게』 하고 말했다. 그러자 상대는 『싫어』 하며 거절했다. 얼마 후에는 그 거절한 사나이가 『말을 빌려주게』 하고 찾아왔다. 그러자 그는 『네가 솥을 빌려 주지 않았으니까 나도 말을 못 빌려 주겠네』 하고 대답했다. 이것은 복수이다.

『솥을 빌려 주게』 하고 한 사나이가 말했다. 상대는 『싫어』 하며 거절했다. 한참 뒤에 그 거절한 사나이가 『말을 빌려 주게』 하고 찾아왔다. 그러자 사나이는 말을 빌려 주면서 『너는 솥을 빌려 주지 않았지만 나는 너에게 말을 빌려 주겠다』 라고 말했다. 이것은 증오이다.

선과 악

지구를 휩쓴 대홍수 때 온갖 동물이 노아의 방주로 찾아와 태워 달라고 간청했다. 선(善)도 서둘러 달려왔다. 그러나 노아는 선을 태우기를 거절하며 『나는 짝이 있는 것만을 태우고 있다』 라고 말했다.

그래서 선은 숲으로 돌아와 짝이 될 상대를 찾았다. 그것은 바로 악이었다. 선은 악을 데리고 노아의 방주로 되돌아갔다.

그때부터 선이 있는 곳에는 언제나 악이 함께 있게 되었다.

나무열매

어떤 노인이 뜰에서 묘목을 심고 있었다. 그곳을 지나가던 나그네가 노인에게 『대체 당신은 그 나무에서 언제쯤 열매를 수확할 수 있으리라고 생각하십니까?』 하고 물었다. 노인은 『70년쯤 지나면 열매를 맺게 될 것이오』 하고 대답했다.

나그네는 『당신이 그렇게 오래 사실 것 같습니까?』 하고 물었다. 『아니오, 그렇지 않습니다. 내가 태어났을 때 과수원에는 풍성한 열매가 열려 있었습니다. 그것은 내가 태어나기 전에 아버님이 나를 위해 묘목을 심어 두었기 때문입니다. 그것과 마찬가지일 뿐이지요』 라고 대답했다.

장님의 등불

한 사나이가 어두운 밤길을 걸어가고 있었다. 그때 저쪽 편에서 장님이 등불을 들고 걸어왔다.

사나이는 『당신은 장님이면서 왜 등불을 들고 다니십니까?』 하고 물었다. 장님은 『등불을 들고 다니면 내가 걸어가고 있는 것을 눈뜨고 다니는 사람들이 알 수 있기 때문이지요』 하고 대답했다.

일곱번째 사람

한 랍비가 『내일 여섯 명의 사람이 모여 어떤 문제를 해결하기로 했다』 라고 말했다. 그런데 다음날 아침이 되자 7명의 사람이 모였다. 분명 한 사람은 불청객이었다.

랍비는 일곱 번째 사람이 누구인지 알 수 없었다. 그래서 『여기 올 필요가 없는 사람이 있으니 어서 돌아가라』 고 말했다. 그러자 그중

에서 누가 생각해도 초청될 만한 가장 유명한 인물이 벌떡 일어서서
나갔다.

그 사람은 왜 그렇게 했을까?

그는 혹시 초청받지 않았거나 무엇인가가 잘못되어 이 자리에 나와
있게 된 사람이 굴욕감을 느끼게 될까 봐 자신이 먼저 나가 버린 것
이다.

약속

아름다운 아가씨가 가족과 함께 여행을 하고 있었다.

어느 날, 잠깐 혼자서 산책하다가 길을 잃고 우물가까지 오게 되었
다. 아가씨는 몹시 목이 말랐으므로 두레박을 타고 아래로 내려가서
물을 마셨다. 그런데 이번에는 올라갈 수가 없어 큰 소리로 울면서
도움을 청했다.

마침 그때 한 젊은이는 다시 여행을 떠나야만 했기 때문에 아가씨
와 작별을 하기 위해 마지막으로 만나서 서로 사랑을 계속 지켜나갈
것을 약속했다. 아가씨와 그는 결혼하게 될 날까지 언제까지나 기다
리자고 맹세했다.

두 사람이 약혼을 하고 누군가를 증인으로 세우면 좋겠다고 젊은이
가 말했을 때, 마침 족제비가 그들 옆을 지나 숲속으로 도망쳐갔다.
아가씨는 『저 족제비와 우리 두 사람 옆에 있는 우물이 증인이에요』
라고 말했다. 그리고 둘은 헤어졌다.

그 후 몇 년이 지나서도 아가씨는 한결같이 정절을 지키며 그를 기
다렸으나, 남자는 먼 고장에서 결혼하여 아이도 낳고 즐거운 생활을
하고 있었다.

어느 날 그의 아이가 놀다 지쳐 풀밭에서 잠들어 있을 때, 족제비가 잠든 아이의 목을 물어 아이는 그만 죽고 말았다. 부모는 몹시 슬퍼했다.

그러나 이번에는 사내아이가 태어나 두 사람은 다시 행복하게 되었다. 그 사내아이는 자라서 걸음마를 하게 되자, 우물가에서 놀았다. 아이는 우물에 비치는 그림자가 재미있어서 한참동안 들여다 보다가 그만 우물 속에 빠져 죽고 말았다.

그때서야 남자는 옛날 아가씨와의 약속이 떠올랐다. 또한 그때의 증인이 족제비와 우물이었다는 것도 생각해 났다. 그는 아내에게 그 얘기를 하고 이혼하기로 했다.

그는 처녀가 있는 마을로 돌아왔다. 그때까지도 아가씨는 변함없이 그를 기다리고 있었다. 그 후 두 사람은 결혼하여 행복하게 살았다.

가정과 평화

랍비 메이어는 설교를 대단히 잘하는 것으로 유명하다. 그는 매주 금요일 밤이면 예배당에서 설교를 했다. 수백 명의 사람이 그의 설교를 듣기위해 모여들었다.

그 가운데는 랍비의 설교를 아주 좋아하는 여인이 한 명 있었다. 보통 유태 여자들은 금요일 밤이면 다음날 안식일에 대비해서 요리를 만들거나 다른 일을 해야 하지만, 그 여인은 랍비의 설교를 듣기 위해 만사를 제쳐 놓고 참석했다.

랍비는 장시간 동안 설교를 했고, 그녀는 만족해서 집으로 돌아갔다. 그런데 남편이 문간에서 그녀를 기다리고 있다가 내일이 안식일인데 아직 요리도 해 놓지 않았다고 화를 냈다. 「도대체 어딜 갔다

오는 거요?」 하고 남편이 물었다.

그녀는 『예배당에 가서 랍비 메이어의 설교를 들었어요』 하고 대답했다. 그 말을 듣자 남편은 화가 머리끝까지 올라 『랍비 얼굴에 침을 뱉고 오기 전에는 집에 들어올 생각을 말아』 하고 말했다.

집에서 쫓겨난 그녀는 할수없이 친구와 함께 살지 않으면 안 되었다.

메이어는 이 소식을 듣고 자기의 설교가 너무 길었기 때문에 한 가정의 평화를 깨뜨려 버린 것을 깨닫고 그녀를 불러 눈이 몹시 아프다고 탄식했다. 『이건 침으로 씻어내야 좋아질 거요. 그러면 좀 편해질 것 같소. 그러니 당신이 좀 수고해 줘야겠소』 하고 말했다. 그러자 그녀는 랍비의 눈에 침을 뱉었다.

제자들이 『당신은 대단히 유명한 랍비인데 왜 여자가 얼굴에 침을 뱉도록 내버려 두셨습니까?』 라고 물었다. 그러자 랍비는 『가정의 평화를 되찾기 위해서는 무슨 일이든 해야 한다』 고 대답했다.

지도자

뱀에 대한 이야기이다. 뱀의 꼬리는 언제나 머리에게 끌려 다니게 마련이었다. 어느 날 꼬리는 머리를 향해 불만을 터뜨렸다. 『어째서 나는 네 뒤에 맹목적으로 붙어 다녀야 하며, 네가 언제나 나를 대신해서 의견을 말하고 가는 방향을 결정하는가. 이건 정말 불공평하다. 나도 뱀의 일부분인데 언제나 노예처럼 달라붙어 따라다니는 것은 말도 되지 않아』

머리가 반박했다. 『아니, 그걸 말이라고 하나. 너에겐 앞을 내다보는 눈도 없고, 위험을 알아차릴 귀도 없으며, 행동을 결정할 두뇌도 없어. 나는 나 자신을 위해서가 아니고 너를 생각해서 언제나 너를 인도하는 거야」

꼬리는 큰 소리로 비웃으며 『그 따위 소리는 귀가 아프게 들었어. 어떤 독재자도, 어떤 압제자도 모두 자기를 따르는 사람을 위해서 행동한다는 구실로 제멋대로 하고 있는 거야」 하고 대꾸했다.

머리는 『그렇다면 네가 내 역할을 해 봐』 하고 말했다. 그러자 꼬리는 기뻐하며 앞장서서 움직이기 시작했다. 그런데 곧 도랑에 빠져 버렸다. 머리가 이리저리 궁리하며 고생한 끝에 가까스로 도랑에서 기어 나올 수 있었다.

얼마쯤 나아가다 꼬리는 가시투성이인 관목 숲속으로 들어가 버렸다. 꼬리는 허둥거리면 허둥거릴수록 가시덤불 속에 빠져서 꼼짝도 할 수가 없었다. 간신히 머리의 도움을 받아 상처투성이가 된 채 빠져나올 수 있었다.

꼬리가 또다시 앞장서서 나아가다가 이번엔 불에 타고 있는 한가운데로 들어가 버렸다. 점점 몸이 뜨거워지고 갑자기 주위가 깜깜해지자 뱀은 공포에 떨기 시작했다. 다급해진 머리가 필사적으로 탈출해 보려고 했으나 이미 때는 늦었다. 몸은 불에 타고 머리도 함께 죽고 말았다.

이 머리는 결국 맹목적인 꼬리 때문에 죽고 말았다.

지도자를 선출할 때는 언제나 머리를 선택하여야 하며, 이 꼬리와 같은 자를 선출해서는 안 된다.

세 가지 슬기로운 행동

예수살렘에 사는 어떤 사나이가 여행 도중 병에 걸려 드러눕게 되었다. 그는 아무래도 살아날 수 없다고 생각하고 여관 주인을 불러 『난 아무래도 더 이상 살지 못할 것 같소. 내가 죽은 뒤에 예루살렘에서 아들을 찾아오거든 나의 소지품을 전해 주시오. 단, 세 가지 슬기로운 행동을 하기 전에는 절대로 건네주지 마시오. 왜냐하면 내 유산을 상속받기 위해서는 세 가지 슬기로운 행동을 하지 않으면 안 된다고 말하고 왔기 때문입니다』하고 말했다.

부친의 부음을 듣고 아들이 성문 밖까지 왔다. 그는 아버지가 죽은 여관을 알 수 없었다. 아버지가 자신이 죽은 여관을 아들에게 밝히지 말라고 유언했기 때문이다.

때마침 장작 장수가 장작을 한 짐 가득 진 채 지나가고 있었다. 아들은 그를 불러 세워 장작을 산 다음 예루살렘에서 온 나그네가 죽은 여관으로 그 장작을 갖고 가도록 말하고 장작 장수 뒤로 따라 갔다.

여관 주인은 『나는 장작을 산 일이 없소』하고 말했다. 장작 장수는 『그게 아니고 지금 내 뒤에 오는 사람이 이 장작을 사서 여기 갖다 주라고 했습니다』라고 말했다. 이것은 첫 번째 슬기로운 행동이었다.

여관 주인은 기뻐하면서 그를 맞아들여 저녁을 차려 주었다. 식탁에는 비둘기 5마리와 닭 1마리가 요리되어 나왔다. 그 사나이 외에 집주인과 그의 아내, 두 아들과 두 딸 등 모두 7명이 식탁 앞에 자리 잡고 앉았다.

집주인이 『이 요리를 모두에게 나누어 주십시오』하고 말하자, 그는 『아닙니다. 당신이 주인이니 그 일은 당신이 하시는 게 좋겠군요』라고 했다. 그러나 주인은 『당신이 손님이니 당신 좋으실 대로 하십시오』라고 말했다.

아들은 요리를 나누기 시작했다. 먼저 한 마리의 비둘기를 두 아들에게 주었다. 또 한 마리의 비둘기를 딸들에게 주고, 또 한 마리는 주인 부부에게 주었으며, 그 자신은 두 마리의 비둘기를 차지했다.

이것은 그가 취한 두 번째 슬기로운 행동이었다.

집주인은 이것을 보고 매우 난처한 얼굴을 했으나 아무 말도 하지 않았다.

다음에 아들은 닭을 나누었다. 먼저 머리를 주인 부부에게 주었다. 두 아들에게는 다리를 주었다. 두 딸에게는 날개를 주고, 나머지 큰 몸통은 자기가 차지했다. 이것은 세 번째 슬기로운 행동이었다.

집주인은 마침내 화를 내고 말았다. 『당신 나라에서는 이렇게 합니까? 비둘기를 나누어 줄 때까지는 참고 있었지만, 닭을 나누는 걸 보니 더 이상 참을 수가 없군요. 대체 이게 무슨 뜻입니까?』하고 소리쳤다.

그러자 아들은 『나는 음식 나누는 일을 맡고 싶지 않았습니다. 하지만 당신이 부탁하기에 나로선 최선을 다했던 것입니다. 당신과 부인과 비둘기를 합쳐 셋, 두 아들과 비둘기를 합치면 셋, 딸 둘과 비둘기 한 마리 해서 셋, 그리고 비둘기 두 마리와 나를 합치면 셋이 됩니다. 이것은 대단히 공평한 것입니다. 또 당신은 이 집의 가장이니 닭의 머리를 주었고, 당신의 아들 둘은 이 집의 기둥이니 두개의 다리를 주었습니다. 딸들에게 날개를 준 것은 이제 곧 날개가 돋아서 남의 집으로 시집갈 것이니 그렇게 한 것입니다. 나는 배를 타고 여기 왔고 또 돌아갈 것이니 몸통을 가진 것입니다. 어서 아버님의 유산을 돌려주십시오』라고 말했다.

벌거숭이

어떤 사나이가 한 아가씨를 짝사랑하게 되었다. 사나이가 병에 걸려 의사에게 보이니 『이건 당신의 사랑이 이루어지지 않아서 병이 된 것이니, 그 여성과 성적인 교섭을 가지면 반드시 낫는다』라고 말했다.

그래서 사나이는 랍비에게 찾아가 그런 말을 하는데 어찌했으면 좋겠느냐고 의논했다. 랍비는 결코 그 같은 야다(성관계)를 가지면 안 된다고 말했다.

그렇다면 아가씨와 담 너머로 마주서서 대화라도 나누면 어떻겠느냐고 물었다.

랍비는 그것도 안 된다고 말했다.

물론 《탈무드》에서는 이 여성이 결혼했는지 독신자인지를 밝히지 않고 있다. 그러자 이 사나이와 다른 모든 사람이 랍비에게 어째서 당신은 그렇게 강경하게 모든 일에 반대하느냐고 따졌다. 『사람은 정절을 지켜야 하며, 만약 모든 사람이 사모한다고 해서 곧 성적인 교섭을 가진다면 사회의 규율은 지켜지지 않는다』라고 랍비는 힘주어 말했다.

재산

어떤 배 위에서 있었던 이야기이다. 선객은 모두 큰 부자였으며 그 중 랍비도 한 사람이 타고 있었다. 부자들은 서로 자기의 재산을 자랑하고 있었다. 그러자 랍비는 『내가 가장 큰 부자라고 생각하지만 지금은 내 재산을 당신들에게 보여 줄 수 없다』고 말했다.

해적이 그 배를 습격했다. 부자들은 금, 은 보석 등 자기들의 모든 재산을 잃어버렸다. 해적이 사라진 뒤 배는 가까스로 미지의 항구에 닿았다.

랍비는 곧 그 항구 사람들 사이에 교양이 높다는 사실이 인정되어 학교에서 학생들을 모아 가르치게 되었다.

얼마 뒤, 이 랍비는 배를 함께 타고 여행했던 예전 부자들을 만났는데 모두 비참하게 몰락해 있었다.

그 사람들은 「확실히 당신의 말이 옳았소. 교육받은 사람은 모든 것을 가진 것과 같소」 라고 말했다.

여기서 지식은 언제나 빼앗기는 일 없이 갖고 다닐 수 있으므로 교육이 가장 귀중한 것이라는 이야기가 생겨났다.

가난한 사람

예전에 가난뱅이였던 벼락부자가 있었다. 랍비 히렐은 그에게 한필의 말과 마부를 주었다. 어느 날 마부가 없어졌다. 그 벼락부자는 손수 3마일이나 말을 끌고 걸어갔다.

천국과 지옥

한 사나이가 아버지에게 살찐 닭을 잡아 대접해 드렸다. 아버지는 「이 닭을 어디서 구했느냐?」 하고 물었다.

아들은 「아버지, 그런 걱정은 하지 마시고 많이많이 잡수세요」 하고 말해 아버지는 더 이상 묻지 않았다.

또 한 사나이는 물방앗간에서 밀가루를 빻고 있었는데, 그때 국왕이 나라 안의 방앗간 주인들을 모아들인다는 포고령을 내렸다. 아들은 자기 대신 아버지에게 물방앗간에서 일하도록 하고 자기는 성 안으로 들어갔다.

이 두 아들 중에서 누가 천국으로 가고 누가 지옥에 떨어지리라고 생각하는가? 또 그 이유는?

두 번째의 아들은, 왕이 모아들인 물방앗간 주인은 호되게 부리거나 때리고 좋은 음식도 안 준다는 것을 알고 있었기 때문에 자기가 대신해서 나간 것이다. 그러므로 천국에 갈 수 있었지만, 아버지에게 닭을 대접한 사나이는 아버지의 질문에 충분히 대답해 드리지 않았으므로 지옥으로 갔다.

진심을 가지고 대하지 않을 바에는 아버지로 하여금 일하게 하는 쪽이 차라리 더 낫다고 하겠다.

세 사람의 친구

임금님이 어떤 사나이에게 사자를 보내어 자기에게 곧 오도록 명령했다. 그 사나이에게는 세 명의 친구가 있었다. 첫 번째 친구는 매우 소중하게 여겨 아주 가까운 친구라고 생각하고 있었다. 두 번째 친구도 역시 사랑하고 있었지만 첫 번째 친구만큼 소중하게 여기지는 않았다. 세 번째도 친구라고는 생각했지만, 그다지 관심을 갖지 않았다.

임금님의 사자가 왔을 때 그는 자기에게 무엇인가 잘못한 일이 있어 추궁당하는 것이 아닌가 하고 어쩐지 겁이 나 혼자서 왕에게 갈 용기가 없었다. 그래서 세 명의 친구들에게 함께 가자고 부탁하기로 했다.

먼저 가장 친하고 소중하게 여기던 친구에게 가서 『함께 가자』고 했다. 그 친구는 이유도 말하지 않고 거절했다.

두 번째 친구에게 부탁하자 「왕궁 문 앞까지만 가 줄 테니, 그 이상은 부탁하지 말게」 라고 말했다.

세 번째 친구는 「물론 함께 가고말고. 너는 나쁜 일을 한 적이 없으니 그렇게 걱정할 것 없어. 내가 함께 가서 임금님께 그런 사정을 얘기해 줄게」 하고 말했다.

세 명의 친구는 어째서 제각기 다른 말을 했을까 생각해 보자. 첫 번째 친구는 「재산」 이다. 아무리 사랑하고 있어도 죽을 때는 남겨 놓고 가지 않으면 안 된다.

두 번째 친구는 「친척」 이다. 화장터까지 따라오지만 더 이상은 따라오지 않고 가 버린다.

세 번째 친구는 「선행」 이다. 보통 때는 별로 눈에 띄지 않지만, 사후에도 언제나 그와 함께 있어 주는 것이다.

술의 기원

이 세상에서 최초의 인간이 포도를 재배하고 있었다. 그곳에 악마가 나타나 「무엇을 하고 있는가 ?」 하고 물었다. 인간은 「아주 훌륭한 식물을 심고 있소」 하고 대답했다.

악마는 「이런 식물은 본 적이 없다」 라고 말했다. 그래서 인간은 「이것은 아주 달콤하고 맛있는 열매가 열리는데, 당신이 그 즙을 마시면 매우 행복하게 될 것이오」 라고 말했다.

악마는 그렇다면 나도 끼워 달라고 말하면서 양, 사자, 돼지, 원숭이를 데리고 와, 이 네 마리를 죽여서 그 피를 비료로 쏟아 부었다. 이것이 포도주가 생긴 유래이다.

처음 마시기 시작했을 때는 양과 같이 순하고, 조금 마시면 사자처럼 강해지며, 그 이상 마시면 돼지처럼 더럽게 된다. 너무 지나치게 마시면 원숭이처럼 춤을 추고 노래를 부르기 시작한다. 이것이 악마가 인간에게 준 선물이다.

효도

어떤 비(非) 유태인이 고대 이스라엘의 디마라는 마을에 살고 있었다. 그는 6천 개의 금화에 해당되는 값어치는 다이아몬드 1개를 갖고 있었다.

어떤 랍비가 사원을 장식하는데 사용하고 싶다면서 6천 개의 금화를 갖고 그의 집으로 다이아몬드를 사러 갔다. 그런데 하필 다이아몬드를 넣은 금고 열쇠를 그의 아버지가 베개 밑에 넣어 둔 채 잠자고 있었다. 그 남자는 『아버지를 깨울 수 없으니 다이아몬드를 팔지 않겠읍니다』 하고 말했다.

랍비는 그만한 이익을 얻기가 쉽지 않을 텐데도 아버지의 낮잠을 깨우지 않는 것을 보니 보기 드문 효자라고 감탄하며 이 이야기를 여러 사람에게 들려주었다.

어머니

한 랍비가 어머니와 둘이서 걸어가고 있었다. 길은 자갈이 많고 울퉁불퉁하여 걷기가 여간 힘들지 않았다. 랍비는 어머니가 한 발짝씩 내딛을 때마다 자기 손을 어머니 발밑에 받쳐 주었다.

《탈무드》 가운데 양친이 등장하면 반드시 아버지가 먼저 나오는데,

이것은 그 중 어머니만 나오는 유일한 이야기이다. 어머니도 아버지와 마찬가지로 소중하다는 것을 보여 주기 위한 것이다.

그러나 부모가 다같이 물을 마시고 싶다고 하면, 물은 아버지에게 먼저 가져간다. 왜냐하면 어머니도 아버지를 소중히 여기므로 먼저 어머니에게 갖다 주어도 다시 아버지에게 넘겨줄 것이기 때문이다.

처형

어떤 곳에 닭이 한 마리 있었다. 그 닭이 아이를 쪼아 죽였다 하여 재판에 넘겨졌다. 요람에 담겨 있는 갓난아기의 목을 콕콕 쪼았기 때문에 아기가 죽고 말았던 것이다.

증인이 불려 나가서 증언을 했다. 불쌍하게도 닭은 유죄 판결을 받아 처형되었다.

이 교훈은 비록 닭일지라도 살인자로서 정당하게 유죄가 확정되지 않으면 처형할 수 없다는 것을 훈계한 것이다.

맞지 않는 사람

양과 호랑이가 같은 우리 안에서 살 수 있을까? 답은 「아니오」 이다. 이와 마찬가지로 인간도 시어머니와 며느리는 한 지붕 밑에서 살 수 없는 것이다.

두 시간의 차이

어떤 임금님이 포도밭을 갖고 있어서 많은 일꾼을 부리고 있었다. 그 중 한 일꾼은 대단한 능력이 있어서 다른 일꾼보다 일을 뛰어나게 잘했다. 어느 날, 왕은 포도밭을 방문하여 그 뛰어난 재능을 가진 일꾼과 함께 포도밭을 산책했다.

유태의 전통에 따르면 품삯은 매일 동전으로 지불된다. 하루 일이 끝나자 일꾼들은 줄을 지어 품삯을 받으러 왔다. 일꾼들은 모두 똑같은 품삯을 받았다.

그런데 그 뛰어난 일꾼이 품삯을 받자 다른 일꾼들은 화를 내며 『그 사람은 두 시간밖에 일을 하지 않았고 나머지 시간은 임금님과 놀기만 했다. 그런데도 우리와 똑같은 품삯을 받는 것은 온당치 않다』라고 임금님에게 항의했다.

임금님은 『너희들이 하루 걸려 한 일보다 더 많은 일을 이 사나이는 두 시간에 다 해치웠다.』라고 말했다.

오늘 죽은 28세의 랍비도 다른 사람이 100년 산 것보다 더 많은 일을 이루어 놓았다. 문제는 몇 년 살았느냐가 아니라 어떤 업적을 남겼느냐 하는 것이다.

일곱 가지 단계

《탈무드》에 의하면 남자의 생애는 7단계로 나눌 수 있다.

1. 한 살은 임금님 — 모두들 임금님 섬기듯이 달래거나 어르고 비위를 맞춰 준다.

2. 두 살은 돼지 — 흙탕 속을 뛰어 돌아다닌다.

3. 열 살은 어린 양 — 웃고 떠들고 뛰어다닌다.
4. 열여덟 살은 말 — 크게 자라서 자기의 힘을 과시하고 싶어한다.
5. 결혼하면 당나귀 — 가정이라는 무거운 짐을 지고 터벅터벅 걸어가야 한다.
6. 중년은 개 — 가족을 부양하기 위해서는 여러 사람들에게 구걸하지 않으면 안된다.
7. 노년은 원숭이 — 어린애로 되돌아가지만 아무도 관심을 기울이지 않는다.

자루

쇠가 처음 만들어졌을 때 온 세상 나무가 벌벌 떨었다. 하나님이 나무를 보고 『걱정할 것 없다. 쇠는 너희들이 자루를 제공하지 않는 한 너희를 해치지 못할 것이다』 하고 말했다.

영원한 생명

랍비가 어느 시장에 나와 『이 시장에는 영원한 생명을 약속받기에 알맞은 사람이 있다』라고 말했다. 그러나 누가 보아도 그런 사람은 아무데도 없는 것 같았다.

그 때 두 사람이 랍비가 있는 곳으로 들어왔다. 그러자 랍비는 『이 두 사람이야말로 훌륭한 선인이다. 영원한 생명이 주어져도 좋을 것이다』고 말했다.

주위 사람들이 『우리들은 광대입니다. 쓸쓸한 사람에게는 웃음을 주고, 싸우는 사람들에게는 평화를 줍니다」라고 대답했다.

거미와 모기와 미치광이

다윗 왕은 일찍이 거미는 장소를 가리지 않고 거미줄을 치는 더러운 동물이며 아무 쓸모도 없다고 생각하고 있었다.

그런데 어느 전장에서 그는 적에게 포위되어 도망갈 길을 잃어버리고 말았다. 궁여지책으로 그는 한 동굴로 도망쳐 들어갔다. 이 동굴 입구에는 마침 거미 한 마리가 거미줄을 치고 있었다. 이윽고 뒤쫓아 온 적군 병사는 일단 동굴 앞에 멈춰 섰으나, 거미줄이 쳐져 있는 것을 보고는 되돌아가 버렸다.

또 어느 날, 다윗 왕은 적장의 침실에 숨어들어가 칼을 빼앗고 다음날 아침에 「당신의 칼을 빼앗을 정도이니 죽이는 것도 간단히 할수 있었다」라고 큰소리를 치려고 생각했다.

그러나 그 기회가 좀처럼 오지 않았다. 생각 끝에 침실에 숨어들기는 했으나 칼은 적장의 발밑에 있어서 그런 상태로는 도저히 빼앗을 수가 없었다. 다윗 왕은 참다못해 그냥 되돌아가려고 했다.

그런데 때마침 한 마리의 모기가 날아와 적장의 발에 앉았다. 그는 무의식적으로 발을 움직였다. 그 순간 다윗 왕은 칼을 훔치는 데 성공했다.

또 한번은 적에게 포위되어 위기일발의 순간에 있을 때, 다윗 왕은 갑자기 미치광이 행세를 했다. 적병들은 설마 이 미치광이가 왕이라고는 생각지 못하고 돌아가 버렸다.

어떤 사물이든 세상에서 쓸모없는 것이라고는 하나도 없다. 아무리 사소한 것이라 할지라도 소홀히 해서는 안 되는 것이다.

도덕 이야기

어떤 배가 항해를 하던 중 세찬 바람과 거센 파도가 몰려와 항로에서 이탈하고 말았다.

다음날 아침이 되자 바다는 조용해졌고, 배는 아름다운 만(灣)이 있는 섬에 도착했다. 배는 닻을 내리고 한동안 쉬기로 했다. 그 섬에는 예쁜 꽃이 만발해 있고, 먹음직스러운 과일이 주렁주렁 열려있으며, 아름다운 녹색의 숲에서는 새들이 상냥하게 지저귀고 있었다.

배에 탄 손님들은 다섯 개의 그룹으로 나뉘었다.

첫째 그룹은 섬에 가 있는 동안에 바람이 불어 배가 떠나가 버릴지도 모르므로 아무리 섬이 아름답다고 하더라도 목적지에 빨리 가야 한다면서 아예 상륙하지 않고 배에 남아 있었다.

둘째 그룹은 서둘러 섬에 상륙하여 향기로운 꽃내음을 맡고 푸른 나무그늘 아래서 맛있는 과일을 먹고 원기를 회복한 다음 곧 배로 돌아왔다.

셋째 그룹은 상륙하여 섬에서 너무 오래 지체했기 때문에, 마침 순풍이 불어왔을 때 배가 출항할까봐 허둥지둥 뛰어오느라고 소지품을 잃어버리거나 자기들이 배 안에 잡아 놓았던 좋은 자리까지 빼앗겨 버렸다.

넷째 그룹은 바람이 일고 선원들이 닻을 올리는 것을 보고서도 아직 돛을 달지 않았다든가, 선장이 우리들을 남기고 출항할리 없다는 둥 여러 가지 구실을 붙여 계속 섬에 머물러 있었다. 그러나 정말로 배가 출항하려는 것을 알고서는 당황하여 헤엄쳐서 뱃전을 붙잡고 겨우 승선했다. 그래서 그들은 바위나 뱃전에 부딪쳐 상처를 입었고 그 상처는 항해가 끝나도록 아물지 않았다.

다섯째 그룹은 너무 많이 먹고 아름다운 섬에서 한껏 들떠 있었기 때문에 출항할 때 울리는 뱃고동 소리도 듣지 못했다. 그러다가 숲속의 맹수에게 잡아먹히거나 독이 든 과일을 먹고 병이 나거나 하여 모조리 죽고 말았다.

당신 같으면 이상의 어느 그룹에 속했겠는가? 잠깐 생각해 보기 바란다.

이 이야기에 나오는 배는 인생에 있어서 선행을 상징하고, 섬은 쾌락을 상징하고 있다.

첫째 그룹은 인생에서 쾌락을 전혀 맛보려고 하지 않았다. 둘째 그룹은 쾌락에 젓긴 했지만 자신이 배를 타고 목적지에 가야 한다는 의무는 잊지 않았다. 이들이 가장 현명한 그룹이다. 셋째 그룹은 쾌락에 빠지지 않고 되돌아왔지만 약간의 고생을 했다. 넷째 그룹도 되돌아오긴 했지만 너무 늦게 도착했기 때문에 허둥거리다 부상을 입어 목적지에 닿을 때까지 상처가 아물지 않았다.

그러나 인간이 빠지기 쉬운 것은 다섯째 그룹이다. 평생을 허영에 빠져 살거나 장래의 일을 잊어버리거나 달콤한 과일 속에 독이 들어 있는 것도 모르고 마구 먹어 대는 것이다.

사랑의 편지

어떤 곳에 젊은 사나이와 아름다운 아가씨가 있었다. 두 사람은 사랑에 빠졌으며, 사나이는 일생 동안 성실하게 살겠다고 맹세했다.

얼마 동안 두 사람은 모든 일이 순조로 와서 행복한 나날을 보낼 수 있었다. 그러나 어느 날 사나이는 여자를 남겨두고 여행을 떠나야만 했다.

아가씨는 젊은이를 기다렸으나 그는 오랫동안 돌아오지 않았다. 친구들은 아가씨를 불쌍히 여겼고, 그녀의 라이벌은 「그는 절대로 돌아오지 않을 거야」 하며 비웃었다.

아가씨는 집에 돌아가 그가 평생토록 성실할 것이라고 맹세한 편지를 꺼내 들고 남몰래 눈물을 흘리면서 읽었다. 편지는 아가씨를 위로했고 그녀에게 힘이 되어 주었다.

어느 날 젊은이가 돌아왔다. 아가씨는 그 동안의 슬픔이 그에게 호소했다. 젊은이는 「그렇게 괴로웠는데도 어떻게 정절을 지킬 수 있었소?」 하고 물었다. 아가씨는 「난 이스라엘과 똑 같답니다」 하며 미소 지었다.

※이스라엘이 다른 나라의 지배 하에 있었을 때, 다른 나라 사람들은 모두 유태인을 비웃었다. 이스라엘이 독립한다는 이야기를 듣자 사람들은 또 이스라엘의 현인들을 바보 취급했다. 유태인은 학교나 교회에서만 이스라엘을 지켜 왔다. 유태인은 하나님이 이스라엘에게 준 맹세를 계속 읽어 왔고, 그 속에 있는 거룩한 약속을 믿고 살아 왔다. 하나님은 약속을 지키셨다. 아가씨도 젊은이의 서약 편지를 읽음으로써 믿고 그가 돌아오기를 기다렸으므로 이스라엘과 같다고 한 것이다.

하늘·지붕

유태의 풍습에는 사내아이가 태어나면 삼나무 묘목을 심고, 계집아이가 태어나면 소나무 묘목을 심는다. 그들이 장성하여 결혼할 무렵에는 소나무 가지와 삼나무 가지로 하늘 지붕을 만들어 두 사람을 감싸 준다.

누구든지 신부가 하늘 지붕 밑으로 들어가는 것은 알지만, 그 뒤무슨 일이 일어나는지를 이야기해서는 안 된다.

참다운 이득

몇 명의 랍비가 악인의 무리와 마주쳤다. 이 악인들은 사람을 골수까지 다 빨아먹을 그런 사람들로서, 그들만큼 교활하고 잔인한 사람들은 이 세상에 없을 것이다.

한 랍비는 이런 사람들은 모두 물에 빠져 죽어야 한다고 말했다. 그런데 랍비 가운데 가장 훌륭한 랍비는 「아니오, 유태인이 그런 생각을 하면 못씁니다. 아무리 이 사람들이 죽는 것이 낫다고 생각하더라도 그것을 기원해서는 안 됩니다. 악인이 멸망하기를 기원하기보다는, 악인이 회개하기를 기원해야 합니다」하고 말했다.

악인을 벌하는 것은 다른 사람에게는 아무런 득이 되지 않는다. 그들이 회개하여 이편에 돌아오지 않는 한 손해가 될 뿐이다.

남긴 것

《구약성서》에 인류 최초의 여성은 아담의 갈비뼈를 한 대 훔쳐서 만들었다고 씌어 있다. 로마의 황제가 어떤 랍비의 집을 방문하여 「하나님은 도둑이다. 왜 남자가 자고 있을 때 허락도 없이 갈비뼈를 훔쳐 갔는가?」하고 물었다.

그러자 랍비의 딸이 곁에서 「당신의 부하 한 사람을 빌려 주십시오. 약간 곤란한 문제가 생겼는데 그걸 조사하는 데 일손이 필요합니다」라고 말했다.

황제는 「그건 어렵지 않은 부탁이야. 그런데 그 문제란 것이 뭔가?」하고 물었다.

그녀는 「어젯밤 도둑이 집에 들어와 금고 하나를 훔쳐 갔어요. 그

대신에 도둑은 금으로 만든 그릇을 두고 갔습니다. 왜 그렇게 했는지 조사하고 싶어서 입니다」라고 말했다.

황제는 『부러운 일이로군. 그런 도둑이라면 나도 한번 맞아 봤으면 좋겠는데』하고 말했다.

그 말을 듣자 랍비의 딸은 『그렇지요. 그건 결국 아담의 몸에서 일어난 것과 똑같은 일입니다. 하나님은 갈비뼈 한 대를 훔쳐 갔지만, 이 세상에 여자를 남겨 두었으니까요』라고 말했다.

여성 상위

어떤 선량한 부부가 이혼을 했다.

남편은 곧 재혼했는데 가엾게도 나쁜 여자와 재혼하여, 그는 새 마누라와 똑같이 나쁜 남자가 되고 말았다. 아내도 역시 나쁜 사나이와 재혼을 했다. 그러나 나쁜 사나이는 선인이 되었다. 이와 같이 남자는 언제나 여자의 조종에 따르는 법이다.

유태인의 은자

만약 유태인이 세속으로부터 일체 떠나서 10년간 공부만 한다면 그 후에는 하나님에게 희생제물을 바치고 용서를 빌지 않으면 안 된다. 그 이유는 제아무리 훌륭한 공부를 하더라도 사회로부터 자신을 격리시키는 것은 죄악이기 때문이다. 그러므로 유태에는 은자가 존재하지 않는다.

법률

유태의 법률에는 대부분의 사람들이 지킬 수 없는 법률을 만들어서는 안 된다는 원칙이 있다.

벌거숭이 임금님

대단히 친절하고 상냥한 부자가 있었다. 그는 자신의 노예를 기쁘게 해 주려고 배에 물건을 가득 실어 배와 함께 몽땅 그에게 주었다. 그리고 어디든지 원하는 곳에 가서 이 물건을 팔아 행복하게 살라고 하며 해방시켰다.

배는 바다 한가운데로 나아갔다. 그런데 폭풍우가 일어 배가 암초에 걸려 침몰하고 말았다. 짐은 모조리 없어지고 노예는 겨우 목숨만 건진 채 근처의 섬으로 헤엄쳐 갔다. 그러나 모든 것을 잃고 고독했기 때문에 큰 슬픔에 잠겨 있었다.

그런데 섬 안으로 조금 들어가 보니 큰 동네가 있었다. 그는 옷조차 입고 있지 않았다. 그러나 그가 마을에 당도하니 마을 사람들이 환호하면서 맞아들이고 『임금님 만세』를 외치며 그를 임금으로 삼는 것이었다.

그는 호화로운 궁전의 주인이 되어 『내가 꿈이라도 꾸고 있는 게 아닌가?』하고 생각했다. 아무래도 믿을 수가 없어 어떤 사람에게 『도대체 이게 어찌 된 셈인가? 나는 무일푼으로 이 섬에 왔는데 느닷없이 임금님 자리에 앉게 되었으니 어찌 된 영문인가?』하고 물었다.

그 사람은 『우리는 살아 있는 사람이 아니라 영혼입니다. 우리는 1

년에 한 번 살아 있는 사람이 이 섬에 와서 우리의 임금님이 되어 주기를 바라고 있습니다. 그러나 조심하십시오. 1년이 지나면 당신은 여기에서 추방되어 먹을 것도 생물도 없는 섬에 홀로 보내어질 것입니다」라고 말했다.

임금이 된 노예는 「대단히 고맙소. 그럼 이제부터 1년 후를 위해서 여러 가지 준비를 해야겠구료」하며 감사해했다. 그리고 그는 사막과 같은 섬에 가서 꽃을 가꾸고 과일을 심어 1년 후를 위해 준비하기 시작했다.

1년이 지난 뒤 그는 그 즐거운 섬에서 쫓겨났다. 그는 임금이었지만 처음 왔을 때와 마찬가지로 벌거숭이가 되어 죽음의 섬으로 보내졌다.

황폐한 섬에 당도하니 과일이 열리고 채소가 자라서 아주 살기 좋은 땅으로 변해 있었다. 또 앞서 그곳으로 쫓겨온 사람들도 따뜻이 그를 맞아 주었다. 그래서 그는 사람들과 행복하게 살 수 있었다.

이 이야기는 여러 가지 의미를 내포하고 있다.

우선 처음 나오는 친절한 부자는 고마우신 하나님, 노예는 사람의 영혼, 그가 갔던 첫 번째 섬은 이 세상, 그곳에 살고 있던 주민은 인류, 1년 뒤에 간 황폐한 섬은 내세, 그곳에 있는 채소나 과일은 선행을 상징하는 것이다.

만찬회

임금님이 하인들을 만찬에 초대했다. 그러나 언제 만찬회가 열릴지는 가르쳐 주지 않았다.

슬기로운 하인은 「임금님이 하시는 일이니 언제라도 만찬회는 열릴 것이다. 그 만찬회를 위해 준비를 해야지」 하고 만찬회가 언제 열려도 참석할 수 있게 왕궁의 문 앞에 가서 기다렸다.

어리석은 하인은 만찬회는 준비하는 데 시간이 걸릴 것이니 그때까지는 아직도 시간이 많다고 생각하여 아무 준비도 하지 않았다.

만찬회가 열렸을 때 슬기로운 하인은 곧 문을 통과하여 만찬회에 참석했지만, 어리석은 하인은 끝내 만찬회의 시간에   가지 못하고 말았다.

당신은 언제 하나님의 부르심을 받을지 모른다. 창조주로부터 만찬회에 초대되었을 때 당황하지 않도록 항상 준비가 되어 있어야 할 것이다.

육체와 영혼

임금님은 오차라는 맛있는 열매가 열리는 과일나무를 갖고 있었다. 그것을 지키기 위해 두 사람의 파수꾼을 고용했다. 한 사람은 장님, 또 한 사람은 절름발이었다.

그런데 두 사람은 공모하여 함께 열매를 훔치기로 했다. 장님이 절름발이를 무등 태우고 실컷 과일을 훔쳤다.

임금님이 크게 노하여 두 사람을 심문하자, 장님은 눈이 보이지 않으니 훔칠 수가 없다고 했고, 절름발이는 저렇게 높은 나무에 내손이 닿을 리가 있겠느냐고 말했다.

임금님은 그건 확실히 그럴 듯하다고 생각했지만 두 사람의 말을 신용하지는 않았다. 무슨 일이든 두 사람의 힘은 한 사람의 힘보다 훨씬 위대하다.

인간은 육체만으로는 아무것도 할 수 없으며, 영혼만으로도 마찬가

지이다. 양쪽을 합치면 좋은 일이든 나쁜 일이든 무엇이나 할 수 있
는 것이다.

분실물

한 랍비가 로마에 갔다. 거리에 포고문이 나붙어 있었는데, 거기에
는 「황제의 비가 매우 값비싼 장식물을 분실했다. 30일 이내에 그것
을 발견하는 자에게는 막대한 상금을 내릴 것이나, 이후에 그것을 갖
고 있는 자가 발견되면 사형에 처하겠다」 라고 씌어 있었다.

랍비는 우연히 그 장식물을 발견했으나 31일이 되어서야 비로소
그것을 갖고 왕궁을 찾아가 황비 앞에 내놓았다.

그러자 황비는 랍비를 보고 「당신은 30일 전 포고가 붙었을 때 여
기에 있었습니까?」 하고 물었다. 랍비는 「네」 하고 대답했다.

황비는 「그렇다면 어찌하여 30일이 될 때까지 이것을 갖고 있었지
요? 만약 어제 이것을 돌려주었더라면 많은 상금을 받았을 텐데. 당
신은 목숨이 아깝지 않으십니까?」 하고 물었다.

그러자 그는 「30일 이내에 누군가가 이것을 돌려주었다면 사람들
은 당신을 두려워했거나 당신에게 경의를 표하여 돌려주었다고 생각
할 것입니다. 그런데 내가 오늘까지 기다렸다가 돌려주는 것은, 나는
결코 당신을 두려워하고 있지 않으며, 내가 두려워하는 것은 오직 하
나님뿐이라는 사실을 사람들에게 가르쳐 주고 싶었기 때문입니다」 라
고 대답했다.

그 말을 들은 황비는 정색을 하며 「그와 같이 훌륭한 하나님을 가
진 당신에게 경의를 표합니다」 라고 말했다.

희망

랍비 아키바가 여행을 하고 있었다. 그는 당나귀와 개와 작은 램프를 갖고 있었다.

어둠의 장막이 내리기 시작하자 아키바는 헛간을 발견하고 그곳에서 하룻밤을 보내기로 했다. 그러나 아직 잠자리에는 이른 시간이었으므로 램프를 켜고 책을 읽기 시작했다. 그런데 바람이 불어와 램프가 꺼져 버려 그는 하는 수 없이 잠을 자야만 했다.

그날 밤 여우가 와서 그의 개를 죽여 버렸고, 사자가 와서 당나귀를 죽여 버렸다. 아침이 되자 그는 램프를 갖고 혼자서 터벅터벅 출발했다.

어떤 마을 근처에 다다랐는데, 사람이라고는 그림자도 보이지 않았다. 그는 전날 밤 도둑이 습격하여 마을을 파괴하고 사람들을 몰살했다는 것을 알게 되었다.

만약 램프가 바람에 꺼지지 않았더라면 그도 도둑에게 발견되었을 것이다. 또 개가 살아 있었더라면 개가 짖어 대어 도둑에게 들켰을지도 모른다. 당나귀 역시 소란을 피웠을 것이다. 그는 모든 것을 잃은 덕택으로 도둑에게 발견되지 않았던 것이다.

랍비는 「최악의 상태에서도 희망을 잃어서는 안 된다. 나쁜 일이 좋은 일로 연결되는 수도 있다는 것을 믿어야 한다」 라는 것을 깨달았다.

반(反)유태

역대 로마 황제 가운데 유태인을 몹시 혐오하던 헤도리우스라는 황제가 있었다.

어떤 유태인이 헤도리우스 앞을 지나가며 『황제 폐하, 안녕하십니까?』 하고 인사를 했다. 황제는 『너는 대체 누구냐?』라고 묻자, 『저는 유태인입니다』 하고 대답했다. 그러자 황제는 『당장에 저놈의 목을 쳐서 죽여라』고 외쳤다.

며칠 후 다른 유태인이 황제의 곁을 지나쳤는데, 이번에는 아무인사도 하지 않았다. 그러자 황제는 『로마의 황제에게 경의를 표하지 않은 죄과로 저놈의 목을 쳐라』 하고 병사에게 명했다.

그러자 주위에 있던 대신들이 『폐하, 폐하께서는 일전에 인사한 유태인도 죽이고, 이번에는 인사를 안 했다는 죄로 죽이셨으니, 도대체 무슨 영문입니까?』라고 물었다.

황제는 『내가 한 일은 양쪽 모두 옳다. 너희들은 잘 모르겠지만, 나는 유태인을 다루는 방법을 알고 있다』라고 대답했다.

헤도리우스 황제는 그만큼 유태인을 혐오하여 유태인이라는 이유만으로도 사람을 죽였던 것이다.

암시

어떤 로마의 장교가 랍비를 만났다.

『유태인은 매우 현명하다고 하는데, 오늘 밤 내가 무슨 꿈을 꾸면 좋을지 가르쳐 주오』 하고 그 로마 장교가 말했다.

당시 로마의 가장 큰 적은 페르시아였다. 랍비는 대답했다. 『페르시아가 로마에 기습을 가해 로마군을 무찌르고, 로마를 지배하여 로마인을 노예로 삼고, 로마인이 가장 싫어하는 일을 시키는 그런 꿈을 꾸시오』

다음 날 아침 로마 장교가 랍비를 찾아와 『당신은 어떻게 내가 어 젯밤 꿈을 미리 예언할 수가 있었소?』 하고 물었다. 그 장교는 꿈이 암시에서 생긴다는 것을 알지 못했고, 자기가 암시에 걸려 있다는 것 마저 깨닫지 못했던 것이다.

판토마임

로마의 황제가 이스라엘의 가장 훌륭한 랍비와 친교를 맺고 있었 다. 그것은 두 사람이 같은 날 태어났기 때문이다.

두 나라 사이가 원만하지 않았을 때에도 두 사람은 변함없이 친하 게 지냈다. 그러나 황제가 랍비와 친구지간이라는 것은 양국 정부의 관계로 보아 과히 환영받을 일은 아니었다. 그래서 황제가 랍비에게 무엇인가 물어 보고 싶을 때는 사자를 보내 우회적인 방법으로 넌지 시 물어 보아야만 했다.

어느 날 황제는 랍비에게 메시지를 보내어 『나는 두 가지 성취하고 싶은 것이 있다. 하나는 내가 죽은 뒤 아들이 황제로 즉위하는 것이 고, 둘째는 이스라엘에 있는 타이페리아스라는 도시를 관세 자유 도 시로 만드는 것이다. 그 두 가지 중 하나밖에 이룰 수가 없는데, 두 가지를 한꺼번에 성취하려면 어떻게 하면 좋은가?』 라고 물었다.

양국 관계가 대단히 험악한 상태에 있었으므로 황제의 물음에 랍비 가 대답해 준 사실이 드러나면 국민에게 대단히 악영향을 끼칠 것이 명백했다.

『메시지를 전달했을 때 랍비가 어떤 일을 하고 있었느냐?』 고 황제 가 돌아온 사자에게 물었다. 사자는 『랍비는 아들을 무등 태우고 비 둘기를 아들에게 주었습니다. 아들은 그 비둘기를 하늘로 날려 보냈습니다. 그 외에는 아무것도 하지 않았습니다」라고 대답했다.

황제는 랍비가 하고 싶어 하는 말을 깨달을 수 있었다. 『먼저 왕위를 아들에게 넘겨주고, 그 다음에 아들이 관세 자유 도시로 만들면 된다』

그 뒤 또 황제는 랍비에게 『우리 정부의 관리들이 내 마음을 괴롭히고 있다. 나는 어찌하면 좋겠는가?』하는 질문을 보냈다.

랍비는 역시 지난번과 똑같은 판토마임으로 마당에 있는 밭으로 나가 채소를 하나 뽑아 왔다. 몇 분 뒤에 다시 밭에 나가 또 채소 한 뿌리를 뽑아 왔다. 조금 뒤에 또 같은 일을 했다. 그것으로 끝이었다.

로마 황제는 랍비의 뜻을 깨달을 수 있었다. 『단번에 당신의 적을 무찌르지 말고 몇 차례로 나누어 하나하나 무찔러 버리라』는 뜻이었다. 이렇듯 인간의 의지는 말이나 문장에 의하지 않고도 충분히 전달할 수 있다.

마음

인간의 육체는 마음에 좌우되고 있다. 마음은 보고, 듣고, 걷고, 서고, 기뻐하고, 굳어지고, 부드러워지고, 슬퍼하고, 두려워하고, 파괴하고, 거만해지고, 남에게 설득되고, 사랑하고, 미워하고, 부러워하고, 찾고, 반성한다.

가장 강한 인간은 마음을 조정할 수 있는 사람이다.

기도

어떤 배에 각국에서 모인 사람들이 타고 있었다. 갑자기 폭풍우가 몰아쳤다. 사람들은 저마다 자기 나라의 신에게 자기들의 방법대로 기도했다.

그래도 폭풍우는 점점 더 거세게 불어닥쳤다.

사람들은 유태인을 보고 『당신은 어째서 기도하지 않습니까?』라고 물었다. 그러자 유태인도 기도하기 시작했다. 폭풍우는 곧 진정되었다.

배가 항구에 닿은 뒤 사람들은 『우리가 열심히 기도했을 때는 폭풍우가 그치지 않더니, 어째서 당신이 기도하자 곧 진정되었을까요?』하고 물었다.

유태인은 『나도 잘 모르지만 여러분은 제각기 자기 나라의 신에게 기도했습니다. 바빌로니아인은 바빌로니아의 신에게 기도하고 로마인은 로마의 신에게 기도했습니다. 그러나 바다는 어느 나라에도 속해 있지 않습니다. 우리의 신은 전 우주를 지배하는 큰 신이기 때문에, 바다에서 기도한 나의 기원도 들어주셨던 것입니다』라고 말했다.

암시장

한 재판관이 있었다. 어느 날 시장을 걷고 있자니 많은 장물이 매매되고 있는 것이 눈에 띄었다. 그는 마을 사람과 도둑을 가르치기 위해 재판소에서 무엇인가를 보여 주어야겠다고 생각했다.

그는 족제비 한 마리를 꺼내 놓고 작은 고기 조각을 주었다. 그러자 족제비는 그것을 물고 자기 구멍으로 숨기러 갔다. 보고 있던 시민들은 족제비가 어디에 고기를 숨겼는지 곧 알 수 있었다.

재판관은 그곳으로 가서 구멍을 메워 버렸다. 그리고 또 족제비에게 더 많은 고기를 주었다. 그러자 족제비는 다시 구멍이 있던 곳을 향해 달려갔으나, 막힌 것을 알고는 그 고기를 입에 문 채 재판관 앞으로 되돌아왔다.

족제비는 자기가 갖고 있는 고기를 주체하지 못하고 마침내 고기를 준 사람 앞까지 되돌아온 것이다. 이 광경을 본 마을 사람들은 시장에 있는 물건을 새삼스럽게 세밀히 조사해 보고, 자기가 도둑맞은 물건이 그 시장 안에서 매매되고 있는 사실을 비로소 알게 되었다.

시집가는 딸에게 — 현명한 어머니로부터

내 딸이여, 만약 네가 남편을 왕과 같이 존경한다면 그는 너를 여왕처럼 대접할 것이다. 그러나 네가 노예 계집처럼 행동한다면 남편은 너를 노예처럼 다루리라. 만약 네가 너무 자존심이 세서 그에게 봉사하기를 게을리 한다면, 그는 자기 힘을 휘둘러 너를 하녀로 삼아 버릴 것이다.

만약 남편이 친구를 방문하게 될 때에는 그를 목욕시키고 옷차림을 단정하게 하여 보내야 한다. 만약 남편의 친구가 놀러오거든 될 수 있는 대로 잘 대접해야 한다. 그렇게 하면 남편은 너를 소중히 여길 것이다.

항상 가정에 마음을 쓰고 남편의 물건을 소중히 하라. 그러면 남편은 기꺼이 너의 머리 위에 관을 바치리라.

숫자

내가 어떤 사람에게 말로써 상처를 주었다고 가정하자. 다음에 내가 그 사람을 만났을 때 『지난번에 주제넘게 실례되는 말을 하여 당신의 마음을 상하게 했습니다. 대단히 미안합니다』라고 사과할 수는 있다. 그런데도 상대방이 용서하지 않을 경우에는 어떻게 할것인가?

유태인은 10명의 사람들에게 『나는 일전에 어떤 사람에게 이러이러한 실례되는 말을 하여 노하게 했습니다. 잘못을 사과하러 갔지만 용서해 주지 않았습니다. 나는 정말로 나쁜 일을 했다고 생각하고 있는데, 여러분은 나의 행위를 용서해 주시겠습니까?』하고 물어서 그 10명이 모두 용서해 주면 용서를 받게 된다.

모욕한 상대가 죽어 버려 사과할 수 없게 되면, 10명을 묘에 데리고 가 묘를 향해 이들 앞에서 용서를 빌지 않으면 안 된다.

10명이라는 숫자가 나오는 이유는 유태교의 예배당에서 기도할 때는 10명이 있지 않으면 기도를 드릴 수 없기 때문이다. 9명 이하의 숫자는 개인이 되고, 10명이 되어야 비로소 집단이 된다.

정치적인 결정이 아닌 종교적인 공식 결정에는 어떤 경우든 10명이 있지 않으면 안 된다. 결혼식에서도 사적인 결혼식과 공적인 결혼식이 있어 공적으로 결혼식을 올릴 때에는 10명 이상의 하객이 있어야 한다.

그 외에 동양에서처럼 특별히 기피하는 숫자는 없지만, 기피하는 날은 있다. 여름철 어느 특별한 날에 역사적으로 나쁜 일이 잇달아 일어났다.

예루살렘에 두 개의 사원이 있었는데, 둘 다 500년 전의 건조물이다. 그 두 사원이 모두 같은 날 불에 타 파괴되었다. 1492년 유태인이 가톨릭 교회에 의해 스페인에서 추방된 날도 같은 날이다. 모세가 십계를 깨뜨린 날도 같은 날이다. 이와 관련하여 내가 최초로 직업을 잃은 날도 같은 날이었다.

히브리의 달력에서 『아』가 붙는 달의 9일째, 대략 8월 1일경인데 그날은 해가 떠서 질 때까지 아무것도 먹거나 마셔서는 안 된다.

예배당 안에서는 언제나 의자에 앉지만, 이날만은 바닥에 앉는다. 바로 아버지의 상을 당했을 때와 같다.

유태인은 큰 슬픔에 잠겼을 때는 의자에 앉지 않고 바닥에 앉는다. 장송곡을 울리고 촛불 아래서 일한다. 이날은 어디를 가든 가죽구두를 신어서는 안 된다.

잘 알다시피 가죽구두는 자아의 상징이었다. 회교도가 회교의 사원에 갈 때 구두를 갖고 가는 것은 유태의 습관을 따른 것이다. 유태에서는 자기 부친이 사망했을 때 결코 가죽구두를 신어서는 안되고, 1주일 동안 자기의 일을 생각해서는 절대로 안 된다. 거울을 보게 되면 자연 얼굴이 비쳐서 자기 일에 신경을 쓰게 되므로, 그동안에는 거울을 모두 감추어 버린다. 구두를 벗는 것은 자기보다 더욱 위대한 것이 있음을 생각하기 위한 것이다.

정월 초하루에서 10일째 되는 날은 유태의 가장 성스러운 날로, 이날도 구두를 신지 않는다. 유태인이 독립하기까지는 참으로 슬픈 날이 많았었다.

사원이 파괴되었다는 것은 민족의 독립을 잃었다는 것이 된다. 이스라엘이 독립한 이래 이날이 가장 슬퍼해야 할 날이었다.

사랑

솔로몬 왕에게는 대단히 영리하고 아름다운 딸이 있었다. 왕이 어느 날 꿈을 꾸고는 딸의 미래의 남편이 딸에게 어울리지 않는 나쁜 사나이라는 것을 예감했다. 솔로몬 왕은 하나님의 섭리를 시험해 보기로 마음먹었다.

그래서 딸을 한 작은 섬으로 데리고 가 별궁에 감금하고, 주위에는 높은 담을 쌓아 경비병을 많이 배치했다. 그리고 열쇠를 갖고 돌아와 버렸다.

솔로몬 왕이 꿈에서 본 그 사나이는 어딘가 황무지를 혼자 방황하고 있었다. 밤에 그는 추웠으므로 사자의 시체가 있는 곳에 기어 들어가 잠을 잤다. 그런데 커다란 새가 날아와서 사자의 털가죽과 사나이를 들어올려 공주가 갇혀 있는 왕궁 위에 떨어뜨렸다. 그는 그곳에서 공주와 만나 사랑에 빠졌다.

사랑은 모든 것을 초월하며, 머나먼 섬에 따로 감금시켜도 허사인 것이다. 일어날 일은 반드시 일어나게 되어 있다.

비 유태인

하나님은 유태화(化)한 비(非)유태인을 좋아한다. 어떤 임금이 양치기를 시켜 매일 양떼를 방목하고 있었다.

어느 날, 양과는 전혀 생김새가 다른 짐승 한 마리가 그 양떼 속에 섞였다.

양치기가 「낯선 짐승이 섞여 들어왔는데 어떻게 할까요?」 하고 왕에게 아뢰었다. 왕은 「그 짐승을 특별히 잘 보살펴 주어라」 하고 말했다.

양치기가 의아스런 얼굴을 하자 「이 양들은 본래 나의 양으로 길렀기 때문에 걱정이 없지만, 이 동물은 전혀 다른 환경에서 자랐는데도 이렇게 나의 양뗴와 똑같이 행동하고 있으니 얼마나 흐뭇한 일이냐」하고 말했다.

유태인은 태어날 때부터 유태의 전통 속에 자라나지만, 유태의 전통 속에서 자라나지 않은 사람이 유태 문화를 이해하여 유태화한 경우에는 본래의 유태인보다도 존경받는다.

《탈무드》에는 세상 사람들이 어떤 신앙을 갖고 있든 선량한 사람은 모두 구원받을 수 있으므로 애써 유태화시키려고 노력하지는 않는다고 씌어 있다.

꿈

어떤 사나이가 이웃집 부인과 한번 사랑을 나누어 봤으면 하는 생각을 하고 있었다. 어느 날 밤 그는 드디어 성관계에 성공한 꿈을 꾸었다. 《탈무드》에 의하면 그것은 길조이다.

왜냐하면 꿈은 하나의 소망의 나타남이며, 실제로 관계했다면 꿈을 꿀 까닭이 없기 때문이다. 그만큼 자기를 억제하고 있는 증거로서, 그것은 대단히 좋은 일인 것이다.

팔불출

어떤 사나이가 「내 아들에게 재산을 전부 물려주지만, 아들이 진짜 바보가 되지 않는 한 유산은 상속할 수 없다」라는 유서를 썼다.

랍비가 와서 「당신은 터무니없는 유서를 썼구료. 당신의 아들이 바보가 되지 않으면 재산을 주지 않는다고 한 까닭은 무엇이오?」하고 물었다.

그러자 사나이는 붓 한 자루를 입에 물고 괴상한 울음소리를 내며 바닥 위를 엉금엉금 기어 다녔다.

그가 암시한 것은 자기 아들에게 자식이 생겨 자식을 어르게 되면 재산을 상속하겠다는 뜻이었다. 「아이가 생기면, 인간은 바보가 된다」라는 속담이 바로 여기에서 생겼다.

유태인에게 있어 아이는 대단히 귀중한 것이어서 모든 것을 아이를 위해 희생한다.

하나님이 유태 민족에게 십계명을 내리셨을 때에 유태인들은 반드시 그것을 지키겠다는 서약을 하려고 했다.

유태인들은 유태인 최초의 위대한 선조, 예를 들면 아브라함, 이삭, 야곱의 이름을 걸고 반드시 지킨다는 것을 맹세했지만 하나님은 허락하지 않으셨다.

그래서 유태인이 낳은 모든 철학자의 이름으로 맹세했으나 역시 마찬가지였다.

마지막으로 아이들에게 십계명을 반드시 전할 것이니, 그 아이들을 걸어 맹세한다고 하자 하나님은 비로소 승낙하셨다.

교육

가장 훌륭한 랍비가 북쪽 나라에 두 명의 시찰관을 보냈다.

시찰관은 그 마을을 지키고 있는 사람을 만나서 잠깐 조사할 일이 있다고 말했다. 그러자 치안을 담당하고 있는 고위 경찰관이 왔다.

시찰관은 「아니오, 우리는 도시를 지키는 사람과 만나고 싶소」라고 말했다. 다음에는 수비대장이 찾아왔다.

시찰관은 『우리가 만나고 싶은 사람은 경찰서장도 수비대장도 아닌 학교의 교사입니다. 경찰관이나 군대는 도시를 파괴하며, 진정 마을을 지키는 사람은 교사입니다』 라고 말했다.

공로자

한 임금님이 병이 들었다. 세상에서 보기 드문 희한한 병으로 『암사자의 젖을 먹으면 낫는다』 고 의사가 말했다. 그러나 암사자의 젖을 구하는 방법이 문제였다.

어떤 머리 좋은 남자가 암사자가 살고 있는 동굴 근처에 가서 새끼사자를 한 마리 주었다. 그리하여 10일 후에 그는 암사자와 매우 친해졌다. 그렇게 해서 임금님의 약으로 쓸 젖을 조금 얻을 수가 있었다.

왕궁으로 돌아오는 도중 그는 자기 몸의 여러 부분이 서로 싸우고 있는 백일몽을 꾸었다. 이것은 신체 중에서 어느 부분이 가장 중요한가를 다투고 있는 꿈이었다.

다리는 만약 자기가 없었다면 사자가 있는 곳까지 갈 수 없었을 것이라고 말했다. 눈은 만약 볼 수가 없었다면 이 장소에 올 수 없었을 것이라고 말했다. 심장은 또한 자기가 없었다면 도저히 여기까지 오지 못했을 것이라고 말했다.

그러자 혀가 갑자기 『만약 말을 하지 못했더라면 너희들은 아무런 구실도 못 했을 거야』 라고 주장했다. 신체의 각 부분은 이구동성으로 『뼈도 없고 전혀 값어치도 없는 주제에 건방진 소리 하지마』 하면서 혀를 침묵케 했다.

그런데 사나이가 왕궁에 도착했을 때 혀는 『그럼 누가 가장 중요한

지 깨우쳐 주겠다」라고 말했다.

　임금님이 사나이에게 「이 젖은 무슨 젖이냐?」고 물었다. 사나이
는 돌연 「이것은 개의 젖입니다」라고 소리쳤다.

　조금 전 모두 나서서 자기의 중요성을 주장하던 신체의 모든 부분
은 혀의 힘이 얼마나 큰지 깨닫고 사과했다.

　혀는 그제서야 「아니, 그것은 내가 착각했던 것이고 이것은 틀림없
는 암사자의 젖입니다」라고 했다.

　중요한 부분일수록 자제심을 잃어버리면 뜻밖의 일을 초래하게 되
는 것이다.

감사

　이 세상 최초의 사람인 아담은 빵을 먹기 위해서 얼마만큼의 일을
해야만 했을까?

　우선 밭을 갈고, 씨앗을 뿌리고, 그것을 가꾸고, 거둬들이고, 빻아
서 가루를 만들고. 반죽하고. 굽는 등 15단계의 과정을 거쳐야만 빵을
먹을 수 있었다.

　지금은 돈만 내면 빵가게에 가서 다 만들어진 빵을 사올 수가 있
다. 옛날엔 혼자서 하지 않으면 안 되었던 15단계의 일을 지금은 많
은 사람이 분업해서 만들고 있는 것이다. 빵을 먹을 때는 여러 사람
에게 감사하는 마음을 잊어서는 안 된다.

　인류 최초의 단 하나뿐이었던 사람은 자기 몸에 걸치는 옷을 만들
기 위해서 많은 수고를 해야 했다. 양을 사로잡아 그것을 키우고, 털
을 깎고, 옷감을 짜고, 바느질하고, 입기까지는 대단한 노고가 필요했
다.

지금은 돈만 있으면 양복점에 가 즉석에서 입고 싶은 옷을 사 입을 수 있다. 옛날에는 혼자서 하지 않으면 안 되었던 일을 수많은 사람이 해주는 것이다. 옷을 입을 때도 많은 사람에게 감사하는 마음을 잊어서는 안 된다.

문병

환자에게 문병을 가면 그 환자는 60분의 1만큼 병의 상태가 좋아진다. 하지만 60명이 한꺼번에 문병을 간다고 해서 환자가 완쾌되지는 않는다.

죽은 사람의 묘를 찾아가는 것은 가장 고상한 행위이다. 환자의 병문안은 완쾌되면 그 사람의 감사를 받을 수 있지만 죽은 사람은 아무 인사도 하지 않는다. 감사를 기대하지 않는 행동이야말로 아름다운 것이다.

결론

《탈무드》에는 장장 4개월, 6개월, 아니 7년이라는 긴 세월 동안 여러 가지 것에 대해 여러 사람이 제기한 문제가 많이 나와 있다. 그중에는 결론에 도달하지 못한 사항이 있는데, 이런 이야기의 맨 마지막에는 『알 수 없다』라고 씌어 있다.

이 교훈은 『알 수 없을 때는 알 수 없다고 솔직히 인정하는 것이 낫다』고 하는 것이다.

《탈무드》 가운데는 여러 가지 결정이 내려진 이야기가 많으나 거기에는 반드시 소수의 다른 의견이 소개되고 있다. 소수의 의견은 기록해 두지 않으며 없어져 버리기 때문이다.

강자

세상에는 약하지만 강한 자로 하여금 두려움을 느끼게 하는 네가지가 있다. 사자는 모기를 두려워하고, 코끼리는 거머리를 두려워하며, 매는 거미를 두려워한다.

아무리 크고 힘이 센 것일지라도 반드시 절대적인 것이라고는 할 수 없다. 아주 약한 것도 어떤 조건이 갖추어지기만 하면 강한 것을 이겨 낼 수 있다.

칠계 (七戒)

《탈무드》 시대의 유태인은 흔히 비유태인과 함께 일하거나 생활을 했다. 유태인에게는 천사가 지키라고 한 613개의 계율이 있다. 그러나 유태교에서는 결코 비유태인을 유태화 시키려고 하지 않았으므로 선교사를 보내는 일은 하지 않았다. 단지 상호간에 평화로운 관계를 유지하기 위해 비유태인에게는 7가지 계율만 지켜 달라는 부탁을 했다.

1. 살아 있는 짐승을 죽여서 즉시 날고기로 먹지 말라.
2. 사람을 욕하지 말라.
3. 훔치지 말라.
4. 법을 어기지 말라.

5. 살인하지 말라.
6. 근친상간을 하지 말라.
7. 불륜한 관계를 갖지 말라.

신(1)

로마인이 랍비에게 와서 『당신들은 하나님 말만 하는데 도대체 하나님은 어디 계시오? 하나님이 계신 곳을 가르쳐 주면 나도 하나님을 믿겠소』 라고 말했다.

랍비는 로마인의 질문을 달가와하지 않았다.

랍비는 로마인을 데리고 밖으로 나가 『저 태양을 쳐다보시오』 라고 말했다.

로마인은 아주 잠시 태양을 바라보고 나서 『어리석은 소리, 태양을 어떻게 바라볼 수 있단 말이오?』 하고 외쳤다.

그러자 랍비는 『하나님이 만드신 수많은 것 중 하나인 태양도 보지 못하면서 어떻게 위대하신 하나님을 한눈에 볼 수 있단 말이오?』 라고 말했다.

신 (2)

영어든 불어든 『신』 이란 단어는 하나밖에 없다. 그러나 유태인의 경우는 12개 이상이나 있다.

작별 인사

그는 대단히 오랫동안 여행을 하고 있었으므로 피로에 지치고 굶주려 목이 타는 듯했다. 길고 긴 날을 사막을 걸은 끝에 마침내 나무가 우거진 오아시스에 도착했다.

나무 그늘에서 쉬며, 무르익은 과일로 굶주림을 면하고 옆에 있는 물을 마시고 나서 『후유!』하고 한숨을 내쉬었다. 그러나 그는 여행을 계속하기 위해 다시 출발하지 않으면 안 되었다.

그는 이 나무에게 깊이 감사하며 『나무여,. 고맙다. 나는 그대에게 어떻게 신세를 갚아야 할까. 그대의 열매를 달게 해 달라고 기원하고 싶으나, 그대의 과일은 이미 충분히 달다. 쾌적한 나무 그늘을 갖게 해 달라고 빌고 싶지만, 그대는 이미 그것도 갖고 있다. 그대가 더욱 잘 자라도록 충분한 물을 있게 해 달라고 기원하려 해도 물 역시 충분하다. 내가 그대를 위해 기원할 수 있는 것은 단지, 그대가 될 수 있는 대로 많은 열매를 맺어 그 열매가 많은 나무가 되고 그대와 같이 아름답고 훌륭한 나무로 자라게 해 달라고 비는 도리밖에 없다』라고 말했다.

당신이 작별하는 사람에게 무엇인가를 기원할 때 그 사람이 보다 현명하게 되도록 해 달라고 빌어도 이미 충분히 현명하고, 돈을 많이 벌게 해 달라고 빌어도 벌써 충분히 풍부하며, 사람들이 좋아하는 착한 사람이 되라고 기원해도 이미 충분히 착한 사람일 경우 당신은 『당신의 아이들이 당신과 같은 훌륭한 사람으로 자라나기를 기원하겠습니다』라고 하는 것이 가장 현명하다.

6일째

성서에 의하면 세상은 1일, 2일, 3일 ……의 차례로 만들어졌으며 6일째에 완성되었다. 인간은 그 마지막 6일째에 만들어졌다. 왜 인간이 최후에 만들어졌을까. 그 의미를 당신은 어떻게 해석합니까?

《탈무드》에 의하면, 파리 한 마리라도 인간보다 먼저 만들어졌다고 생각하면 인간은 절대로 그렇게 오만해질 수 없을 것이다.

인간이 최후에 만들어진 것은, 즉 자연에 대한 겸허함을 가르치기 위해서였다.

향료

어느 안식일 오후, 로마 황제가 교분이 두터운 랍비를 방문했다.

그는 예고도 없이 갑작스럽게 랍비의 집에 나타나, 거기서 매우 즐거운 시간을 보냈다.

식사는 아주 맛이 있었고, 식탁 둘레에서는 여러 사람이 목소리를 모아 노래를 부르며 《탈무드》에 나오는 이야기로 시간 가는 줄을 몰랐다.

황제는 만족해하며 수요일에 다시 오고 싶다고 자청했다.

수요일이 되어 그가 오자, 사람들은 처음부터 준비하고 기다렸으므로 가장 좋은 식기를 준비하고 안식일에는 쉬던 하인도 모두 나와 대접했다. 요리사가 없어서 찬 음식밖에 내놓지 못했던 지난번과 달리 따뜻한 요리도 많이 나왔다.

황제는 「식사는 역시 지난 토요일 것이 맛이 있었다. 그 토요일의 요리에 사용한 향료는 대체 무엇무엇이었느냐?」고 물었다. 랍비는

『로마 황제는 그 향료를 손에 넣을 수가 없습니다』라고 했다.

황제는 『아니, 로마 황제는 어떤 향료든지 손에 넣을 수 있다』라고 가슴을 내밀며 장담했다. 랍비는 『유태의 안식일이라는 향료, 이것만은 로마 황제인 당신이 아무리 노력해도 손에 넣을 수 없을 겁니다』라고 말했다.

말의 덫에 걸리다

한 장사꾼이 마을에 왔다. 며칠 뒤에 할인 판매가 있다는 것을 알고 그는 상품 구입을 며칠 미루기로 했다. 그러나 많은 현금을 갖고 왔으므로 그 돈을 그냥 가지고 있자니 여간 부담스럽지가 않았다.

그래서 은밀한 장소를 찾아 돈을 모두 묻었다. 다음날 그곳에 가보니 돈이 없었다.

그는 곰곰이 생각해 보았지만, 자기가 묻은 것을 본 사람이 없었으므로 어떻게 해서 돈이 없어졌는지 알 수가 없었다.

그런데 멀리 떨어진 곳에 집 한 채가 있고, 그 집 벽에 구멍이 뚫려 있는 것을 발견했다. 아마도 그 집에 살고 있는 사람이 그가 돈을 묻는 것을 구멍으로 내다보고 나중에 파낸 것이 틀림없으리라고 생각했다.

그가 그 집에 가서 주인 남자를 만나 『당신은 도회지에서 살고 있으니 머리가 상당히 좋으실 것입니다. 나는 당신의 지혜를 좀 빌리려고 합니다. 사실 나는 이 도시에 상품을 구입하러 왔는데 지갑 2개를 가져왔습니다. 한 지갑에는 은화 500개가 들어 있고, 다른 지갑에는 은화 800개가 들어 있습니다. 나는 작은 쪽의 지갑을 남몰래 어떤 곳에 파묻어 두었습니다. 이제 큰 쪽의 지갑도 묻어 두는 게 좋을지 그렇지 않으면 누군가 신뢰할 만한 사람에게 맡기는 것이 좋을지 판단이 서지 않는데, 어떻게 하면 좋을까요?」라고 물었다.

남자는 「내가 만약 당신이라면 나는 아무도 신용하지 않겠소. 먼저 번에 지갑을 묻었던 장소에 다른 하나의 지갑도 묻을 것입니다」하고 대답했다.

욕심쟁이 영감은 장사꾼이 집에서 나가자, 훔쳐 왔던 지갑을 전에 묻혔던 자리에 도로 갖다 놓았다. 장사꾼은 이 광경을 숨어서 지켜본 후 무사히 자기 지갑을 되찾을 수 있었다.

솔로몬의 재판

안식일에 세 명의 유태인이 예루살렘에 갔다. 당시에는 은행이 없었으므로 세 사람은 갖고 있던 돈을 모두 함께 묻었다. 그런데 그 중 한 사람이 은밀히 그 자리로 되돌아와 돈을 전부 가져가 버렸다.

이튿날 세 사람은 현인으로 알려진 솔로몬 왕에게 찾아가서 세명 중 누가 돈을 훔쳤는가 재판해 달라고 요청했다. 그러자 솔로몬왕은 「당신들 세 명은 대단히 영리한 분들이니, 내가 지금 골치를 앓고 있는 문제를 먼저 해결해 주시오. 그리고 나서 당신들의 문제를 해결해 주겠소」하고 말했다.

어떤 젊은 아가씨가 어떤 청년에게 시집가기로 약속을 했다. 그러나 얼마 뒤에 아가씨는 다른 남자와 사랑을 하게 되어 약혼한 청년에게 헤어지고 싶다고 말했다. 그녀는 그에게 위자료를 줄 수도 있다고 말했다. 그러자 약혼자는 위자료는 필요 없다면서 그녀와 파혼했다.

그 후 그녀는 많은 재산 때문에 어떤 노인에게 유괴당했다. 그녀는 「결혼하기로 약속한 청년에게 파혼을 청했더니 그는 위자료도 받지 않고 나를 자유롭게 해 주었습니다. 당신도 나를 그렇게 대해 주어야 합니다」라고 요구했다. 노인도 돈을 받지 않고 그녀를 집으로 돌려 보내는 데 동의했다.

『이중에서 누가 가장 칭찬받을 만한 일을 한 사람이겠소?』하고 솔로몬 왕은 물었다.

첫 번째 남자는 『그녀와 약혼했지만 파혼하고 위자료도 받지 않은 남자가 가장 칭찬받아 마땅합니다. 그녀의 마음을 무시하면서까지 결혼하려고도 하지 않았고, 돈도 받지 않았으니까요」라고 말했다.

두 번째 남자는 『아닙니다, 아가씨야말로 칭찬받아 마땅합니다. 그녀는 용기를 갖고 약혼자에게 파혼하자고 했고, 진정으로 사랑하는 청년과 결혼했습니다. 그러니 그녀야말로 칭찬받을 만합니다」라고 말했다.

세 번째 남자는 『이 이야기는 뒤죽박죽이어서 나로서는 잘 모르겠습니다. 무엇보다 유괴한 사람의 경우만 보아도 돈 때문에 유괴해 놓고는 돈도 **빼앗**지 않고 자유롭게 놓아 주다니, 이야기 줄거리가 전혀 잡히지 않습니다」라고 말했다.

솔로몬 왕이 큰 소리로 『네가 바로 돈을 훔친 범인이다』하고 외쳤다. 『다른 두 사람은 애정이나 아가씨와 약혼자의 관계, 그 사이의 긴장된 분위기에 곧 마음이 쓰였는데 너는 돈밖에 생각하지 않고 있다. 그것으로 미루어 보아 네가 틀림없이 범인이다」라고 말했다.

중용

군대가 행진을 하고 있었다. 길 오른쪽에는 눈이 오고 얼음이 얼어 있었으며, 왼쪽은 불바다였다. 이 군대가 만약 오른쪽으로 가면 얼어

죽고, 왼쪽으로 가면 불에 타 버린다. 한가운데는 따스함과 시원함을
적당히 누릴 수 있는 조화된 길이었다.

답례

　나치 수용소에서 유태인이 600만 명이나 살해된 사실은 누구나 잘
알고 있다. 후에 생존자가 트루먼에게 답례로서 《탈무드》를 선사했
다.
　이것은 전후 독일에서 인쇄된 것인데, 그토록 유태인 전멸을 꾀했
던 나라에서도 역시 《탈무드》를 인쇄, 발행한다는 것은 《탈무드》
의 위대함을 나타내는 증거이다.

비즈니스

　유태의 역사는 매우 길다. 성서 시대의 유태인 사회는 농경 사회였
다. 따라서 교역은 별로 이루어지지 않았고, 상인이라는 말은 비유태
인이라는 말과 똑같이 사용되고 있었다. 그러므로 유태인들은 거의
자신들이 있는 곳에서는 물건의 매매 행위를 하지 않았다. 다만 유태
인이 상업에 종사할 때는 계량에 정직하라든가 속임수를 쓰지 말라는
등의 간단한 도덕률만 존재할 뿐이다.
　그러나 《탈무드》 시대가 되자 교역 또는 비즈니스가 상당히 발달
되었으므로, 《탈무드》에 있어서도 비즈니스에 대해 상당히 큰 관심
을 기울이고 있다.
　《탈무드》를 쓴 사람들은 세계가 점점 진보한다는 것을 전제로 하

고 있는데, 진보된 세계의 모습을 교역이 매우 발달한 세계로서 그리고 있다. 그리고 그 교역을 하는 데 있어 지켜야 할 도덕에 대해서 많은 지면을 할애하고 있다.

나는 《탈무드》를 편찬한 사람들이 비즈니스가 장차 중요한 기능을 수행하리라고 예견한 것은 매우 비상한 선견지명이었다고 생각한다.

그들은 장차 그와 같은 세계가 성립할 것을 예견하고서 여러 가지 준비를 하려고 했었다. 그리고 여기서는 비즈니스라는 생각이 원칙이 되었고, 따라서 비즈니스의 규칙은 일반 생활의 테두리 밖에 있는 특별한 규칙이 있어야 한다고 생각되었다.

따라서 비즈니스라는 것은 결코 《탈무드》적인 세계는 아니다. 말하자면 아무리 경건한 사람일지라도 비즈니스맨은 비즈니스맨으로서 행동해도 좋다는 것을 말할 수 있었다는 이야기이다.

그러나 《탈무드》는 어떻게 하면 도덕적인 비즈니스맨이 될 수 있는가 하는 것을 생각하고 있었던 것이지, 결코 어떻게 하면 훌륭한 비즈니스맨이 될 수 있는가 하는 것을 쓴 것은 아니다. 《탈무드》에서는 자유방임주의적인 비즈니스에 대해 절대 반대하고 있는 것으로도 알 수 있다.

예를 들면 바이어의 권리로서, 사는 쪽은 우선 어떤 보증이 없어도 산 물건이 우수한 품질이어야 한다는 것을 요구할 권리가 있다. 물건을 산다는 것은 결함이 없는 것을 산다는 것이다.

만약 그 상품에 결함이 있어도 반품은 안 된다는 조건을 붙여 팔았더라도, 사는 쪽은 상품에 결함이 있을 경우 그 상품을 반환할 권리가 있다.

단 한 가지 예외는 흠이 있는 물건인 줄 알고서 상대가 산 경우이다. 가령 자동차를 팔았을 때, 이 차에는 엔진이 없다고 미리 알려 주고 팔면 상대를 반품할 수 없다.

《탈무드》에서는 파는 쪽에 대해서도 만약 결함이 있는 상품을 팔려거든 그 결함을 구체적으로 상대에게 설명하지 않으면 안 된다고 씌어 있다.

따라서 사는 쪽은 일단 결함과 사기, 그리고 파는 쪽이 지나쳐 버린 실수나 착오로부터 보호받는다.

물건을 판다는 것은 두 가지 요소로 성립된다. 하나는 그 물건의 댓가를 상대가 지불하는 것, 또 하나는 그 물건이 산 사람 쪽으로 간다는 것이다.

그것은 구매자의 손에 그 물건이 안전하게 넘어가야 할 의무가 있다는 말이다.

그 까닭은 《탈무드》에서는 어디까지나 사는 쪽을 보호하고 있기 때문이다. 파는 쪽은 물론 그 물건을 확실하게 갖고 있지 않으면 안 된다. 즉 남의 물건을 팔아서는 안 된다는 이야기이다.

사고팔기

《탈무드》시대부터 계량을 감독하는 관리가 있었다. 여름과 겨울에는 토지의 크기를 재는 로프도 각기 다른 것을 사용했다. 왜냐하면 로프에 신축성이 있기 때문이다.

또 액체를 살 경우, 특히 그 항아리 바닥에 전에 들었던 것이 굳은 채 남아 있어서는 안 되므로 항아리 바닥을 언제나 깨끗이 하도록 엄중히 감독했다.

물건에 따라 다소 다르겠지만 물건을 산 뒤 하루 내지 1주일간 사람들에게 보이고 의견을 들을 권리가 구매자에게 주어져 있었다. 그것은 전혀 모르는 상품을 샀을 경우 산 쪽은 그것을 옳게 판단할 수 없기 때문이다.

《탈무드》 시대에는 일정한 가격이 정해져 있지 않았다. 오늘날은 어느 회사 차는 값이 어느 정도라는 것이 거의 정해져 있지만, 옛날에는 파는 쪽에서 멋대로 값을 매겼다. 만약 상식적인 가격보다는 6분의 1이상 더 비싼 가격으로 샀을 경우, 이 매매는 무효가 된다는 것이 《탈무드》의 통례이다.

또 파는 사람이 계량을 잘못했을 경우, 올바른 계량을 요구할 권리가 사는 쪽에 있었다. 파는 사람은 보호하기 위해서는 사는 쪽이 사려는 의사가 없으면서 상담을 해서는 안 된다, 또 다른 사람이 이미 사겠다는 의사를 나타낸 물건을 사서는 안 된다는 따위의 규정이 정해져 있었다.

토지

두 사람의 랍비가 어떤 토지를 사려고 했다. 첫 번째 랍비가 그 토지의 값을 매겼다. 그러자 두 번째 랍비가 와서 그것을 선뜻 사 버렸다.

그래서 어떤 사람이 두 번째 랍비에게 가서 『어떤 사람이 과자를 사려고 과자 가게에 갔더니 벌써 다른 사람이 먼저 그 과자의 품질을 알아보고 있었다. 나중에 온 사람이 그 과자를 사 버린다면 그 사람을 어떻게 평해야 하겠소?』라고 물었다.

두 번째 랍비는 『두 번째 남자가 나쁜 사람임에 틀림이 없다』고 말했다.

그러자 이번엔 처음의 랍비가 『지금 이 땅을 산 당신이 두 번째 사람과 같소. 내가먼저 이땅에 대해 값을 매기고 흥정하고 있던 중이었소. 그런데 당신은 그런 일을 해도 좋겠소?』라고 말했다.

그래서 도대체 어떻게 하면 좋을까 하는 것이 문제가 되었다. 하나의 해결책으로 제안된 것은, 두 번째 랍비가 첫 번째 랍비에게 그 땅을 다시 파는 것이었다.

그러자 두 번째 랍비는 『그건 안 될 말, 물건을 사서 곧 파는 것은 재수가 없는 일이니 싫소』하고 거절했다.

제2의 해결책은 첫 번째 랍비에게 그 토지를 선물로 주면 어떻겠는가 하는 것이었으나, 첫 번째 랍비가 도저히 그땅을 선물로 받을 수 없다고 주장했다.

그래서 결과적으로 두 번째 랍비는 그 토지를 학교에 기부했다.

탈무드의 눈

사람의 얼굴 가운데서 가장 작은 부분이 눈이다.
그러면서도 눈은 입에 못지않게 말을 할 수 있으며,
실로 격언이나 속담이 갖는 모든 매력을 그대로 갖추고 있다.
'탈무드'는 그 무한한 보고(寶庫)이기도 하다. 그것은 오래도록
계속 전해 내려온 유태인의 지혜가 응축된 것이라고 할 수 있으리라.
이 장에서는 그 중 극히 일부분만을 다루어 보았다.
당신의 사색이 보다 심원하게, 보다 고매하게 되기 위한
자양분이 되리라는 것을 믿어 의심치 않는다.

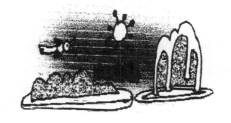

인간

인간은 심장 가까이에 유방을 갖고 있고, 동물은 심장에서 먼 곳에 유방이 있다. 이것은 신의 깊은 배려이다.

반성하는 자가 서 있는 **땅은 훌륭한 랍비**가 서 있는 땅보다 더 가치 있다.

세계는 진실, 법, 평화라는 세 가지 기반 위에 서 있다.

휴일은 인간에게 주어진 것이지, 인간이 휴일에게 주어진 것은 아니다.

백성의 소리는 하나님의 소리이다.

하나님은 「나에게는 네 명의 아이가 있다. 당신에게도 네 아이가 있다. 당신의 네 아이는 아들, 딸, 남자 하인, 여자 하인. 나의 아이는 미망인, 고아, 이방인, 승려. 나는 당신의 아이들을 돌봐주겠다. 당신도 나의 아이들을 돌봐주어라」고 말했다.

인간은 사소한 남의 피부병은 걱정하면서도 자신의 중병은 모른체 한다.

거짓말쟁이에게 주어진 최대의 벌은 그가 진실을 이야기했을 때도 사람들이 믿어 주지 않는 것이다.

인간은 20년 걸려 기억한 것을 불과 2년 동안에 잊어버릴 수 있다.

사람은 세 개의 이름을 갖는다. 태어났을 때 부모가 붙여 주는 이름, 친구들이 우정을 담아 부르는 이름, 그리고 자기 생애가 끝날 때까지 획득하는 명성, 이 세 가지이다.

인생

인간은 환경에 의해 명예가 높아지는 것이 아니라 인간이 그 환경의 명예를 높여 주는 것이다.

전 인류는 단 하나의 선조만 갖고 있다. 그러므로 어느 인간이 어느 인간보다 우수하다는 것은 있을 수 없는 일이다.

만약 당신이 한 인간을 죽였다고 하면 그것은 전 인류를 죽인 것과 마찬가지이다. 또 한 인간의 생명을 구하면 그것은 전 인류의 생명을 구한 것과 같다.

왜냐하면 세계는 한 인간에 의해 시작되었으며, 그 최초의 인간을 죽였다고 한다면 인류는 오늘날 존재할 수 없기 때문이다.

요령이 뛰어난 인간과 현명한 인간의 차이 ─ 요령이 뛰어난 사나이란 현명한 인간이라면 절대로 빠지지 않을 곤란한 상황을 잘 뚫고 나오는 사람을 말한다.

어떤 사람은 젊은데 늙었고,. 어떤 사람은 늙었는데 젊다.

자기의 결점만 걱정하는 사람은 다른 사람이 갖고 있는 결점을 알지 못한다.

음식을 노리개로 삼는 사람은 배고프지 않은 사람이다.

수치스러움을 모르는 것과 자부심은 형제간이다.

하루 공부하지 않으면 그것을 되찾기 위해 이틀이 걸린다. 이틀 공부하지 않으면 그것을 되찾기 위해 4일이 걸린다. 1년 공부하지 않으면 그것을 되찾기 위해 2년이라는 긴 세월이 걸린다.

천성이 나쁜 사람은 이웃 사람의 수입에 신경을 쓰고, 자기의 낭비는 아무렇지도 않게 생각한다.

만나는 사람 모두에게서 무엇인가를 배울 수 있는 사람이 세상에서 가장 슬기롭다.

강한 사람 — 자기를 억제할 수 있는 사람.
강한 사람 — 적을 벗으로 바꿀 수 있는 사람.

풍족한 사람이란 자기가 갖고 있는 것에 만족할 줄 아는 사람이다.

남을 찬미할 수 있는 사람이야말로 진실로 명예로운 사람이다.

진실은 무거운 것이다. 그러므로 젊은이들 밖에 운반할 수 없다.

평가

유태인에게는 인간을 평가하는 세 가지 기준이 있다.
키소 : 지갑을 넣는 주머니.
코소 : 술을 마시는 잔.
카소 : 인간의 분노.

※돈은 어떻게 쓰는가, 술 마시는 태도는 깔끔한가 지저분한가, 또 인내심은 강한
가 약한가.

인간의 유형은 네 가지로 분류할 수 있다.
1. 일반적인 유형 : 내 것은 내 것이고, 네 것은 네 것이라는 인간.
2. 색다른 유형 : 내 것은 네 것이고, 네 것은 내 것이라는 인간.
3. 정의감이 강한 유형 : 내 것은 네 것이고, 네 것은 네 것이라는
인가.
4. 나쁜 유형 : 내 것은 내 것이고, 네 것은 내 것이라는 인간.

현인 앞에 앉아 있는 인간은 세 가지로 분류할 수 있다.
스폰지형 : 무엇이든지 흡수한다.
터널형 : 오른쪽 귀에서 왼쪽 귀로 흘러나갈 뿐이다.
체와 같은 형 : 중요한 것과 그렇지 않은 것을 선별한다.

현인이 되는 일곱 가지 조건
1. 자기보다 현명한 사람이 있을 때는 침묵한다.
2. 상대방의 이야기를 가로채지 않는다.
3. 대답할 때 서두르지 않는다.

4. 항상 적절한 질문을 하고 조리 있는 대답을 한다.

5. 먼저 해야 할 일부터 손을 대고, 미루어도 될 일은 맨 나중에 한다.

6. 자기가 모를 때는 그 사실을 솔직히 인정한다.

7. 진실을 인정한다.

사람은 지식 · 돈 · 선행, 이 세 가지 친구를 갖고 있다.

친구

아내를 고를 때는 한 계단 내려가고, 친구를 고를 때는 한 계단 올라서라.

친구가 화내고 있을 때 달래지 말라. 그가 슬퍼하고 있을 때도 위로 하지 말라.

우정

만약 친구가 채소를 가지고 있거든 고기를 주어라.

당신의 친구가 당신에게 꿀처럼 달콤하더라도 전부 핥아먹어서는 안 된다.

여자

어떤 남자라도 여자의 요염한 아름다움에는 저항할 수 없다.

여자의 질투심은 한 가지 원인밖에 없다.

여자는 자기의 외모를 가장 소중히 여긴다.

여자는 남자보다 육감이 예민하다.

여자는 남자보다 정이 두텁다.

여자는 불합리한 신앙에 빠지기 쉽다.

불순한 동기에서 시작된 애정은 그 동기가 사라지면 바로 소멸된다.

사랑을 하고 있는 사람은 남의 충고에 귀를 기울이지 않는다.

여자가 술을 한 잔 마시는 것은 좋은 일이다. 그러나 두 잔을 마시면 품위가 떨어지고, 세 잔째는 부도덕한 것이 되고, 네 잔째에 가서는 자멸한다.

정열 때문에 결혼하지만, 그 정열은 결혼보다 오래가지 않는다.

최초로 신이 만든 남자는 양성(兩性)을 겸하고 있었다. 그러니까 남자의 육체 속에도 여성 호르몬이 있고, 여성의 육체 속에도 남성 호르몬이 있다.

남자가 여자에게 끌리는 이유는, 여자를 만들 때 남자로부터 갈비뼈를 빼앗아 만들었으므로 그 잃어버린 자신의 것을 되찾으려 하기 때문이다.

하나님이 최초의 여자를 남자의 머리를 빌어 만들지 않은 것은 남자를 지배해서는 안 되기 때문이다. 또 발을 빌어 만들지 않은 것은 그의 노예가 되어서도 안 되기 때문이다.
갈비뼈를 빌어 만든 것은 여자가 항상 그의 마음 가까이에 있을 수 있게 하기 위함이다.

술

술이 머리에 들어가면, 비밀이 밖으로 밀려 나온다.

웨이터의 매너가 좋으면 어떤 술이라도 훌륭한 술이 된다.

악마는 사람을 찾아갈 시간이 없을 때는 그 대리로 술을 보낸다.

포도주는 새 것일 때는 포도와 같은 맛이 난다. 그러나 묵으면 묵을수록 맛이 좋아진다. 지혜도 똑같아서 해를 거듭할수록 닦여진다.

아침 늦게 일어나고, 낮에는 술을 마시고, 저녁에 실없는 이야기나

하고 있으면 일생을 간단히 헛되게 보낼 수 있다.

포도주는 금이나 은그릇에는 잘 양조되지 않으나, 지혜로 만든 그 릇이라면 매우 잘 양조된다.

가정

부부가 서로 사랑하고 있으면 칼날 폭만큼의 좁은 침대에서도 잠잘 수 있지만, 서로 사랑하지 않으면 16미터나 되는 넓은 침대도 좁다.

세상에서 가장 행복한 남자는 누구인가? 바로 좋은 아내를 얻는 남자이다.

남자는 결혼하면 죄가 늘어난다.

아내를 이유 없이 학대하지 말라. 하나님은 아내의 눈물방울을 헤 아리고 계신다.

모든 질병 중에서 마음의 병만큼 괴로운 것은 없다. 모든 악 중에 서 악처만큼 나쁜 것은 없다.

이 세상 무엇과도 바꿀 수 없는 것은 젊었을 때 결혼하여 더불어 살아온 조강지처이다.

남자의 집은 아내이다.

아내를 고를 때는 겁쟁이가 되라.

여자를 만나보지 않고 결혼해서는 안 된다.

아이를 키울 때 차별하지 말라.

아이는 어렸을 때 엄하게 꾸짖고, 자라서는 꾸짖지 말라.

어린아이는 엄하게 버릇을 가르쳐야 하지만 기가 죽게 해서는 안된다.

아이를 야단칠 때는 한 번만 따끔하게 야단쳐야지, 언제나 잔소리로 계속 야단쳐서는 안 된다.

아이는 부모의 말씨를 모방한다. 성격은 그 말씨로 알 수 있다.

아이에게 무엇인가 약속하면 반드시 지켜야 한다. 그렇지 않으면 당신은 아이에게 거짓말을 가르치는 것이 된다.

가정에서 부도덕한 짓을 하는 것은 과일에 벌레가 붙은 것과 같아서, 알지 못하는 사이에 번져 간다.

아이는 아버지를 존경해야만 한다.

아버지의 자리에 자식이 앉아서는 안 된다.

아버지에게 말대꾸를 해서는 안 된다.

아버지가 만약 다른 사람과 논쟁하고 있을 때에는 다른 사람의 편을 들면 안 된다.

아버지를 존중하고 따르는 것은 아버지가 자식을 위해 먹을 것과 의복을 주기 때문이다.

돈

사람에게 상처를 입히는 세 가지가 있다. 고민, 말다툼, 빈 지갑. 그 중에서 빈 지갑이 인간에게 가장 큰 상처를 준다.

신체의 모든 부분은 마음에 의지하고 있다. 마음은 지갑에 의지한다.

돈은 장사하는 데 써야지 술을 위해 써서는 안 된다.

돈은 악이 아니며 저주도 아니다. 돈은 사람을 축복하는 것이다.

돈은 하나님으로부터의 선물을 살 기회를 준다.

부귀는 요새이며, 빈곤은 폐허다.

돈이나 물건은 주는 것보다 빌려 주는 것이 좋다. 얻어 쓰는 편은 주는 편보다 밑에 있지 않으면 안 되나, 빌려 주고 꾸어 쓰는 경우는 대등한 입장이 될 수 있기 때문이다.

섹스

히브리어로는 야다(Yada)가 섹스라는 뜻이다. 동시에 야다란 『상대를 안다』라는 뜻이기도 하다. 가령 성경 속에서 아담은 이브를 알고 아이를 낳았다고 『알고』란 것은 섹스를 했다는 의미도 겸하고 있다. 『사랑한다는 것은 안다는 것이다』라고 흔히 말하는데, 사랑한다는 것은 함께 잠자는 것이라고 해석해도 좋다.

섹스는 창조 행위이다. 이것 없이는 자기완성을 얻을 수 없다.

섹스는 사람의 일생에 있어서 오직 한 사람에게만 사용되어야 한다.

섹스는 자연의 일부이다. 그러므로 섹스를 함에 있어 본래 부자연한 것은 아무것도 없다.

섹스는 극히 개인적인 관계에서 이루어진다. 또한 극히 친근한 분위기 속에서 이루어지지 않으면 안 된다.

자기를 통제할 수 없는 환경에서는 섹스를 하면 안 된다.

아내의 동의 없이 억지로 아내와 관계를 가질 수는 없다. 아내가 내키지 않는데 남편이 요구하는 것은 금지되고 있다.

교육

향수 가게에 들어가서 향수를 사지 않더라도 가게에서 나올 때는 향수 냄새가 난다.

가죽 가게에 들어가서 가죽을 사지 않더라도 가게에서 나올 때는 매우 나쁜 냄새가 몸에 밴다.

칼을 갖고 있는 자는 책을 갖고 설 수 없다. 책을 갖고 서 있는 사람은 칼을 갖고 설 수 없다.

자기를 아는 것이 최대의 지혜이다.

의사의 충고를 지킨다면 돈을 내고 병원에 다닐 필요가 없다.

값비싼 진주가 없어졌을 때 이것을 찾기 위해서는 값어치가 없는 양초가 사용한다.

가난한 집 자식은 찬미 받으리라. 인류에게 예지를 가져다주는 것은 그들이기 때문이다.

기억을 증진시키는 가장 좋은 약은 감탄하는 것이다.

학교가 없는 곳에서는 사람이 살 수 없다.

고양이로부터 겸허함을 배울 수 있고, 개미로부터는 정직을 배우며, 비둘기로부터 정절을 배우고, 수탉으로부터는 재산의 권리를 배울 수 있다.

이름은 팔리면 곧 잊혀진다.

지식이 얕으면 곧 잃어버린다.

아이들에게 가르친다는 것은 어떠한 것일까? 그것은 백지에 무엇을 쓰는 것과 같다.

노인에게 가르친다는 것은 어떠한 것일까? 이미 가득 씌어진 종이에 여백을 찾아서 글씨를 쓰려는 것과 같다.

악

악에의 충동은 구리와 같은 것이어서 불 속에 있을 때에는 어떤 모양으로도 만들 수가 있다.

만약 인간에게 악에의 충동이 없다면 집도 짓지 않고, 아내도 얻지 않으며, 아이도 낳지 않고, 일도 하지 않을 것이다.

만약 당신이 악에의 충동에 사로잡히면 그것을 떨쳐 버리기 위해 무엇인가를 배우기 시작하라.

다른 사람보다 뛰어난 사람은 악에의 충동도 그만큼 강하다.

세상에 올바른 일만 하는 사람은 없다. 반드시 나쁜 일도 저지르고 있다.

악에의 충동은 처음엔 몹시 달콤하다. 그러나 끝났을 때는 매우 쓰다.

죄는 태아 때부터 인간의 마음에 싹트기 시작해서 자라남에 따라 점점 강해진다.

죄는 미워하되 사람은 미워하지 말라.

죄는 처음에는 거미줄만큼 가늘다. 그러나 최후에는 배를 엮는 밧줄만큼 강해진다.

죄는 처음에는 손님이다. 그러나 그대로 두면 손님이 그 집의 주인이 되고 만다.

중상(中傷)

다른 사람을 헐뜯는 것은 살인보다 위험하다. 살인은 한 사람만 죽이지만 중상은 반드시 세 명의 인간, 즉 다른 사람을 헐뜯는 바로 그 사람과, 그것을 반대하지 않고 듣고 있는 사람, 그 화제에 오른 사람을 죽인다.

중상하는 사람은 무기를 사용하여 상처를 입히는 사람보다 죄가 무겁다. 무기는 가까이 있지 않으면 상대를 다치게 할 수 없으나, 중상은 멀리서도 사람에게 상처를 입힐 수 있기 때문이다.

불타고 있는 장작에 물을 끼얹으면 속까지 차갑게 할 수 있지만, 중상으로 화내고 있는 사람은 용서를 빌어도 마음속의 불을 끌 수가 없다.

아무리 선인이라도 입버릇이 나쁜 인간은 훌륭한 궁전의 이웃에 있는, 고약한 냄새를 풍기는 가죽 공장과 같다.

인간에게는 입이 하나 귀가 둘 있다. 이것은 듣는 것을 두 배로 하라는 뜻이다.

물고기는 항상 입에 낚싯줄이 걸린다. 사람도 역시 입 때문에 걸리게 된다.

판사

판사의 자격을 갖춘 사람이란 겸허하고 또 언제나 선행을 하며, 무엇인가 결정을 내릴 만한 용기를 가져야 하고, 현재까지의 경력이 깨끗한 사람이다.

극형을 언도하기 전의 판사는 자기의 목에 칼이 꽂혀지는 것 같은 심경이어야만 한다.

판사는 반드시 진실과 평화를 모두 추구하지 않으면 안 된다. 그러나 진실을 추구하면 평화가 깨어진다. 그러므로 진실도 허물어지지 않고 평화도 지킬 수 있는 길을 찾아야만 한다. 그것은 타협이다.

동물

고양이와 쥐는 먹이를 함께 먹고 있을 때는 다투지 않는다.

여우의 머리가 되기보다는 사자의 꼬리가 되라.

한 마리의 개가 짖기 시작하면 많은 개가 따라서 짖어 댄다.

동물은 자기와 같은 종류의 동물하고만 생활한다. 늑대가 양과 어울리는 법이 없고, 하이에나가 개와 어울리는 법이 없다. 부자와 가난뱅이도 그와 마찬가지이다.

처세

선행(善行)에 문을 닫는 자는 다음에는 의사를 위해 문을 열어야만 한다.

좋은 항아리를 가지고 있으면 오늘 사용하라. 내일이 되면 깨져 버릴지도 모른다.

올바른 사람은 자기의 욕망을 조종하나, 올바르지 못한 사람은 욕망에 의해 조종당한다.

다른 사람의 자비로 살아가느니보다는 가난한 생활을 하는 편이 낫다.

다른 사람 앞에서 부끄러워하는 사람과 자기 앞에서 부끄러워하는 사람 사이에는 커다란 차이가 있다.

세상에는 도를 벗어나면 안 되는 것이 여덟 가지 있다. 여행, 여자, 부(富), 일, 술, 수면, 약, 향료이다.

세상에는 많이 사용하면 안 되는 것이 세 가지 있다. 이스트, 소금, 망설임이 바로 그것이다.

항아리 속에 든 한 개의 동전은 시끄럽게 소리를 내지만, 동전이 가득 찬 항아리는 소리가 나지 않는다.

전당포는 과부의 물건에 전당잡아서는 안 된다.

여자와 아이들의 물건을 전당잡아서는 안 된다.

명성을 좇아서 달리는 자는 명성에 따라붙지 못한다. 하지만 명성을 피해 달리는 자는 명성에 붙잡힌다.

물건을 훔치지 않은 도둑은 자기가 정직하다고 생각한다.

결혼의 목적은 기쁨, 장례식 참석자의 목적은 침묵, 강의의 목적은 듣는 것, 사람을 방문할 때의 목적은 빨리 도착하는 것, 가르치는 목적은 집중, 단식의 목적은 돈으로 자비를 베푸는 것이다.

인간에겐 여섯 개의 쓸모 있는 부분이 있다. 그 중 세 개는 자신의 힘으로 조종할 수 없고, 나머지 세 개는 인간의 힘으로 조종할 수 있는 부분이다. 눈, 귀, 코가 전자이고, 입, 손, 발이 후자이다.

당신의 혀에게 「나는 잘 모릅니다」 하는 말을 열심히 가르쳐라.

장미꽃은 가시 사이에서 자란다.

무료로 처방전을 써 주는 의사의 충고는 듣지 말라.

항아리의 모양을 보지 말고, 그 안에 들어 있는 것을 보라.

나무는 그 열매에 의해 알려지고, 사람은 일에 의해 평가된다.

갓 열리기 시작한 오이를 보고 그 오이가 장래에 맛이 있을지 없을지는 알 수 없다.

행동은 말보다 소리가 큰 법이다.

타인으로 하여금 자기를 칭찬하게 하는 것은 좋으나, 자기 입으로 자기를 칭찬해서는 안 된다.

높은 사람이 아랫사람의 말을 경청하고, 노인이 젊은이의 말에 귀를 기울이는 세계는 축복받아 마땅하다.

노화(老化)를 재촉하는 네 가지 요소는 두려움, 분노, 아이들, 악처이다.

사람의 마음을 안정시키는 세 가지는 명곡, 조용한 풍경, 좋은 향기이다.

사람에게 자신을 갖게 하는 세 가지는 좋은 가정, 좋은 아내, 좋은 의복이다.

자선을 행하지 않는 인간은 아무리 거부(巨富)일지라도 맛있는 요리가 즐비한 식탁에 소금이 없는 것과 마찬가지이다.

자선에 대한 사람의 태도에는 네 가지 유형이 있다.
1. 자진하여 물건이나 돈을 주지만, 다른 사람이 자기와 똑같이 돈

이나 물건을 주는 것은 좋아하지 않는다.

2. 다른 사람의 자선은 바라면서도, 자기는 자선을 베풀고 싶어 하지 않는다.

3. 자기도 기꺼이 자선하고, 남도 자선을 베풀 것을 바란다.

4. 자기도 자선을 베풀기를 좋아하지 않고, 타인이 자선을 베푸는 것도 싫어한다.

첫 번째 유형은 질투심이 많고, 두 번째 유형은 자기를 낮추고 있으며, 세 번째 유형은 착한 사람이고, 네 번째 유형은 악한 사람이다.

한 자루의 촛불로 여러 개의 초에 불을 붙여도, 처음 촛불의 빛은 약해지지 않는다.

하나님이 칭찬할 세 가지 일.

1. 가난한 사람이 물건을 주웠을 때, 그것을 임자에게 돌려주는 일.

2. 부자로서 남몰래 자기 수입의 10분의 1을 가난한 사람에게 주는 사람.

3. 도시에 살고 있는 독신자로 죄를 범하지 않는 사람.

세상에 살고 있어도 별 볼일 없다고 생각되는 사나이란, 식사할 수 있는 내 집을 갖지 못하고, 항상 마누라 엉덩이에 깔려 지내고, 몸의 여기저기가 아프다고 언제나 불평하는 사람.

일생에 한 번 오리와 닭을 실컷 먹고 다른 날에는 굶주리며 지내기보다는 일생 동안 양파만 먹고 지내는 편이 훨씬 낫다.

자기 보존은 다음 세 가지 경우를 제외하고 모든 것에 우선한다.

단, 다음 세 가지 경우에는 차라리 목숨을 버리는 편이 낫다.
  1. 남을 살해했을 때.
  2. 불륜한 성관계를 맺었을 때.
  3. 근친상간했을 때.

상인이 해서는 안 되는 것 세 가지.
  1. 과대 선전을 하는 행위.
  2. 값을 올리기 위해 매점(買占)하는 행위.
  3. 계량을 속이는 행위.

달콤한 과일에는 그만큼 벌레가 많이 붙고, 재산이 많으면 걱정이
많다. 여자가 많으면 잔소리가 많다. 하녀가 많으면 그만큼 풍기가 어
지럽고, 남자 하인이 많으면 집안 물건을 많이 도둑맞는다.

스승보다 깊이 배우면 인생을 보다 풍요로와지고, 명상으로 오랜
시간을 보내면 지혜가 보다 풍부해지며, 사람을 만나 유익한 이야기
를 들으면 좋은 길이 열리고, 자선을 많이 베풀면 보다 나은 평화가
찾아온다.

남들이 모두 옷을 입고 있을 때에는, 벌거숭이가 되지 말라.
남들이 모두 알몸일 때에는, 옷을 입지 말라.
남들이 모두 앉아 있을 때에는, 일어서지 말라.
남들이 모두 서 있을 때에는, 앉지 말라.
남들이 모두 울고 있을 때에는, 웃지 말라.
남들이 모두 웃고 있을 때에는, 울지 말라.

탈무드의 머리

머리는 인간에게 있어
모든 행동을 총괄하는 사령부와 같다.
'탈무드'에 나오는 일화나 격언은 읽기만 해서는 별로 의미가 없다.
머리를 써서 생각함으로써 그 가르침이 비로소 살아나게 된다.
나도 단어 하나를 가지고 반나절이나 하루를 생각하고
또 생각하는 때가 있다. 이장에서
내가 생각한 일단을 피력하고자 한다.
현명한 독자 여러분은 더욱 깊이
생각해 보기 바란다.

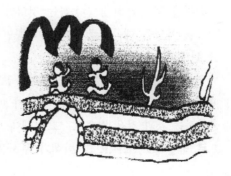

애정

세상에는 12개의 강한 것이 있다.

첫째는 돌이다. 그러나 돌은 쇠로 깎을 수 있다. 쇠는 불에 녹아 버린다. 불은 물에 꺼져 버린다. 물은 구름 속에 흡수된다. 그 구름은 바람에 흩날린다. 그런데 바람은 결코 인간을 날려 보낼 수 없다. 그 인간도 공포에 의해 산산조각으로 부서진다. 공포는 술로 떨쳐 버릴 수 있다. 술은 수면에 의해 깨어난다. 그 수면도 죽음만큼 강하지 못한다. 그러나 이 죽음조차도 애정에는 승리하지 못하는 것이다.

죽음

화물을 가득 실은 배 두 척이 항구에 떠 있다. 한 척은 출항하려하고, 한 척은 막 입항한 것이다. 사람들은 흔히 배가 출항할 때는 성대하게 배웅하나, 입항할 때는 별로 환영하지 않는다.

《탈무드》에 의하면 이것은 대단히 어리석은 습관이다. 떠나가는 배의 미래는 잘 알 수 없다. 폭풍우를 만나 배가 침몰할지도 모르기 때문이다.

그것을 왜 성대하게 전송하는 것일까. 긴 항해를 끝내고 배가 무사히 되돌아왔을 때야말로 커다란 기쁨인 것이다. 그것은 맡은바 임무를 완수했기 때문이다.

인생에 대해서도 이와 마찬가지로 말할 수 있다. 아기가 태어났을 때는 모두가 축복한다. 이것은 아기가 마치 인생이라는 대해(大海)에 출항하는 것과 같은 것으로, 그 미래에 무엇이 있을지 알 수 없다. 병으로 죽을지도 모르고 그 아이가 무서운 살인범이 될지도 모른다.

그러나 사람이 영원히 잠들게 될 때는 그가 어떤 인생을 살아왔는지 모두에게 알려져 있으므로, 이때야말로 사람들은 축복해야 하는 것이다.

진실이라는 말

히브리어 알파벳을 어린이들에게 가르칠 때는 하나하나 알파벳의 의미를 알게 한다. 히브리어『진실』이라는 말은 맨 앞의 히브리어 알파벳과 맨 끝의 알파벳 문자, 그리고 한가운데 문자를 사용하고 있다.

왜냐하면 진실이라는 것은 유태인에게 있어 왼쪽 것도 옳고 오른쪽 것도 옳고 한가운데 것도 또한 옳다는 것을 어린이들에게 가르치기 위해서이다.

맥주

《탈무드》에 따르면 하인이나 노예도 주인과 똑같은 것을 먹게 해야 한다고 가르치고 있다.

또 주인이 안락의자에 앉으면 하인에게도 안락의자를 내주어야 한다. 높은 사람이라고 해서 높은 자리에 앉으면 안 된다.

내가 이스라엘 전선에 갔을 때, 부대장의 초대를 받아 식사를 같이 한 적이 있었다.

사병이 맥주를 날아 왔다.

그러자 부대장이『병사들도 먹었는가?』하고 물었다. 『오늘은 맥주가 남은 것이 적어서 여기만 가져왔습니다」 하고 사병이 대답하자 「그럼, 나도 오늘은 마시지 않겠다」 라고 부대장이 말했다.

이것이 바로 유태인의 전통적인 사고방식이다.

적

인간은 누구나 죄를 짓는다. 따라서 유태의 가르침에는 동양의 도덕에서와 같이 엄하고 긴장된 느낌은 없다. 유태인은 죄를 범해도 역시 유태인이다.

유태의 죄의 관념은, 가령 화살을 과녁에 맞힐 능력이 있음에도 맞히지 못할 경우가 있는 것처럼 본래는 죄를 범할 리가 없는데 어쩌다 저질러 버렸다고 말할 뿐이다.

유태인이 죄에 대한 용서를 빌 때에는 「나」 라고 하지 않는다. 반드시 「우리들」 이라고 한다. 자기 혼자 저지른 죄라도 반드시 여러 사람이 저지른 것으로 생각한다. 유태인은 하나의 커다란 가족이라고 생각하기 때문에 자기가 죄를 저질러도 전원이 죄를 저지른 것이 되는 것이다.

비록 내가 물건을 훔치지 않았다 할지라도 훔치는 행위가 행해진 것에 대해 하나님께 용서를 빌어야 한다. 그것은 자기의 자선이 부족했기 때문에 일어난 일이라고 생각하기 때문이다.

손

인간은 태어날 때는 손을 쥐고 있으나, 죽을 때는 반대로 손을 펴고 있다. 왜 그럴까?

사람은 이 세상에 태어날 때는 모든 것을 붙잡으려고 하기 때문이며, 죽을 때는 모든 것을 뒤에 남은 인간에게 주어서 아무것도 없는 빈손이기 때문이다.

교사

유태인 가정에서는 반드시 아버지가 아들에게 《탈무드》를 가르친다. 아버지가 너무 성미가 급하거나 엄격하면 아이는 아버지를 두려워한 나머지 배울 만한 마음의 여유가 없어져 버린다. 『파더』는 히브리어에서 『교사』라는 뜻으로도 통한다. 가톨릭의 신부가 『파더』로 불리는 것도 히브리어의 개념을 갖고 있기 때문이다.

유태에서는 자기 아버지보다도 교사가 더 중요하다. 만일 아버지와 교사 두 사람이 감옥에 들어갔을 경우, 한 사람만 빼낼 수 있다고 가정하면 아이는 교사를 빼낼 것이다. 유태에서는 지식을 전달하는 교사가 대단히 소중하기 때문이다.

성스러운 것

인간에게는 동물에서 천사에 이르기까지 폭넓은 차등이 있어서, 천사에 가까워짐에 따라 성스러운 것에 가까워진다는 관념이 있다.

랍비가 『성스러운 것이란 무엇인가?』 하고 학생들에게 물었다. 대부분의 학생들은 하나님을 위해 목숨을 버리는 것이라고 말했고, 어떤 학생은 항상 기도하는 것이라고 하는 등 여러 가지 대답을 했다.

그러나 랍비는 「해답은 무엇을 먹느냐 하는 것과 당신이 어떻게 야다 (섹스)를 행하느냐에 있다」고 말했다.

학생들은 떠들어대면서 「어찌하여 돼지를 먹지 않는다든가, 어떠어 떠한 때는 섹스를 하지 않는다든가 하는 그런 것이 성스러운 것입니까?」라고 물었다.

이유는 이렇다. 안식일을 지키고 있는 상태는 누구라도 알 수 있다. 하나님을 위해서 죽는다는 것도 당장에 알 수 있다.

그러나 당신이 당신 집에서 무엇을 먹고 있는지 다른 사람은 알 수가 없다. 남의 집을 방문했거나 또 거리에 나왔을 때 유태인 모두가 계율에 따른 식사를 했더라도 집에 돌아가면 다른 무엇을 먹을지 모른다. 또 성적인 행위도 남이 보고 있는 것은 아니다.

그러므로 집에서 식사하고 있을 때와 성적인 행위를 하고 있을 때 인간은 동물과 천사 사이의 어느 쪽에나 해당될 수 있다. 이때 자신의 인격을 숭고하게 할 수 있는 사람만이 참으로 성스러운 자이다.

증오

유태인은 오랫동안 박해받고 살해당한 역사를 갖고 있으나 증오를 다룬 문학이나 문헌은 찾아볼 수 없다. 유태인은 심한 증오의 감정을 품지 않기 때문이다.

나치에 의해 6백만 명이나 되는 유태인이 살해되었지만, 독일 혹은 독일인을 저주하는 글 같은 것은 하나도 없다. 이스라엘인은 아랍인과 전쟁은 하고 있지만 증오하지는 않는다. 또 유태인은 가독교로부터 박해를 받고 있으나 기독교를 증오하는 일도 없다.

따라서 샤일록이 증오심에 불타 「만약 당신이 돈을 갚지 않는다면

1파운드의 살을 잘라내어 갚아야 한다』고 한 이야기는 가공적인 것으로 현실의 유태인에게는 있을 수 없는 이야기이다.

베드로가 바울에 대해 이야기하는 것은 바울이 어떤 인물인가 하는 것보다 베드로가 어떤 인물인가 하는 것을 이야기하고 있음에 지나지 않는다. 그것과 마찬가지로 셰익스피어는 기독교도이므로, 이것은 기독교도의 사고방식을 나타내고 있는 것이지 유태인과는 전혀 관계가 없다.

만약 유태인이 교활하고, 잔인하고, 욕심 많고, 정직하지 못하고, 사람에 대해 증오심에 불타고 있다면 왜 가톨릭 협회가 자금을 필요로 했을때 같은 기독교도에게 가지 않고 유태인에게로 왔겠는가. 이는 유태인이 가장 동정심이 많고, 가장 신뢰할 수 있는 사람이기 때문이다. 유태인은 항상 마음이 따뜻한 사람으로 알려져 있다. 유태인에게 슬픈 이야기를 하면 반드시 동정해 줄 것이다.

유태인은 돈을 빼앗겨도 절대로 그것을 벌하려고 하지 않는다. 어디까지나 유태인은 상대를 벌하는 것보다 돈을 되찾는 데 관심이 있다. 그러므로 돈 대신에 자동차를 잡거나 시계를 잡거나 하기는 하지만, 팔이나 심장 따위를 받지는 않는다. 그것을 받아 봤자 별 쓸모가 없다는 것을 잘 알고 있기 때문이다.

《탈무드》에스는 인간은 모두 한가족이며 하나의 커다란 부분이므로, 가령 오른손으로 무엇인가를 만들려고 하다가 실수로 왼손을 다치게 했을 때에도 복수하기 위해 왼손이 오른손을 자르는 따위의 일은 하지 말라고 씌어 있다.

《탈무드》시대에 대금업자라는 것이 유태인 사이에는 존재하지 않았다. 그 당시는 농경 사회이며 아주 가난한 사회였기 때문이다. 그러므로 셰익스피어를 읽을 때는 먼저 기독교도가 얼마나 유태인을 미워하고 멸시하고 있었는가를 전제로 하지 않으면 안 된다.

기독교도 사이에서는 금전에 대해 멸시를 한다. 특히 《신약성서》
에는 예루살렘의 환전상(換錢商)을 유태인이 거의 독점하고 있다고
씌어 있다. 그러나 만약 환전상이 없다고 가정한다면 외국인은 다른
나라에서 체류할 수가 없다.

유태인은 예루살렘에 1년에 세 번쯤 방문하기로 되어 있는데, 그곳
에서 자기가 가지고 온 시리아나 바빌로니아나 그리스의 돈을 환전하
지 않으면 안 되었다. 그러므로 《신약성서》에서는 돈을 악이라고
말하고 있으나, 유태인은 한번도 돈이 악이라고 생각한 적이 없었다.

만약 누군가가 어떤 사람으로부터 돈을 빌었을 경우, 돈을 빌려 준
쪽은 자기가 빌려준 돈을 받을 수 있도록 되돌아오는 것을 보증 받아
야 한다.

그러나 《탈무드》에 의하면 돈을 빌려주고 담보를 잡았을 경우,
그 물건이 둘 이상이 없으면 그것을 자기 소유로 만들 수 없게 되어
있다. 가령 의복을 담보로 했을 경우, 그가 그것밖에 없으면 그것을
저당 잡으면 안 된다. 접시를 담보로 했을 경우도 그것이 하나밖에
없으면 취할 수 없다. 또 그집을 담보로 했을 때, 살고 있는 사람들이
노숙을 하지 않으면 안 될 형편이라면 그 집을 자기 것으로 할 수 없
다.

단, 한 개일 경우라도 그것이 사치를 위한 것이라면 예외다. 그러나
생계를 유지하기 위해 필요한 것이라면 가질 수 없다. 가령 생계를
유지하기 위해 당나귀를 한 마리 갖고 있으면 그 당나귀를 받을 수
없으나, 그가 사용하지 않는 밤에는 당나귀를 가질 수 있다. 의복을
취했을 경우, 이스라엘의 밤은 몹시 추우므로 밤이 되면 그 의복을
돌려주어야만 한다. 그러나 저녁에 가서 빼앗긴 쪽이 그것을 되찾아
오는 것은 허용되지 않는다. 받은 사람이 되돌려주기 위해 가야만 한
다. 왜냐하면 그것은 인간의 존엄성을 침해하는 행위가 되기 때문이

다.

담장

유태인은 수도원이나 아내가 없는 승려의 존재를 인정하지 않았다. 인간은 자연스럽게 사는 것이 가장 좋다고 생각한 것이다. 《탈무드》 가운데는 「1미터의 담장이 100미터의 담장보다 좋다」고 하는 말이 있다. 즉 1미터의 담장은 틀림없이 서 있으나 100미터의 담장은 간단히 쓰러져 버린다.

인간이 평생 섹스를 하지 않는다는 것은 전혀 불가능한 일로 100미터의 담장과 같다는 것이다.

아내를 갖지 않은 유태인은 즐거움이 없고, 하나님으로부터의 축복도 없으며, 선행도 쌓을 수 없다.

《탈무드》에는 또한 남자는 18세가 되면 결혼하는 것이 가장 합리적이라고 씌어 있다.

학자

모든 재산을 팔아서라도 딸을 학자에게 시집보낼 것, 또 학자의 딸을 얻기 위해서는 집안의 모든 재산을 써도 좋다.

유태인의 숫자

유태인에게 있어서 7이라는 숫자는 대단히 중요하다. 우선 7일째에 안식일이 온다. 7년째에는 밭을 쉬게 한다.

49년째는 대단히 축복할 만한 해가 되며, 밭을 쉬게 하는 것 외에 채무(債務)가 소멸되는 축복의 해이다.

1년 중 가장 큰 두 축제, 패스오버(출애굽 기념)와 스콧(수확제)은 각각 7일간 계속된다.

유태의 달력은 세계에서 가장 정확하다. 전원이 노예였던 애굽에서 탈출한 날, 이것은 유태 역사에 있어서 대단히 중요한 일이기 때문에 그것을 첫째 날로 하여 그로부터 7개월 후에 신년이 된다. 미국의 신년은 1월 1일이다. 그러나 미국에서 가장 중요한 달은 독립한 7월이 된다. 예산 연도도 학교 연도도 모두 7월부터 시작한다. 그것과 마찬가지로 유태인들이 애굽을 나온 때가 최초의 달이 된다.

패스오버가 첫째 달이고 그로부터 7개월째에 신년을 맞아 스콧의 축제를 갖는다.

먹을 수 없는 것

유태인이 고기를 먹을 때는 그 살덩이에서 피를 모두 빼고 먹어야 한다. 피는 생명이기 때문이다. 물고기나 짐승의 고기를 먹을 때 그 피를 모두 빼어 버리기 때문에 유태인이 먹는 고기는 몹시 메말라 있다.

동물을 대려 잡으면 피가 굳어 버리므로 이런 방법은 절대로 쓰지 않는다. 전기로 죽이는 방법도 피가 굳어 버리므로 절대로 쓰지 않는다.

유태인은 옛날부터 짐승에게 고통을 주지 않고 피를 모조리 빼어
버리는 방법을 생각해 냈다. 먼저 짐승을 죽인 후 고기를 30분간 물
에 담그고 소금을 뿌린다. 그 소금은 피를 빨아낸다. 소금을 뿌리면
소금 둘레에 피가 빨려나와 보고 있는 사이에 붉은 피를 테두리가 생
기는 것을 알 수 있다. 흡수된 피는 물로 씻어 낸다. 간장이나 심장과
같이 핏기가 많은 부분은 먼저 피를 전부 증발시키기 위해 불로 그슬
린다. 그러나 그렇게 하는 것은 피가 더럽다는 관념에서가 아니다.

닭이나 소를 잡는 사람은 비상한 전문가들이며 랍비와 같이 훈련을
받은 해부학의 권위자들이다. 신앙심도 대단히 두텁고 사람들로부터
존경을 받는 위치에 있다.

유태인은 4천 년 전부터 해부학에 대한 조예가 깊었다. 《탈무드》
에도 랍비가 인간을 해부까지 했었던 이야기가 나올 정도이다. 아다
도 그 당시에 벌써 해부에 대한 지식을 완전히 알고 있었던 것으로
짐작된다.

해부를 할 때에는 아주 잘 갈아 놓은 칼을 쓴다. 칼은 사용할 때마다
새로 갈아서 쓰며, 먼저 도살할 짐승을 거꾸로 매단 다음 목을 자르
면 피가 울컥울컥 솟는다.

동물을 죽인 사람은 그 동물을 자세히 살펴본다. 이것은 어떤 식육
검사보다도 엄격하고 철저하다.

유태인이 피를 기피해서가 아니다. 제단에 양을 바칠 때에도 피를
더러운 것으로 다루지는 않는다.

더욱이 《탈무드》에서는 어떤 사람은 새우를 먹고 자기는 먹지 않
는다고 해서 자기가 보다 건강하다고 말하지는 않는다. 내가 새우를
먹지 않으니까 새우가 좋지 않다고 말할 수는 결코 없다. 그럴만한
아무런 이유가 없으며, 단지 하나님이 유태인에게 새우를 먹지 말라

고 했으므로 먹지 않을 뿐이다.

또 네 발 달린 짐승은 2개 이상의 위가 있고 발굽이 둘로 갈라져 있는 것이 아니면 먹어서는 안 된다. 돼지는 위가 하나밖에 없기 때문에 먹을 수가 없다. 말도 발굽이 갈라져 있지 않으므로 먹을 수 없다. 생선은 지느러미와 비늘이 없으면 먹어서는 안 된다. 그러므로 장어는 먹으면 안 된다. 또 고기를 먹는 새도 먹어서는 안 되므로 독수리, 매 따위는 먹을 수 없다.

거짓말

어떤 경우에 거짓말을 하면 용서받을 수 있는가?

《탈무드》에서는 두 가지 경우에 거짓말을 해도 좋다고 말하고 있다. 첫째는 누구든지 이미 사 버린 물건에 대해 의견을 요구해 오면, 설사 그것이 나쁜 것일지라도 아주 좋다고 거짓말을 하라. 다음은 친구가 결혼했을 때 반드시 신부가 「굉장히 미인이군요. 행복한 가정을 꾸리세요」라고 거짓말을 하라.

착한 사람

세상에는 네 가지 필요한 것이 있다. 금, 은, 철 동이 그것이다. 그러나 이것들은 다른 것으로 대신할 수가 있다. 참으로 다른 무엇으로도 대신할 수 없으면서 필요한 것은 착한 사람뿐이다.

《탈무드》에 의하면 착한 사람이란 커다란 야자나무처럼 무성하고 레바논의 커다란 삼나무처럼 늠름하게 하늘 높이 솟아 있는 것이라고 한다. 야자나무는 한번 자르면 다시 자라는 데 4년이 걸리며, 레바논의 삼나무는 아주 먼 곳에서도 보일 정도로 큰 나무이다.

두두(동전)

《탈무드》 시대의 유태인 가정에서는 안식일 전의 금요일 해질 무렵에 반드시 어머니가 촛불을 켠다. 아버지는 아이들의 머리에 손을 얹고 축복을 해 준다. 유태인 집에서 반드시 「Jewish National Fund」라고 쓴 상자가 있는데, 부모가 아이들에게 두두(히브리어로 동전을 뜻함)를 주어 촛불을 켤 때 자선을 위해 그 상자에 넣게 한다.

금요일 오후에는 가난한 사람들이 자선을 베풀어 달라고 부자집을 돌아다닌다. 그러면 아이들이 그 상자 속의 돈을 직접 가난한 사람들에게 나누어 준다.

이것은 어린이들에게 자선심을 심어 주려는 의도에서이다. 지금도 유태인은 세계에서 가장 많이 자선을 위해 돈을 쓰는 민족이다.

《탈무드》에는 하나의 사고법을 단련시키기 위해서 현실적인 방법은 아니지만 어떤 원리와 같은 이야기가 많이 실려 있다. 그 중 한 예를 들어 여러분과 함께 생각해 보기로 하자.

이러한 가설적인 설문이 있다. 「만약 아기가 2개의 머리를 가지고 태어났다면 이 아기를 두 사람으로 인정해야 하는가, 아니면 한 사람으로 인정해야 하는가?」

이 질문은 어리석은 것 같이 보인다. 그러나 가령 인간은 2개의 머리가 있어도 동체가 하나면 한 사람이라든가, 1개의 머리를 한 사람으로 세어야 한다는 식으로 생각하는 원칙을 확립하기 위해서는 극히 필요한 가설이다.

유태교에서는 아기가 태어나면 한 달 만에 예배당에 데리고 가 축복을 받게 한다. 그 경우 머리가 2개 있으면 두 번 축복을 받아야 할 것인가, 아니면 한 사람이니까 한 번이면 족할까. 또 기도할 때는 조그만 밥그릇을 머리에 이는데, 이 경우 한 사람이니까 한 개만 얹으면 될까, 아니면 머리가 두 개이니 두 개를 얹어야만 할까?

독자라면 이 가설에 대해서 어떤 해답을 준비할 것인가?

《탈무드》의 답은 명쾌하다. 한쪽 머리에 뜨거운 물을 부었을 때 다른쪽 머리가 비명을 지르면 한 사람이고, 다른 한쪽이 아무렇지도 않은 얼굴을 하면 두 사람이라고 되어 있다.

나는 유태인이란 어떤 민족인가를 이야기할 때 이 이야기를 자주 응용한다. 즉 이스라엘에 있는 유태인들이 박해를 받거나 러시아에 있는 유태인이 박해를 받았다는 이야기를 듣고 자기도 그 아픔을 느끼고 비명을 지르면 그는 유태인이고, 비명을 지르지 않으면 유태인이 아닌 것이다.

이와 같이 응용 범위가 넓은 우화는 《탈무드》에 아주 많다. 왜 랍비들은 설교할 때 이렇게 어려운 우화를 사용했을까? 설교하는 것은 사람이 곧 잊기 쉬우나 우화의 교훈은 오래 기억에 남아 많은 도움이 되기 때문이다.

간통

《탈무드》시대에는 만약 아내가 다른 남자와 성적인 관계를 가질 경우 이는 물론 남편에 대한 죄이고, 남편이 아내 또는 아내의 정부에 대해 어떠한 심판을 내려도 좋도록 되어 있다. 남편은 그들을 처벌할 수도 있고 용서할 수도 있었다.

그러나 그것은 다른 민족일 경우이고, 유태인에게는 이것이 하나님에 대한 모독이며 따라서 남편은 용서할 권리도, 벌할 권리도 없었다. 왜냐하면 이것은 인간에 대한 죄가 아니고 우주를 다스리시는 하나님의 율법을 거역하는 죄로 생각했기 때문이다.

자백

유태인의 법에서는 자기에게 불리한 것을 증언하면 무효가 된다. 따라서 자백은 인정되지 않는다. 왜냐하면 자백은 오랜 경험에 의해서 고문으로 이어지는 경우가 많다는 것을 알고 있기 때문이다. 이스라엘에서는 오늘날에도 자백은 무효가 된다.

성(性)

성 교섭은 올바르고 깨끗하게 행하면 기쁨이다. 성 교섭에 있어 부끄럽다거나 추하다는 말을 쓰는 일이 있어서는 안 된다.
「모든 교사는 아내가 있어야 하고 모든 랍비는 결혼을 해야 한다」라는 말이 《탈무드》에 있는데, 이것은 아내를 거느리지 않은 자는 인간이 아니라는 사상이 있기 때문이다.

《탈무드》에서는 섹스를 「생명의 강」이라고 한다. 강은 범람하여 홍수를 일으키고 여러 가지를 파괴하는 수가 있으나, 때로는 쾌적하게 열매를 맺게 해 주고 이 세상에 도움이 되는 일도 많이 한다.

남자의 성적 흥분은 시작을 통해 일어나고, 여자의 성적 흥분은 피부 감각에 의해 일어난다.

《탈무드》에서는 남자에게는 「여자를 만질 때 주의하라」고 가르치고, 여자에게는 「옷 입는 법에 주의하라」고 가르친다.

계율이 엄한 유태인 사회에서는 상인이 거스름돈을 내줄 때에도 여성에게는 절대로 직접 손으로 주지 않고 반드시 무엇엔가에 놓아서 본인이 가져가도록 한다.

또 계율을 중히 여기는 이스라엘 여성은 미니스커트 같은 옷은 절대로 입지 않는다. 항상 긴 소매에 긴 스커트를 입고 있다.

랍비는 남성이 절정에 달할 때와 여성이 절정에 달할 때와의 사이에 시간적인 차이가 있음을 알고 있었다. 여성이 흥분하기 전에 남성은 끝낼 수가 있다.

아내의 동의 없이 아내를 품에 안는 것은 강간과 같으므로 남편이 아내와 성관계를 가질 때는 매번 동의를 얻을 필요가 있다. 상냥하게 이야기해 주고 부드럽게 애무하는 시간을 충분히 갖도록 해야 한다.

생리 때는 아내를 가까이하지 말아야 한다. 생리 후에도 7일간은 금하고 있다. 부부라고 해도 12,3일 간은 절대로 손을 댈 수가 없으므로, 그 동안에 남편의 아내에 대한 그리움이 깊어져 계율의 날이 끝났을 때 부부는 언제나 신혼 시절과 같은 관계를 되풀이할 수 있다.

결혼한 여자는 다른 남자와 절대로 성관계를 가져서는 안 된다. 그러나 남편은 다른 여자와 성관계를 가져도 용서된다.

《탈무드》시대에는 두 사람 이상의 아내를 가질 수 있었으나 일부

일처제가 확립되면서부터는 아무도 한 사람 이상의 아내를 갖지 않게 되었다. 아내 이외의 여자를 갖는 것은 성실성이 부족한 남편이라는 개념이 지배적이다.

그러나 《탈무드》 가운데는 매춘부를 사는 이야기가 몇 군데 나온다. 자위행위보다는 매춘부에게 가는 것이 좋다. 아내가 계속 거절하면 결혼한 남자가 그런 곳에 가는 것이 부득이하다고 생각되고 있다.

유태의 매춘부는 돈 때문에 몸을 파는 천한 여자로 간주된다. 유태인 사회는 학문을 중히 여기고 계율과 종교를 존중하기 때문에 매춘부가 창궐하지 못했다.

그 당시부터 랍비는 피임법에 대해 정통하고 있었다. 그렇기 때문에 어떤 피임법을 행하면 좋은가 하는 것은 모두 랍비가 지도했다. 그리고 피임은 여자만 행했던 것이다.

《탈무드》에서는 피임법을 써도 좋은 세 가지 경우가 있다. 임신한 여자, 아이를 기르고 있는 여자, 나이가 어린 여자인 경우이다.

임부가 피임하는 것이 좋은 이유는, 당시의 랍비의 지식으로는 임신하고 있는 사이에 또 임신할 수도 있지 않을까 생각했기 때문이다.

아이를 기르고 있는 어머니는 4세까지는 태어난 아기를 돌봐 주는 것이 당연하다고 생각되어 4년 동안은 다음 아기를 낳는 것을 장려하지 않았다. 나이가 어린 경우는 약혼했든, 또 어려서 결혼했든 몸에 해롭다고 생각되었기 때문이다.

기근일 때나 민족적인 위기에 처했을 때, 전염병이 퍼지고 있을 때도 역시 여자에게 피임을 행하도록 장려했다.

동성애

랍비들에게 있어 동성애는 용서할 수 없는 행위이다. 유태인에게 동성애의 예는 극히 드물었는데, 아주 억센 아버지와 상냥한 어머니, 그것이 유태 남녀의 이상형이었기 때문이다.

사형

사형 판결을 내릴 경우, 재판소에서 판사 전원의 의견이 일치한 것은 무효이다. 그 이유는 재판에 있어서 항상 상반된 견해가 나올 수 있으므로 일방적인 의견밖에 나타나지 않는다는 것은 공정한 재판이 아니라는 생각에서였다. 따라서 사형이라는 극형을 결정할 때는 전원의 의견이 일치할 경우 그 판결이 무효라는 규정이 있었다.

물레방아

갑, 을 두 사람이 있었다. 갑을 을에게 물방앗간의 물방아를 임대해 주었다. 계약 조건은 을이 갑의 곡물 모두를 무료로 찧어 주는 대신 을이 갑의 물방아를 사용한다는 것이었다.

그 동안 갑은 부자가 되어 몇 개의 다른 물방앗간도 샀다. 그래서 자기 집에서 쓸 가루를 만드는 데 굳이 을에게 의지할 필요가 없어졌다. 그래서 을에게 찾아가 임대료를 돈으로 지불해 달라고 말했다. 그런데 을은 임대료로서 가루를 빻아 주는 일을 계속하고 싶어 했다.

이 경우 어떻게 하면 좋겠는가?

《탈무드》의 판결에 따르면 다음과 같다. 만약 을이 돈으로 지불할 수 없다면 계약대로 갑의 방아를 찧음으로써 임대료를 지불해야 하며, 만약 갑의 방아를 찧지 않고 다른 사람의 방아를 찧어 돈으로 지불할 수 있다면 돈으로 지불해야 한다.

계약

고용주와 종업원이 다음과 같은 계약을 맺었다. 종업원은 고용주를 위하여 일하고 1주일마다 임금을 받기로 되어 있었다. 임금은 현금으로 받는 것이 아니라 가까운 슈퍼마켓에서 그에 상당한 상품을 사고, 슈퍼마켓의 책임자가 그의 고용주로부터 현금을 받는 방법으로 계약되었다.

1주일이 지났다. 종업원은 불만스런 얼굴로 고용주에게 와서 『슈퍼마켓에서 현금으로 갖고 오지 않으면 안 판다고 하니 현금으로 지불해 주세요』 하고 말했다.

얼마 후 슈퍼마켓의 책임자가 와서 『댁의 종업원이 이만저만한 물건을 가지고 갔으므로 대금을 받으러 왔습니다.』 라고 말했다.

이 경우 고용주는 도대체 어떻게 해야 할까?

먼저 사실을 확인할 필요가 있어서 충분히 조사했으나 종업원도 슈퍼마켓의 책임자도 사실을 증명할 만한 것이 전혀 없었다. 그러니 《탈무드》에서도 어떻게 해야 좋을지 알 수가 없었다.

이 두 사람은 선서를 했음에도 불구하고 각기 자기주장을 굽히지 않았으므로 《탈무드》는 고용주에게 종업원과 슈퍼마켓에 모두 지불하라고 명령했다.

그 이유는 종업원은 슈퍼마켓의 창구와는 직접 관계가 없다. 그러나 고용주는 양편에 다 책임이 있으므로 양편에게 지불하라는 명령을 내린 것이다.

이것은 《탈무드》 중에서 오랫동안 여러 가지 토론이 벌어졌던 부분이지만, 이 의견이 가장 적절하다. 어느 한편이 거짓말을 하고 있는지는 모르지만 그들은 선서를 했고 고용주도 양쪽에 계약했으니 달리 방법이 없다. 이 이야기의 교훈은 함부로 계약해서는 안된다는 것이다.

광고

오늘날의 사회에서는 광고를 할 때 과대 또는 허위 광고를 해서는 안 되는 것으로 되어 있다. 그런데도 자동차, 맥주, 또는 담배 광고 등 오늘날 범람하고 있는 광고를 보면 반드시 바른 정보를 전달한다고는 볼 수 없다. 예를 들면 하나의 상품이 다른 상품보다 낫다고 주장하고 있지만 다른 상품의 광고를 보면 그 상품도 역시 같은 말을 하고 있다.

그리고 상품과 관계가 없는 포장이나 디자인도 상당한 영향을 주고 있다. 뿐만 아니라 오늘날은 그와 같은 것을 좋은 판매 방법이라고 일컫고 있다.

예를 들면, 미국의 담배 광고를 보면 예쁜 여자가 자동차 안에서 담배를 맛있다는 듯이 피우고 있다. 물론 거짓말을 하고 있는 것은 아니나 실제로 담배를 피우는 사람은 그 여자와는 아무런 관계가 없는 것이다.

《탈무드》에서는 이와 같은 판매 방법을 금하고 있다. 이것은 어떤 의미에서는 사람을 속이는 행위라고 말할 수 있기 때문이다. 《탈무드》에서는 소를 팔 때 다른 색깔을 칠하는 것을 금하고 있다. 다시 말해 속일 목적으로 소에 색을 칠하는 것이므로 금지되어 있는 것이다.

어떤 곳에 노예가 있었는데 그 노예가 머리를 물들이고 얼굴에 화장을 하여 젊어 보이게 해서 사람을 속였다는 예가 실려 있다.

또 채소 장수가 신선한 과일을 묵은 과일 위에 올려놓고 파는 것도 안 된다고 말한다.

또 《탈무드》에서는 건물의 안전 규정에 대해서, 예를 들어 처마 길이의 제한, 발코니 기둥의 굵기에 이르기까지 상세히 지적하고 있다. 노동 시간에 대해서는 그 고장의 통상적인 시간을 넘어서 사람에게 일을 시켜서는 안 된다고 되어 있다. 또한 과일을 따는 일꾼을 고용했을 경우, 그 일꾼이 어느 정도 과일을 몰래 먹는 것은 금할 수 없다고 했다.

또 《탈무드》에서는 상품을 팔 때 그 물건과 성질이 다른 이름을 붙이는 것을 금했다.

오늘날 미국의 광고에서는 흔히 킹사이즈라든가 풀야드라는 등의 과장된 말을 사용하고 있다.

폴야드라는 말은 1야드밖에 안 되는 것이므로 유태에서는 그러한 말은 일찍부터 금지되어 있었다.

소유권

소유권에 관해서 이야기해 보자. 동물의 소유권은 낙인으로 증명할 수 있다. 시계 따위에는 이름을 새겨 놓을 수 있다. 또 양복에는 수를 놓아 표시할 수 있다. 자동차라든가 집 같은 커다란 것은 각각 소관 관청에 등기할 수 있다.

그러나 물건에 따라서는 이름을 쓰거나 등기하기가 어려운 것이 있다. 그와 같은 경우는 어떻게 소유권을 증명하는 것이 좋겠는가?

제일 먼저 여러 가지 예를 생각해보고 원칙을 확립하는 것이 《탈무드》의 방법이다. 이 같은 경우 1원에서 1백억 원 정도까지의 것들이 있을 수 있어서, 원칙을 확립해 놓아야만 제대로 판단이 서기 때문이다.

두 사람이 극장에 가서 서로 다른 문으로 들어가, 마침 한가운데두 개의 좌석이 비어 있어서 거기에 앉으려고 했다. 그때 소유권을 확립하기 어려운 물건이 그 자리에 놓여 있었다. 두 사람이 동시에 그것을 발견하고는 서로 자기 것이라고 주장했다. 이 경우 어떻게 해결해야 좋은가?

《탈무드》에도 여러 가지 의견이 제시되어 있다. 첫째로 둘이서 나누면 좋겠다는 의견이 있으나 이는 원칙으로서 채택될 수 없다. 왜냐하면 재판소에 가서 나누게 된다면 주위에 앉아 있던 사람들도 끼어들어 모두가 자기 것이라고 주장할지도 모르기 때문이다. 발견한 사람에게 권리가 있다는 것을 전제로 한다면, 보지 못했으면서 나중에 나도 보았다고 우기는 사람에게까지 권리가 생기게 되므로 곤란하다.

그래서 《탈무드》는 『성경에 손을 얹고 선서하라. 양심에 비추어서 자기 것이라고 생각하면 나누어 가지라』고 말한다. 《탈무드》의 경우는 언제든지 누군가가 무슨 말을 하면 그것을 공격하는 의견이 나온다. 그래서 누군가가 선서도 소용없지 않느냐는 의견을 말했다. 말하자면 자기 것이라고 선서했는데 절반밖에 못 받는다는 것은 선서를 모독하는 행위라는 것이다.

그러면 절반은 내 것이라는 식으로 선서를 하면 되겠다고 누군가가 말했다. 그러나 그 경우 한 사람이 100퍼센트, 다른 사람이 50퍼센트를 주장하여 재판소에 가면, 먼저의 사람은 절반은 인정받는데 5-퍼센트라고 말한 사람은 반의반밖에 인정받지 못한다.

그러나 이 논의는 어느 쪽이든 절반은 자기에게 권리가 있다고 선서하는 것으로 낙착이 된다.

그런데 주운 것이 동전이 아니고 고양이였을 경우는 어떻게 되는가? 이것을 둘로 나눌 수는 없다. 그 경우는 고양이를 팔러 둘이 함께 가면 된다. 또 고양이 값의 절반을 상대방에게 주고 한 사람이 고양이를 가져도 된다.

단, 고양이의 임자가 나타나기를 일정 기간 기다리는 등의 여러 가지 절차가 있으나 1천 달러짜리 지폐 등은 처음부터 임자를 찾을 수 없을 것으로 보고 다룬다.

돈을 길에 떨어뜨리고 누군가가 이미 주운 뒤에 되돌아와서 「내가 여기에 1만 원을 떨어뜨려서 되돌아온 것입니다」 라고 이야기해도 그 사람이 정말 떨어뜨린 것인지 아닌지 입증할 수 없다. 그러나 특별한 편지 따위가 함께 들어 있어서 그것이 자기 것이라고 증명할 수 있는 경우는 예외이다.

극장의 경우에는 먼저 만진 쪽이 이긴다는 결론을 내리고 있다. 그것을 보았다는 것은 아무도 입증할 수 없지만, 만졌다는 것은 입증하기 쉬우므로 그것이 하나의 원칙으로 되어 있다.

두 개의 세계

한 명의 랍비와 두 명의 사나이가 있었다. 랍비가 「나는 랍비이므로 사람들은 전적으로 나를 신뢰한다. 나는 두 사람 중 한 사람에게서 1천원을 빌고 또 한 사람으로부터 2천원을 빌었다. 어느 날 두 사람이 돌아와 나에게 저마다 2천원을 갚으라고 말했다. 그런데 나는 기억할 수가 없었다. 어떻게 하면 좋겠는가?」하고 말했다.

《탈무드》에는 두 가지 의견이 있다. 다수 의견은 「1천원 이상씩 준 것은 틀림없다. 두 사람 중 한 사람이 1천 원을 주었지만 그것은 알 수 없다. 그러니 우선 1천원씩을 갚고 남은 1천원은 장차 증거가 나올 때까지 재판소에 맡긴다」는 의견이다.

그런데 한 사람의 랍비가 「잠깐, 두 명 중의 한 명은 도둑놈이다. 1천 원밖에 주지 않고서 1천 원을 더 뺏으려고 하기 때문이다. 1천원씩 갚는다면 도둑은 아무것도 잃는 것이 없다. 그렇다면 사회 정의가 이루어질 수 없다. 도둑이나 악인이 이득을 보거나 벌 받지 않고 그냥 넘어가지 않도록 하는 것이 사회 정의이다. 그러므로 두 사람 다 1원도 받지 못하게 하는 것이 좋겠다. 법정이 돈을 보관해야 한다」라고 말했다.

그러나 도둑에게 1천 원이 되돌아가지 않는다는 것은 도둑이 온전히 1천원을 잃어버리는 셈이므로, 집에 가서 수첩을 보니 1천원이었다고 말하며 1천원을 되받으러 올 가능성이 있다.

그래서 앞의 극장 이야기로 다시 돌아가는데, 극장에서도 같은 원칙을 적용해야 한다고 생각했다. 한쪽은 거짓말쟁이임에 틀림없다. 그런데도 절반을 얻는다는 것은 거짓말쟁이가 득을 본다는 것이 되며 이것은 사회 정의의 원칙에 어긋난다. 따라서 재판소는 장차 증거가 나올 때까지 그것을 보관해야 한다고 했다.

그러나 극장의 경우는 두 사람이 정말로 함께 보았다는 것도 전적으로 있을 수 있는 일이므로 선서를 시켜볼 수가 있다. 하지만 1천원과 2천원의 경우는 한 사람이 거짓말을 하고 있는 것이 확실하므로 선서를 시킬 수 없다.

거짓 선서를 해서는 안 된다는 것은 십계명 중의 하나인데, 만약 거짓 선서를 하면 39번 채찍으로 맞는다. 선서를 행했으면서도 거짓말을 했다는 것은 커다란 수치가 된다.

그런데 《탈무드》에서는 극장에서 돌아온 두 사람의 경우, 한 사람은 내가 발견했으니 모두 내 것이라고 하고, 다른 사나이도 이것은 전부 내 것이라고 말하며 자기주장을 굽히지 않으므로 선서를 해도 어쩔 도리가 없다는 것이다.

《탈무드》가 아무리 지면을 많이 사용하고 있는 책이라고 해도 긴 역사를 이 정도의 한정된 분량에서 논하고 있으므로 지나치게 페이지 수를 낭비할 수는 없다. 그러나 이 논쟁에 대해서는 대단히 반복이 많다. 이것은 《탈무드》에서는 드문 경우이다.

잘 생각해 보면 이것은 두 개의 모순을 되풀이하고 있는 것으로, 두 개의 세계가 있다는 것을 나타내기 위해 고의로 그렇게 하고 있는 것이라고 생각된다.

탈무드의 손

손은 두뇌의 판단에 의해서 움직인다.
두뇌와 손은 주종의 관계이다. 연구에 열심인 사람으로서
오로지 '탈무드' 적 사고 방법을 취해 온 나의 손은
어느새 '탈무드' 의 심부름꾼이 되어 버렸다.
이 장에서는 날마다 내게 문의해 오는
어려운 문제, 괴로운 문제를 내가 어떻게 해결해 왔는지
그 실례를 소개하려 한다. 다시 말하자면,
지금까지의 일화, 격언의 응용이라고 할 수 있다.

형제애

두 형제가 죽은 어머니의 유언을 둘러싸고 다투고 있었다. 유언에 대한 두 사람의 해석에는 제각기 일리가 있었다.

이 두 형제는 어렸을 때부터 독일, 러시아, 시베리아, 만주를 거쳐 전쟁 중 이곳저곳으로 피난을 다녔기 때문에 아주 의가 좋았다. 그런데 이 유언을 둘러싼 싸움 과정에서 서로 중상하고 반목하는 바람에 형은 아우를, 아우는 형을 잃어버리게 되었다. 서로 말도 하지 않고 같은 방에는 절대로 들어가지 않았다.

어느 날 따로따로 내게 와서, 형은 아우를 잃고 아우는 형을 잃은 것을 하소연했다. 두 사람은 모두 싸울 생각은 없었다고 호소했다.

나는 아메리칸 클럽의 회합이 있어 강사로 나가게 되었을 때 주최자에게 두 형제를 서로 모르게 파티에 초청하도록 부탁했다.

평소 같으면 얼굴을 대하자마자 곧 돌아서서 가 버렸겠지만, 초청자의 체면도 있고 해서 두 사람은 다 돌아가지 못하고 그 자리에 합석했다.

나는 인사말을 마치고 나서 다음과 같은 《탈무드》의 이야기를 했다.

옛날 이스라엘에 두 형제가 살고 있었다. 형은 결혼하여 처자가 있었고, 아우는 독신이다. 두 사람 모두 부지런한 농부였는데, 아버지가 죽자 아버지 재산을 둘이서 나누어 가졌다.

수확한 사과와 옥수수는 서로 공평하게 2등분하여 각기 창고에 간수했다. 밤이 되자 아우는, 형님은 처자가 있어 고생스러운 일이 많을 것이니 자기 것을 조금 나누어 주자고 생각한 후 형님네 곳간에 사과와 옥수수를 상당한 분량 갖다 놓았다.

형 또한 자기는 자식이 있으니 노후가 걱정 없으나 아우는 처자식이 없으므로 노후를 위해 비축이 있어야 한다고 생각하고는 역시 옥수수와 사과를 동생의 곳간에 가져다 놓았다.

아침에 형제가 깨어나 각기 곳간에 가 보니 어제와 똑같은 분량의 수확물이 쌓여 있었다.

다음날 밤도 또 다음날 밤도 같은 일이 되풀이되어 사흘 밤 동안이나 계속되었다.

나흘째 되던 날 밤, 형제가 서로 상대방 곳간으로 곡식을 실어 나르던 도중 길에서 부딪치고 말았다. 그래서 두 사람 모두 서로가 얼마나 생각해 주는지를 알게 되었다. 두 사람은 곡식을 내던진 채 얼싸안고 울었다.

이 두 형제가 얼싸안고 울었던 곳이 바로 예루살렘에서 가장 성스러운 장소라고 오늘날도 전해지고 있다.

나는 가족간의 애정이 얼마나 소중한 것인가를 거듭 강조했다. 그 결과, 이 두 형제의 오랜 세월에 걸친 반목도 얼음처럼 녹아 버렸다.

개와 우유

어떤 가족이 개를 기르고 있었다. 오랫동안 가족과 함께 생활했으므로 모두가 그 개를 귀여워했다. 특히 아들 중의 하나가 더욱 귀여워했다. 그가 잠잘 때도 개를 자기 침대 밑에 재우는 등 완전히 일심동체의 생활을 하고 있었다.

어느 날, 그 개가 죽었다. 아버지는 개라는 것은 언젠가는 죽는 것이니 하는 수 없다고 말했다. 그러나 아들은 자기 형제처럼 소중하게 여겼던 충실한 친구를 잃은 것이 너무 슬퍼서 그 개를 자기 집 뒤뜰에 묻어 주었으면 좋겠다고 했다. 물론 개와 인간이 틀리다는 것은 그 아들도 알고 있지만, 그렇다고 개의 시체를 어디엔가 내버린다는 것은 상상할 수도 없었다.

아버지는 뒤뜰에 개를 묻는 것에 반대하여 가족간의 대논쟁이 벌어졌다. 마침내 아버지는 나에게 상담을 요청해 왔다. 혹시 유태의 전통에 개를 매장하는 의식이 있는가를 물었다.

나는 그 이야기를 전화로 들었을 때 어떻게 답변해야 할지 난처했다. 지금까지 갖가지 질문을 받은 적이 있지만 개에 대해서는 처음이었다. 그러나 내 마음에 걸린 것은 슬퍼하고 있는 아들이었다. 나는 어쨌든 그 집을 한 번 방문하겠다고 약속했다. 랍비는 관례상 그러한 이야기를 전화로 하지 않는다. 당사자와 마주보고 이야기하는 것이 하나의 관습으로 되어 있기 때문이다.

나는 그 집에 가기 전에 《탈무드》를 펴놓고 개에 대한 전례가 있는지를 연구해야만 했다. 그런데 《탈무드》 속에 마침 좋은 이야기가 있었다.

집 안에 우유가 놓여 있었다. 그런데 뱀이 그 우유 속으로 들어가 버렸다. 고대 이스라엘의 농촌에는 뱀이 많이 있었다. 그 뱀은 독사였으므로 우유 속에 독이 녹아들기 시작했다. 개만이 그것을 알았다.

가족들이 그릇에 우유를 따르려고 하자 개는 맹렬히 짖어 대기 시작했다. 사람들은 개가 왜 그렇게 요란히 짖는지 알 수 없었다. 그러는 동안 한 사람이 그 우유를 마시려고 했을 때, 개가 덤벼들어 우유를 엎지르고 그것을 먹기 시작했다. 우유를 먹은 개는 곧 죽었다. 그때야 비로소 가족들은 우유 속에 독이 들어 있음을 알았다. 그래서 이 개는 당시 랍비에 의해 대단한 칭찬과 경의의 대상이 되었다.

나는 그 집에 가서 가족들에게 그 《탈무드》의 이야기를 들려주었다. 아버지의 반대는 차츰 누그러져서 결국은 아들의 희망대로 그 개를 뒤뜰에 묻었다.

당나귀와 다이아몬드

한 유태인 부인이 백화점에 물건을 사러 나갔다. 돌아와서 물건을 펴보니 상자 속에서 자기가 사지 않은 물건이 나왔다. 그것은 대단히 값비싼 보석 반지였다. 그 부인은 양복과 외투만 사왔을 뿐이었다.

부인은 그다지 부자는 아니었지만 아이와 단둘이 살고 있었으므로 어린 아들에게 그 말을 하고 둘이서 랍비에게 상담하러 왔다. 그래서 나는 《탈무드》의 이야기를 들려주었다.

어떤 랍비가 나무를 해다 팔아서 생계를 잇고 있었다. 그는 산에서 마을까지 언제나 나무를 실어 날랐다. 그는 그 왕복 시간을 좀 단축하여 《탈무드》의 연구에 열중하고 싶어 당나귀를 사지로 했다.

그래서 마을의 아랍인으로부터 당나귀를 샀다. 제자들은 랍비가 당나귀를 샀으므로 보다 빨리 마을을 왕복할 수 있게 된 것을 기뻐하며 냇물에서 당나귀를 씻겨 주었다. 그러자 당나귀 목구멍에서 다이아몬드가 나왔다. 제자들은 이것으로 랍비가 가난한 나무꾼 생활에서 벗어나 자기들을 가르치고 공부할 시간을 더 많이 갖게 되었다면서 기뻐했다.

그러나 랍비는 곧 마을로 되돌아가서 아랍 상인에게 다이아몬드를 되돌려주라고 제자들에게 명했다. 한 제자가 「선생님이 사신 당나귀가 아닙니까?」하고 물었다.

랍비는 「나는 당나귀를 산 기억은 있지만 다이아몬드를 산 기억은 없다. 내가 산 것만을 갖는 것이 정당하다」고 말하고 아랍인에게 다이아몬드를 돌려주었다.

아랍인은 오히려 「당신은 당나귀를 샀고 다이아몬드는 거기에 포함되어 있었습니다. 어째서 돌려줄 필요가 있습니까?」하고 받기를 거절했다.

그러나 랍비는 「유태의 전통에 의하면 자기가 산 물건 외엔 가져서는 안 됩니다. 그러니까 당신에게 되돌려드려야지요」하고 말했다. 아랍 상인은 「당신네 신은 참으로 훌륭한 신임에 틀림없군요」하며 감탄했다.

이 이야기를 듣고 있던 부인은 「그러면 곧 돌려주러 가겠어요. 뭐라고 말하고 돌려주는 게 좋을까요?」하고 물었다.

나는 「그 반지가 백화점의 것인지 백화점 점원의 것인지는 모르지만, 왜 돌려주느냐고 묻거든, 내가 유태인이기 때문이라고만 대답하십시오. 그리고 반지를 돌려줄 때는 반드시 아들을 데리고 가십시오. 아들은 자기 어머니가 정직한 사람이라는 것을 영원히 잊지 않을 것입니다.」라고 말했다.

벌금의 규칙

어떤 유태인 회사에서 유태인 사원을 고용하고 있었다. 그런데 그 사원이 회사의 공금을 가지고 도망쳤다. 유태인 사장은 노하여 경찰에 신고하려고 했다.

그래서 회사 간부가 나에게 와서 어떻게 하면 좋을지 의논을 하였다.

나는 「그 사람이 정말로 돈을 갖고 도망쳤는지 확인해 보는 것이 좋겠습니다. 만약 정말 횡령한 것이 밝혀져 경찰에 신고하여 그가 기소되면 틀림없이 교도소에 들어가게 될 것입니다. 이것은 유태인이 취할 방법이 아닙니다」 하고 말했다.

왜냐하면 그가 교도소에 들어가 버리면 돈을 돌려받을 수 없기 때문이다. 유태의 법률에서는 누군가가 돈을 훔쳤다면 그 사람은 교도소에 가지 않고 돈을 갚아 주어야 한다. 그리고 덧붙여 벌금까지도 물어야 한다.

돈을 갖고 도망간 유태인 사원을 찾아내어 이 이야기를 하자, 그는 가진 돈이 한푼도 없다고 했다. 아무리 그렇다고 해도 교도소에 가는 것보다는 일을 해서 일한 몫에서 나누어 갚는 것이 나을 것 같아 경찰에 가지 않고 내 방에서 재판을 받았다.

나는 그에게 훔친 돈을 벌어서 갚도록 하고 동시에 벌금을 나에게 내놓으면 자선 사업에 쓰기로 했다.

유태인 사회에서는 예컨대 갑이라는 사람이 1백만 원을 훔쳤을 경우, 랍비의 재판에 회부되어 유죄가 되고 벌금을 가해 1백 10만원을 갚으라는 판결이 내려진다. 그 1백 10만원을 갚은 뒤에는 그는 아무 전과 없게 되고 결백한 사람과 같게 된다. 피해를 입었던 사람이 「저놈은 돈을 훔쳤다」는 따위의 말을 하면 오히려 욕을 한 사람이 나쁜 것으로 된다.

벌금은 대체로 20퍼센트 이상이지만 여기에는 엄격한 규칙이 있다. 예를 들면 무엇을 훔쳤는가, 낮에 훔쳤는가, 아침에 훔쳤는가 하는 따위의 여러 가지 조건에 따라서 제재 방법이 달라진다.

《탈무드》에서는 말을 훔쳤을 경우 벌금이 대단히 많은 것으로 되어 있다. 말을 사용하여 돈벌이를 할 수도 있고, 도난당한 쪽은 매우 곤란하게 되기 때문이다. 오늘날 같으면 트럭 같은 것이겠지만 이 경우 400퍼센트 정도의 벌금을 물게 된다.

일반적으로 당나귀 쪽이 말보다 벌금이 싸다. 말은 순하여 훔치기 쉽기 때문이다.

훔친 사람의 입장도 감안된다. 굶주리는 사람이라면 20퍼센트 정도의 적은 벌금을 문다.

고대 이스라엘에서는 벌금이나 돈을 지불하지 않거나 금리를 지불하지 못하면 대신 노동으로 갚아야 했다. 최악의 경우는 교도소에 들어가게 되지만, 근본적으로는 교도소에 넣음으로써 문제가 해결되지 않는다는 것이 유태인의 사고방식이다.

아기냐 어머니냐

한 유태인 여자가 난산으로 위독하게 되어, 나는 그녀의 남편에게 불리어 한밤중에 병원에 도착했다. 산모는 출혈이 심하여 괴로워하고 있었다.

의사가 와서 산모는 살지 못할 것이라고 말했다. 내가 아기의 상태를 묻자 의사는 잘 알 수 없다고 했다.

결국 최후에는 아기를 살릴 것인가 어머니를 살릴 것인가를 선택해야 하는 지경에 이르렀다. 이 부부는 아기가 첫아이인 만큼 대단히 갖고 싶어 했다. 어머니는 자기가 죽더라도 아기를 구하고 싶다고 했다.

여러 가지로 의논한 결과 나에게 결정권이 주어졌다.

나는 먼저 내가 결정하면 그것은   개인의 결정이 아니라 《탈무드〉혹은 유태인의 전통에 따르는 결정이므로 기필코 그것에 따르겠느냐고 물었다. 그러자 부부는 그것이 유태의 전통이라면 받아들이겠다고 말했다.

나는 어머니의 목숨을 살리고 아이를 희생시키라고 말했다. 어머니는 그것은 살인 행위라고 반대했다. 유태 전통에 따르면 아기는 낳기 전까지는 생명이 없는 것으로 되어 있다. 태아는 어머니의 일부에 지나지 않는다. 목숨을 구하기 위해서는 신체의 일부, 예를 들어 팔을 잘라 내는 일도 있을 수 있다. 유태의 전통에서는 그럴 때는 반드시 어머니를 살리도록 되어 있다.

그곳에 가톨릭 신부가 있어, 신부는 어머니가 죽어도 아기를 살려야 한다고 말했다. 가톨릭에서는 잉태했을 때 이미 새로운 생명이 생겼다고 생각하기 때문이다. 가톨릭의 사고방식에 따르면, 어머니는 이미 영세를 받았으나 아이는 아직 영세를 받지 못했다는 것이다. 그 신부는 유태인의 결정을 이상하다고 했다.

부부는 나의 결정에 따라 어머니의 목숨을 건졌다. 그 뒤 얼마 지나지 않아 다시 귀여운 아이가 태어났다.

불공정한 거래

어떤 상인이 나를 찾아와 다른 가게에서 가격을 부당하게 할인하여 자기 고객을 빼앗아 가고 있다고 호소했다. 《탈무드》에서 부당경쟁에 대해 대단히 많은 지면을 할애하고 있는데, 그때까지 나는 《탈무드》에 그러한 내용이 씌어 있는 것도 잘 몰랐다. 그래서 1주일 동안 말미를 얻어 《탈무드》를 공부한 후 결정하기로 했다.

《탈무드》는 다음과 같이 가르치고 있다.

어떤 상품을 취급하고 있는 가게 이웃에 같은 품목의 가게를 열어 동일한 상품을 팔아서는 안 된다. 그러나 두 개의 가게 중 한 가게에서 어린이들에게 경품을 냈을 경우, 옥수수로 만든 팝콘과 같은 보잘 것 없는 것이지만, 아이들이 그것을 좋아하여 어머니까지 데리고 와서 물건을 사게 되는 경우라면 의견이 분분하게 된다. 값을 내려 경쟁하는 것은 손님에게 이익을 주므로 좋다는 랍비도 있다. 또 어떤 랍비는 손님을 유혹하기 위해 값을 내리거나 경품을 붙이거나 하는 것은 부당한 경쟁이라고 한다.

그런데 대다수 랍비의 결정은, 값을 아무리 내려도 그 경쟁은 불공정한 것이 아니며 고객이 득을 보는 일이라면 그것으로 충분하다는 것으로 결론지어졌다.

다음날 찾아온 상인에게 나는 「훔치는 행위는 명백히 금지되어 있으나 어떤 사정으로 값을 얼마나 내리든 그것은 정당한 행위이다」라고 답변해 주었다.

자유 경쟁의 원리에서 소비자가 이득을 보는 일은 바람직한 것이다. 나의 아내는 언제나 물가가 비싸다고 불평하고 있다.

위기를 모면한 부부

결혼하여 10년이 지난 부부가 있었다. 대단히 금슬이 좋은 부부로서 표면적으로는 매우 행복하게 보였다.

그런데 어느 날, 그 남편이 이혼 허가를 나에게 요청해 왔다. 나는 전부터 그 부부를 잘 알고 있으므로 설마 결혼 생활이 원만하지 않으리라고는 생각하지 않았다.

그는 둘 사이에 아이가 없다고 친척들로부터 헤어질 것을 강요받았다고 말했다. 유태의 전통에서는 결혼해서 10년이 지나도록 아이가 없으면 이혼할 사유가 된다.

아내도 남편도 헤어져야 한다는 문제는 심각했다. 그러나 가족들로부터의 압력이 심해져서 그는 어찌할 바를 모르게 되어 나에게 의논하러 온 것이다.

그 후 두 사람이 함께 찾아왔을 때 나는 이 부부가 진실로 사랑하고 있음을 발견했다. 일반적으로 말해서 랍비는 언제나 이혼에는 반대하기로 되어 있다. 왜냐하면 한번 나쁜 아내를 얻은 사람은 이혼해도 같은 잘못을 무의미하게 되풀이할 뿐으로, 또 나쁜 아내를 얻게 된다는 것을 잘 알고 있기 때문이다.

그는 사랑하는 아내와 이혼함에 있어 아내에게 굴욕감을 맛보게 하고 싶지 않아서 가능한 한 평온하게 헤어지기를 원했다. 그래서 나는 《탈무드》적 발상법을 썼다.

나는 그에게 아내를 위해 성대한 파티를 열고 그 자리에서 지금까지 자기와 함께 살아온 아내가 얼마나 훌륭했던가를 여러 사람 앞에서 이야기하도록 권했다. 그는 나의 충고를 기꺼이 받아들였다. 그것은 아내를 싫어하기 때문에 헤어지는 것이 아니라는 점을 어떻게든지 분명하게 해 두고 싶었기 때문이다.

나는 그 점에 덫을 건 것이다. 그가 헤어지는 아내에게 선물을 하고 싶다고 하기에 무엇을 줄 작정이냐고 물으니, 아내가 오래도록 소중히 생각할 것을 주고 싶다고 대답했다.

그래서 파티가 끝났을 때 나는 그에게 『내가 가지고 있는 모든 것 중에서 한 가지만 갖고 싶은 것을 말하면 뭐든지 그걸 주겠소』 라고 말하고 권했다. 그의 아내에게도 같은 이야기를 해 주었다.

파티가 끝난 뒤 내가 충고한 대로 남편은 「무엇이든지 갖고 싶은 것 하나를 그대에게 주겠으니 어서 말하시오」 하고 말했다. 이튿날 아침 내가 입회한 자리에서 아내는 헤어진 남편에게 무엇이 갖고 싶은지 대답하게 되었다.

아내는 오직 하나, 남편을 선택했다. 결국 두 사람은 이혼을 취소했고, 그 뒤 아이를 둘이나 낳았다.

곤경에 빠진 2백만 원

어느 날, 두 사나이가 숨을 헐떡이며 나를 찾아왔다. 두 사람의 이야기를 들으니 한쪽 사나이가 돈이 필요하다고 해서 다른 사나이가 돈을 빌려 주었다고 한다. 그런데 갚을 날짜가 되자, 빌려 준 쪽은 5백만 원을 주었다고 하는데 빌려간 쪽은 2백만 원밖에 빌려가지 않았다고 주장한다는 것이다.

나는 어느 쪽이 거짓말을 하고 있는가 판단을 내리지 않으면 안되었다. 그래서 먼저 한 사람씩 따로따로 만나 이야기를 듣고 나중에는 두 사람 함께 오라고 하여 셋이서 이야기를 나누었다. 나는 두 사람을 만나, 다음날 아침 또 한 번 이곳에 오면 결정을 내려 주겠다고 약속했다.

두 사람이 돌아간 뒤 나는 서재의 여러 가지 책을 보았다. 5백만 원을 빌려 주었다고 주장하는 사람과 2백만 원밖에 빌려 쓰지 않았다고 주장하는 사람이 어떤 심리 상태에 있는가를 연구했다. 물론 증서가 있으면 문제가 없으나 유태인 사회에서는 친구끼리 돈을 빌고 빌려 줄 때 증서를 쓰지 않는 것이 관습이다.

어쨌든 나는 2백만 원밖에 빌지 않았다고 말하는 남자가 거짓말을 할 경우, 전연 빌지 않았다고 이야기해도 실제로는 마찬가지가 아닌가 하는 생각을 했다. 동시에 5백만 원을 빌려 주지 않고서도 5백만 원을 빌려 주었다고 주장하는 것 역시 의아하게 생각되었다. 그런데 《탈무드》에는 이러한 가르침이 있었다.

거짓말쟁이가 거짓말을 할 때는 철저하게 거짓말을 한다. 그러나 만약 어떤 사람이 자신에게 불리한 것을 조금이라도 말할 경우 그가 말하는 것은 믿어지기 쉽다. 그에게는 아직 얼마간의 정직함이 남아 있기 때문이다. 따라서 당사자 두 사람이 모이면 그 거짓말하는 정도가 가벼워진다.

나는 『설사 5백만 원을 기일 안에 틀림없이 갚겠다고 빌려왔더라도 막상 기일이 되어 2백만 원밖에 없었을 경우, 2백만 원밖에 빌지 않았다고 주장하는 것은 있을 수 있다고 생각했다. 그러나 또 5백만 원을 빌려 주었다고 말하는 쪽도 잘못된 기억을 주장하고 있는지도 모른다고 생각했다.

그래서 먼저 2백만 원밖에 빌려가지 않았다고 주장하는 사람을 불러 정말로 당신은 2백만 원밖에 빌지 않았느냐고 다짐하자, 자기는 2백만 원밖에 빌지 않았다고 말했다.

나는 5백만 원을 당신에게 빌려 준 사람은 대단한 부자로서 돈이 필요한 것은 아니다. 그러나 만약 당신이 빌려간 돈을 갚지 않는다면, 다른 누군가가 이스라엘에 돌아가야 할 일이 생겨 갑자기 돈이 필요해서 그 사람에게 가더라도 그는 두 번 다시는 남에게 돈을 빌려 주지 않을 것이다. 유태인 사이에는 돈이 항상 돌고 있어야만 한다. 그래도 당신은 2백만 원밖에 빌지 않았다고 주장하겠느냐』고 물으니 그렇다고 말했다.

그래서 내가 교회에 가서 《구약성서》에 손을 얹고 2백만 원밖에 빌지 않았다고 맹세할 수 있느냐고 묻자, 그는 갑자기 『참으로 죄송합니다. 저는 확실히 5백만 원을 빌었습니다』 하고 실토하는 것이었다.

이것은 다른 사람은 상상할 수 없을지 모르나 유태인에게 있어서 교회에서 《구약성서》에 손을 얹고 맹세한다는 것은 대단히 중요한 일이다. 《구약성서》에 손을 얹고 거짓말을 할 수 있는 사람은 직업적인 범죄자 이외에는 없다. 그 대신 성경이라는 것은 중요한 것이므로 어지간히 중대한 때가 아니면 이용하지 않으면, 성경에 손을 얹으면 99.8퍼센트는 절대로 거짓말을 하지 않는다. 그만큼 맹세라는 것은 중요한 일이며 매우 두려운 일로 여겨지고 있다.

미국이나 유럽의 기독교 법정에서 손을 들고 서약하는 풍습도 여기서 비롯된 것이다.

단 한 개의 구멍

한 남자가 어떤 회사에서 일하고 있었다. 그런데 자기는 부당한 대우를 받았다고 생각하고 회사 경영자에게 『나는 당신에게 명예를 손상당했으니 당신을 위해 일하러 나올 필요가 없게 되었습니다. 퇴직금을 몽땅 타고 그만 두겠습니다』 하고 대답했다.

어느 날, 그는 금고에서 돈을 꺼내고 회사의 서류까지 탈취하여 국외로 도망쳤다. 사람들은 그가 어디로 갔는지 전혀 행방을 알 수 없었다.

그런데 한 달 뒤에 그가 외국의 거리를 걸어가고 있는 것을 사람들이 보았다고 했다. 경영자가 나를 찾아와 항공권을 주면서 『이걸 가지고 그가 있는 곳으로 가서 그에게 이야기해 주십시오」라고 부탁했다.

대단히 먼 곳이었으나, 나는 비행기를 타고 출발했다.

도착한 뒤 이틀 만에 가까스로 그를 찾아낼 수 있었다. 그는 크게 놀랐다. 돈을 갖고 도망친데다가 자기에게는 중요하지 않았지만 그 회사로서는 소중한 서류도 탈취했으니 놀랄 수밖에. 나는 그와 3일 정도 이야기를 나눈 다음 내가 왜 이곳에 왔는가를 설명했다. 세세한 이야기는 제쳐 놓고 문제의 본질이 무엇인가를 생각했다.

왜냐하면 나는 세세한 일에는 관심이 없었으며, 그것은 법률로도 처리할 수 있는 문제였기 때문이다. 나로서는 두 사람의 유태인의 일을 대상으로 하고 있었으며, 두 유태인이 서로 싸우는 것 같은 충돌은 용납될 수 없었다. 나는 《탈무드》를 인용하여 「유태인은 서로가 가족끼리니 평화롭게 매사를 잘해 나가야 합니다」라고 이야기했다.

그는 자기의 행동이 옳다는 것을 증명하려고 「내가 하는 것은 모두 나의 자유입니다」라고 말했다. 그래서 나는 「나로서는 잘 모르겠으나 아마 당신의 주장이 옳을지도 모릅니다. 하지만 자기 멋대로 하는 것은 허용되지 않습니다」라고 말하고, 《탈무드》의 이야기를 전했다.

많은 사람들이 배를 타고 항해하고 있었다. 한 남자가 자기가 앉아 있던 배 밑바닥에 끌로 구멍을 뚫고 있었다. 사람들이 놀라서 큰 소리를 쳤다. 그러자 그는 「여기는 내 자리이니 내가 무엇을 하든 상관하지 마시오」하고 태연하게 말했다. 이윽고 그 배는 물 속으로 가라앉아 버렸다.

한 사람의 유태인이 회사의 돈과 서류를 갖고 사라져 버렸다. 주위 사람들이 무엇이라고 할까? 유태인은 멋있는 사람들이라고 말할 것인가? 아니다, 이것은 유태인의 오명이 된다.

그는 납득하고 「당신이 정당하다고 결정하는 것에 따르겠습니다」라고 했다. 그는 자기가 훔친 돈과 서류를 나에게 맡겼다.

나는 회사로 돌아와서 경영자를 만나 이야기하고 최종적인 해결을 하게 되었다. 물론 그의 주장이 옳다면 맡은 돈과 서류를 그에게 돌려주려고 생각하고 있었다. 그래서 여러 가지로 이야기한 결과, 그가 바라던 정도는 아니었지만 어느 정도의 퇴직금도 받게 되어 일은 원만히 해결되었다.

개의 무리

JCC(유태 커뮤니티 센터)는 유태인 사회에서는 매우 색다른 사회이다. 단일한 유태 인종의 사회가 아니고 러시아계, 영국계, 프랑스계, 이스라엘계, 미국계 등 여러 계통의 유태인이 모두 제각기 작은 그룹을 형성하고 있기 때문이다. 따라서 계율을 엄하게 지키는 사람도, 계율을 지키지 않는 사람도, 자비심 많은 사람도, 자비심이 적은 사람도 있어 각각 출신지의 국민성을 반영하여 통합성을 띤 커뮤니티였다.

이러한 군집 사회에서는 아무래도 일종의 긴장 상태가 어쩔 수 없이 존재한다. 이 커뮤니티가 서로 반목하여 두 개의 그룹으로 분열되려 하는 조짐을 보이고 있었다.

나는 그 두 개의 그룹을 향해 다음과 같은 《탈무드》의 이야기를 해 주었다.

한 개의 갈대는 곧 부러지지만 100개의 갈대를 다발로 묶으면 매우 단단하다. 개의 무리는 그냥 두면 서로 싸우나 늑대가 나타나면 싸움을 그친다.

유태인은 오늘날도 안전이 보장되지 않고 아랍인이나 러시아인, 반유태주의자들에게 둘러싸여 있으므로 싸우는 일은 가급적 피하는 것이 좋으리라고 이야기했다.

이 기본적인 양해 아래, 오늘날은 그다지 큰 말썽 없이 생활하고 있다.

부부 싸움

학교를 갓 나온 젊은 랍비들은 무엇인가 문제가 생기면 나에게 의견을 물으러 오거나 전화를 걸어오거나 한다.

어느 날 젊은 랍비 한 사람이 지방에서 나를 찾아왔는데, 마침 한 쌍의 부부가 문제를 가지고 왔다. 그래서 그 부부에게 두 사람의 랍비가 들어도 되느냐고 묻고 승낙을 받았다. 부부의 문제를 들을 때에는 두 사람을 동석시킨 가운데 들으면 서로 싸움만 하기 때문에 두 사람을 떼어 따로따로 들어야만 한다. 한 사람 한 사람 떼어서 이야기를 들으면 배우자를 서로 아껴 주고 있는 것을 잘 알 수 있다. 참을성 있게 이야기를 듣고 동정심을 갖고 대하면 대개 부부간의 문제는 해결된다.

이번에도 나는 먼저 남편의 이야기를 듣고 그의 말에 모두 찬성하고 계속 고개를 끄덕이며 그의 주장을 모두 인정했다. 그리고 나서 아내의 차례가 되었다. 나는 그녀가 한 말에도 전부 수긍하고 당신의 주장은 모두 정당하다고 말했다.

두 사람이 나간 뒤, 나는 젊은 랍비에게 『당신이라면 어떻게 결정하겠는가?』 하고 물었다. 그러자 그 랍비는 『나는 전혀 납득이 가지 않습니다. 당신은 남편 이야기를 들을 때는 전부 남편에게 수긍하며 당신이 옳다고 말하고, 이번엔 아내의 주장에 연신 고개를 끄덕이며 당신의 주장은 전부 옳다고 인정했습니다. 두 사람이 전혀 다른 주장을 하고 있는데 어째서 당신은 두 사람의 주장을 다 옳다고 했습니까?』 하고 말했다.

이번에도 나는 젊은 랍비의 주장이 가장 옳다고 말했다.

자, 이 같은 판단에 대해 독자 여러분은 어떻게 생각할 것인가? 나를 팔방미인이라고 받아들일 것인가?

여러 사람들이 갖가지 다른 문제를 갖고 올 경우, 당신이 옳다든가 당신은 틀렸다든가 단정하여 심판해서는 안 된다. 그것은 쓸데없는 마찰을 불러일으킬 뿐이다. 이때 중요한 것은 양장의 열전 상태를 냉각시키는 데 있는 것이다. 그러기 위해서는 양쪽의 주장을 인정해 줌으로써 서로가 안정을 되찾아 서서히 화해해 가도록 하는 것이라고 생각한다.

그러므로 이 같은 말썽이 났을 때는 우선 어떤 의견이든지 상대방의 주장을 들어 줄 필요가 있는 것이다.

진실과 거짓

많은 사람이 나에게 여러 가지 문제를 들고 와서 해결해 달라고 부탁한다. 이와 같은 문제는 1백만 가지나 되며 하나도 같은 것이 없다. 다만 한 가지 공통적으로 말할 수 있는 것은 누가 거짓말하고 있는가,

그렇지 않으면 스스로 거짓이라는 것도 모르는 채 말하고 있는가를 어떤 방법으로 가려내야 하는가 하는 것이다.

무엇이 진실이고 무엇이 거짓인가 가려내는 일은 대단히 어렵다. 《탈무드》에서는 이에 대해 두 가지 판별 방법을 가르치고 있다.

솔로몬 왕은 매우 현명한 사람으로 알려져 있었다. 어느 날, 두 여자가 한 어린아이를 데리고 와서는 서로 자기 아이라고 우기며 솔로몬 왕의 재판을 요청했다.

솔로몬 왕은 여러 가지 사실을 조사했지만, 결국 자기도 누구의 아이인지 모를 때에는 공평하게 둘로 나누어 가지는 것이 통상적인 관례였다. 그래서 솔로몬 왕은 이 아기를 칼을 가지고 둘로 나누도록 명했다.

그러자 한쪽 어머니가 갑자기 미친 사람처럼 그런 짓을 하려면 차라리 아이를 저쪽 여자에게 주어도 좋다고 울부짖었다. 그 광경을 보고 솔로몬 왕은 「그대야말로 진짜 어머니요」라고 하면서 아이를 넘겨주었다.

부부에게 두 아이가 있었다. 둘 다 사내아이였으나 한쪽 아이는 어머니가 다른 남자와 불의의 관계를 맺어 낳은 아이였다. 두 아이 중 한 아이는 아버지가 다른 사람이라고 이야기하는 것을 남편이 들었다. 그러나 그는 어느 쪽이 자기 자식인지 가려낼 수 없었다.

그 후 남편이 중병에 걸렸다. 그는 죽음이 닥칠 것을 예감하고 유서를 써서 자기 피를 이어받은 아이에게 전 재산을 준다고 했다.

그가 죽자 그 유서는 랍비에게 넘어왔고, 랍비가 죽은 아버지의 핏줄을 받은 아이를 가려내야만 하게 되었다.

랍비는 두 아들을 불러 아버지의 묘에 데리고 가서 묘를 욕되게 하기 위해 막대기로 힘껏 무덤을 치라고 명했다. 그러자 한 아들이 「나는 도저히 아버지의 묘를 욕되게 하는 일은 할 수 없습니다」하고 울었다.

랍비는 끝내 그 묘를 치지 못한 쪽이 진짜 아들이라고 판단을 내렸다.

새로운 약

나의 친구가 중병에 걸려 어떤 새로운 약을 먹어야만 소생할 수 있는 지경에까지 이르렀다. 그런데 그 약은 좀처럼 구하기가 어려웠다. 왜냐하면 수요가 너무 많아서 생산이 달리기 때문이었다.

그래서 가족들이 내게 와서 당신은 교수나 훌륭한 의사를 많이 알고 있을 테니 어떻게든 그 약을 좀 구해 달라고 부탁했다.

의사는 「만약 약을 당신 친구에게 주면 대신 약을 못 먹는 사람이 생기게 됩니다. 그 때문에 약을 얻지 못한 사람이 죽을지도 모릅니다. 그래도 당신은 나에게 약을 달라고 부탁하겠소?」하고 말했다.

나는 생각할 시간을 좀 달라고 해 놓고 《탈무드》를 펴보았다.

어떤 사람을 죽이면 내 목숨이 살 수 있을 경우는 어떻게 할 것인가. 만약 그 사람을 자기가 죽이지 않으면 자신이 죽게 될 경우 어떻게 할 것인가. 자기 목숨을 구하기 위해 남을 죽여서는 안 된다. 어떻게 자기 피가 상대방 피보다도 붉다고 말할 수 있을까. 어떤 인간의 피가 다른 인간의 피보다 더 붉다고 할 수는 없다.

이것을 나의 경우에 적용해 보면, 나의 친구는 피가 누군가 그 약을 입수하지 못했기 때문에 죽을지도 모르는 사람의 피보다 붉다고는 말할 수 없는 것이다.

나는 그러한 사실을 친구의 가족들에게 어떻게 설명해야 할지 아주 난처했다. 나의 교구 사람의 목숨이 위태로와 그 가족이 일부러 나에게 도움을 청해 왔는데도 《탈무드》에 따르면 나는 그 친구를 죽게 내버려 두는 수밖에 없었다. 나는 약을 얻지 않기로 결정했다. 그 결과 나의 친구는 죽고 말았다.

세 사람의 경영자

두 사람의 공동 경영자가 있었다. 무에서 출발하여 조그만 임대용 빌딩을 지어 현재는 누구나 공인하는 비즈니스맨으로서 성공했다. 두 사람 모두 경험은 없었으나 대단히 근면했기 때문에 사업은 점점 번성했다.

어느 날 갑자기 그들은 자기네가 크게 성공했음을 새삼스럽게 인식했다. 그러나 두 경영자 사이에는 아무런 증서도 없었기 때문에 두 사람이 건강할 때는 문제가 없으나 아이들 대에 가서 말썽이 일어나지 않도록 계약서를 써 두기로 했다.

그런데 일단 계약이 성립되자 이 두 사람은 사사건건 반목하게 되었다. 우선 계약할 때부터 의견 충돌이 있었다. 왜냐하면 너는 공장 책임자고 나는 본사 책임자다, 하는 따위의 사소한 것까지 규정하려고 했기 때문에 서로 상대가 자기보다 유리한 조건을 차지하려 한다고 생각했던 것이다.

사업을 시작해서 성공할 때까지 두 사람 사이에는 전혀 아무런 말썽도 없었던 만큼 두 사람은 나란히 내게로 와서 해결책을 요청했다. 이건 어느 쪽이 옳고 어느 쪽이 그르다는 문제가 아닌 만큼 나로서도 간단히 결론을 내릴 수가 없었다. 그들은 한 사람은 영업, 한 사람은 생산으로 나뉘어 서로 「내가 아니었으면 이 회사는 없었을 것이다」

고 말다툼을 했다.

　두 사람이 싸움을 하기 전까지는 사업이 대단히 잘 되어 왔다.

　따라서 두 사람이 반목함으로써 회사가 무너지는 것은 대단히 어리석을 일이다. 이런 상태로는 도저히 사업을 순조로이 계속해 나갈 수 없는 것이다. 어떻게든 타개책을 찾아야만 한다. 나는 《탈무드》를 펼쳐 보고 다음과 같은 간단한 말을 찾아냈다.

　아이가 태어날 때 그 아이의 생명은 아버지와 어머니, 그리고 하나님에 의해 부여되었다. 성장함에 따라 그 아이에게는 또 한 사람 생명을 부여하는 자가 추가된다. 그것은 교사이다.

　『당신네 회사의 경영자는 누구와 누구입니까?』라고 내가 두 사람에게 묻자, 그들은 『두 사람 다』라고 대답했다. 그래서 나는 말했다. 『그렇다면 하나님도 경영진 속에 넣으면 어떻겠습니까? 어쨌든 전우주에 하나님을 참여하고 있으니까요. 서로 자기가 잘했다고 주장하지만 말고 모든 우주의 움직임은 하나님의 섭리이니 하나님을 동료로서 끼워 넣어도 좋지 않겠습니까?』

　그때까지는 두 사람이 대표자여서 이 회사에는 사장이 없었다. 그러나 서로 사장이 되고 싶어 했다. 그래서 나는 『당신네들의 회사인 것은 물론이지만 동시에 하나님의 회사이기도 합니다. 당신들은 유태인을 위해서 일하고 있는 것이니 자기 것이라는 의식을 너무 내세우지 말고 하나의 의무를 수행하고 있다고 생각하시오. 그러면 누가 사장이 되느냐는 중요한 일이 못 된다는 것을 알게 될 것입니다. 영업 담당은 영업을 하고, 공장 담당은 공장 일을 하도록 하면 좋을 것입니다』라고 조언해 주었다.

　그 뒤 이 회사는 더욱 발전되어 가고 있다. 자선을 위해 몇 퍼센트인가의 돈을 할애할 만큼 되었고, 그것이 하나의 목표가 되었기 때문에 누가 사장이라고 할 것도 없이 수익은 높아지는 것 같다.

보트의 구멍

회사에서 가끔 종업원을 해고시키는 경우가 있다. 그런데 이것만큼 언짢은 일은 없으며, 때로는 커다란 사회 문제로 발전하는 일조차 있다.

어떤 유태인 회사에서 유태인 종업원을 많이 고용하고 있었다. 이런 경우 그 유태인을 해고시키는 일은 매우 곤란하다. 그것은 처자가 있다는 것 외에는 특히 유태인은 다른 직업을 찾기가 힘들기 때문이다. 특히 외국에서 사는 경우, 취직할 수 있는 기회는 매우 적고 다른 나라로 옮겨가거나 모국으로 돌아가려 해도 이 또한 많은 비용이 들어야 한다. 그러므로 어떤 이유에서든지 유태인 종업원을 해고시키는 것은 지극히 어렵다.

그래서 나는 언제나 종업원이 해고당하지 않도록 마음을 쓰고 있다. 만약 그가 직업을 잃으면 자기 가족들로부터 존경받지 못하게 되어 비참해질 뿐 아니라, 그런 경우에는 유태인 사회가 그를 부양하게 되므로 유태인 사회 전체의 부담이 되기 때문이다. 그리고 유태인은 워낙 동정심이 많으므로 실제로 종업원을 해고시키는 경우는 극히 드물다.

언젠가 이 드문 경우가 발생했다. 한 고용주가 나에게 의논하러 왔다.

「나는 한 종업원을 해고시키려고 합니다. 그는 내가 해고시키지 않아도 어차피 누군가에게 해고당하게 될 것입니다. 이대로 계속 있게 해도 아무것도 못하는 바보이니 다른 곳에 가 보았자 결국은 같은 결과가 되겠지요. 그러나 이렇게 말해도 사실은 그를 해고 시키고 싶지 않습니다. 나 자신에게 그를 해고시키지 않아도 좋을 무슨 구실이 없겠는가, 랍비인 당신에게 묻고 싶습니다」라고 말하는 것이었다.

그래서 나는 《탈무드》에서 인용한 이야기를 했다.

어떤 사나이가 작은 보트를 갖고 있었다. 그는 여름이 되면 가족을 태우고 호수로 나가 물고기를 낚으며 즐겼다.

여름이 끝나 배를 육지로 올려놓고 나서, 그는 배 밑바닥에 작은 구멍이 뚫려 있는 것을 발견했다. 그러나 그것은 아주 작은 구멍이었으며 그는 어차피 겨울 동안은 육지에 놓아둘 것이므로 내년 여름 보트를 사용할 때나 고치려고 그대로 놓아두었다. 그리고 겨울 동안에 그는 페인트공을 불러 보트에 페인트칠을 다시 했다.

다음해 봄은 아주 일찍 찾아왔다. 그의 두 아이는 빨리 보트를 타고 호수로 나가고 싶어 했다. 그는 보트에 구멍이 뚫려 있었던 사실을 문득 깨달았다. 아이들은 수영도 잘하지 못했다.

그는 당황하여 누군가에게 도움을 청하려고 뛰쳐나갔다. 그 때 두 아이가 유유히 보트를 타고 돌아오는 것이 보였다. 그는 두 아이를 반겨 맞이하며 보트를 살펴보았다. 그런데 보트의 구멍은 막혀 있었다.

그는 곧 페인트공이 고쳐 준 것이라는 생각이 들어 선물을 가지고 치하하러 갔다.

그러자 페인트공은 「보트를 칠했을 때도 돈을 받았는데 왜 이런 선물을 줍니까?」하고 물었다. 그래서 그는 「보트에 조그만 구멍이 뚫려 있던 것을 당신이 고쳐 주지 않았습니까? 물론 올 여름 배를 사용하기 전에 고치려고 생각했었지만 잊고 있었습니다. 당신은 내가 구멍을 메워 달라는 부탁도 하지 않았는데 제대로 고쳐 주었습니다. 당신 덕택에 우리 아이들의 목숨을 건진 것이지요」라고 말하며 감사해 했다.

아무리 사소한 선행이라도 그것이 얼마나 크게 도움이 될지 상상한다는 것은 보통 사람들에게는 매우 어려운 일이다.

나는 고용주에게 이렇게 말하고 다시 한 번만 그에게 기회를 주라고 부탁했다.

축복의 말

나와 의사와 환자 세 사람이 어느 병원에 있었다. 환자는 심한 뇌출혈로 괴로워하고 있었다. 주위에는 코를 진동할 정도로 지독한 냄새가 가득했다. 환자는 물론 의식 불명이었으며, 의사는 그의 목숨을 살리려고 무척 애를 쓰고 있었다.

대량의 수혈이 행해졌다. 수혈이 멎으면 그는 곧 죽게 될 상태여서 의사는 절망적인 표정을 하고 있었다.

의사가 나에게 「대체 당신은 지금 무슨 생각을 하고 있소?」하고 물었다. 나는 「지금 죽음에 대해서는 생각하지 않고 있습니다. 가느다란 혈관이 붉고 귀중한 액체를 흘려보냄으로써 이 사람이 위태롭다는 것을 생각하고 있습니다」라고 대답했다.

마침내 수혈이 멎고 그는 죽었다. 의사는 피로에 지쳐 나에게 구원을 청했다. 그래서 나는 의사에게 《탈무드》 이야기를 해 주었다.

「유태인은 임금님을 만나든지 식사를 하든지 해돋이를 보든지 간에 매사에 축복을 말을 합니다. 예컨대 변소에 갈 때도 축복의 말이 있지요」

「그럼 당신은 변소에 갈 때 뭐라고 합니까?」 하고 의사가 물었다. 나는 「몸은 뼈와 살과 여러 가지 부분으로 만들어져 있습니다. 그러나 몸 안에 갇혀 있어야 할 것은 갇혀 있고, 열려 있어야 할 것은 열려 있어야 합니다. 이것이 거꾸로 되면 아주 곤란하니 항상 열 것은 열고 닫을 것은 닫아 달라고 빌지요」 하고 말했다.

그러자 의사는 「그 기도 내용은 해부학에 전통한 사람의 말과 똑같습니다」 라고 말했다.

위생 관념

《탈무드》의 가르침에 의하면 유태인에게는 보건 위생 관념이 엄격하다. 다음은 그 중 몇 가지 가르침이다.

1. 컵으로 물을 마실 때에는 사용하기 전에 씻고 사용 후에도 다시 씻어야 한다.

2. 자기가 사용한 컵을 씻지 않은 채 남에게 건네어서는 안 된다.

3. 안약을 넣는 것보다 아침, 저녁 물로 눈을 씻는 것이 낫다.

4. 의사가 없는 곳에서는 살지 않아야 한다.

5. 변소에 가고 싶을 때는 잠시라도 참지 말아야 한다.

왜 우는가?

어느 외국의 수도에 평판이 좋고 자선심이 많으며 예의바른 사나이
가 살았다. 그러나 그는 유태인 사회에서는 전혀 활동을 하지 않았다.

나는 어느 날 호텔에서 그와 함께 식사를 하게 되었다. 유태인 사
이에서는 상업을 하는 사람을 만나면 『요즘 재미가 어떻습니까? 사
업은 잘 됩니까?』 하고 질문을 하고, 랍비에게는 『무슨 재미있는 일
이라도 생각해 냈습니까?』 하는 식으로 묻는 습관이 있다.

랍비는 배우는 것이 직업이므로 항상 무언가 이야기 할 수 있도록
포켓 속에 여러 가지 화제거리를 많이 집어넣고 다닌다.

과연 그는 최근에 재미있는 책을 읽었느냐고 물었다. 그래서 나는
『최근 《탈무드》에서 아주 재미있는 이야기를 발견했는데, 당신도
《탈무드》를 공부할 때 그 대목을 꼭 읽어 보십시오』 라고 말하고,
다음 이야기를 했다.

매우 뛰어난 랍비 한 사람이 있었다. 그는 모든 사람들로부터 숭배
를 받았으며 행실이 고결하고 친절하며 자애 깊은 사람이었다. 또한
심성이 자상했으며 하나님을 깊이 공경하고 있었다. 개미 한 마리 밟
지 않도록 조심스럽게 걸었고, 신이 만든 것을 부수지 않도록 소중히
다루는 사람이었다. 그는 물론 제자들로부터도 대단한 존경을 받았다.

80세를 넘으면서부터 그의 육체는 갑자기 쇠잔해지기 시작했다.

물론 그 자신도 그것을 알아 차렸고 자신이 죽을 때가 가까워졌음
을 깨달았다. 제자들이 머리맡에 모였을 때 그는 울기 시작했다. 제자
는 『랍비여, 왜 우십니까?』 하고 물었다. 『선생님은 공부하는 것을
잊은 날이 단 하루라도 있었습니까? 무심히 가르친 날이 하루라도
있었습니까? 자선을 베풀지 않은 날이 하루라도 있었습니까? 선생

님은 이 나라에서 가장 존경받고 있는 사람입니다. 신을 가장 깊이 공경한 사람도 당신입니다. 게다가 선생님은 정치와 같은 더럽혀진 세계에는 한번도 발을 들여놓은 적이 없었지요. 선생님이 울어야 할 이유는 전혀 없습니다」라고 말했다.

그러자 랍비는 『바로 그렇기 때문에 울고 있는 것이다. 나는 죽는 순간에 너는 공부했느냐, 너는 하나님께 기도했느냐, 너는 자선을 베풀었느냐, 너는 바른 행실을 했느냐고 묻는다면 모두 〈네〉 하고 대답할 수 있다. 그러나 너는 평범한 인간 생활에 어울려 본 적이 있느냐고 묻는다면 〈아니오〉라고 말할 수밖에 없다. 그래서 나는 울고 있다」라고 말했다.

나는 자기 일에는 성공했으면서도 유태인 사회에 얼굴조차 내밀지 않는 유태인에게 이 《탈무드》의 이야기를 해서 당신도 유태인 생활에 참여하는 것이 어떠냐고 권유했던 것이다.

어떤 농부

자선 행위로서 어느 곳엔가 기부금을 내면 사람들은 일반적으로 돈을 잃었다고 생각하기 쉬우나 실체로 그렇지가 않다. 실제는 남에게 돈을 주면 다시 그만큼 돌아오는 것이다.

당신이 자선에 돈을 쓰면 쓸수록 돈은 다시 당신에게로 되돌아온다는 이야기를 할 때 나는 다음과 같은 《탈무드》의 이야기를 인용한다.

어느 곳에 큰 농가가 있었다. 그 주인은 예루살렘 근처에서 가장 자선심이 많은 농부로 알려져 있었다. 매년 랍비들이 그의 집을 방문하면, 그는 아낌없이 자선을 베풀었다.

그는 커다란 농장을 경영하고 있었는데 어느 해에는 폭풍우 때문에 과수원이 모두 망가졌고, 질병이 유행하여 그가 기르던 양과 소, 말 등의 가축도 모두 죽어 버렸다.

이것을 본 채권자들이 그의 집으로 몰려가 재산을 전부 차압해 버려 그에게는 아주 작은 토지밖에 남지 않았다. 그러나 그는 「하나님이 주고 하나님이 또 앗아가셨으므로 하는 수 없다」고 하며 태연했다.

그해도 여느 해처럼 랍비들이 찾아왔다. 랍비들은 그토록 부자였던 사람이 몰락해 버렸다고 동정했다.

농장 주인의 아내는 남편에게 「우리들은 항상 랍비들에게 학교를 세우거나 교회를 유지하거나 가난한 사람, 늙은 사람을 위해 그토록 기부금을 많이 내었는데 올해는 아무것도 줄 수가 없으니 참으로 안됐군요」하고 말했다.

부부는 랍비를 빈손으로 보낼 수는 없다고 생각했다. 그래서 마지막 남아 있던 땅의 절반을 팔아서 랍비들에게 헌금하고 그 대신 남은 절반의 땅에서 더 열심히 일하여 보충해 나가기로 했다. 랍비들은 뜻밖의 헌금을 받고는 매우 놀랐다.

그 후 부부가 남은 땅을 갈고 있는데 밭갈이하던 소가 쓰러져 버렸다. 그런데 흙투성이가 된 소를 끌어내고 보니 소의 발밑에서 보물이 나왔다. 그 보물을 판결과 그들은 다시 예전과 같은 커다란 농장을 소유할 수 있었다.

이듬해 또 랍비들이 찾아왔다. 랍비들은 아직도 그 농부가 가난하게 생활하고 있으리라 생각하고 옛날의 땅으로 갔다. 그런데 이웃 사람들이 「아니, 그는 이제 여기서 살고 있지 않습니다. 건너편의 큰 집에서 살고 있지요」 하고 말했다.

랍비들이 그곳을 찾아가니 농장 주인은 지난 1년 동안 있었던 일을 설명하면서 아낌없이 자선을 베풀며, 반드시 그만큼 되돌아온다고 덧붙였다.

나는 헌금을 모을 때마다 이 이야기를 보다 자세하게 몇 번이고 되풀이해서 한다. 그 결과는 언제나 성공이었다.

살아 있는 바다

유태인은 온 세계의 민족 중에서 가장 자선을 중요시하는 민족이다. 그럼에도 불구하고 오늘날에는 사람들이 권유하지 않으면 자선을 하지 않는 유태인도 있다. 그 사람들에게 나는 다음과 같은 이야기를 들려준다.

이스라엘에는 요단 강 근처에 두 개의 큰 호수가 있다. 하나는 사해(死海)이고 또 하나는 히브리어로 「살아 있는 바다」로 불리는 호수이다. 사해는 밖에서 물이 들어오지만 다른 데로 나가지 않는다. 한편 살아 있는 바다는 물이 들어오는 대신 밖으로 나가기도 한다.

자선을 베풀지 않는 것은 사해와 같아서 돈이 들어오기만 하고 나가지 않는다. 자선을 하는 사람은 살아 있는 바다와 같아서 물이 들어오고 또 나간다. 우리들은 살아 있는 바다가 되어야만 한다.

탈무드의 발

발은 미래의 역사와 과거의 역사를 그린다.
물론 현재를 확고히 딛고서 있는 것도 발이다.
이 마지막 장에서는 '탈무드' 의 수난의 역사를 소개하고,
또 유태인이 아닌 사람들로서는 이해하기 힘든
랍비라는 직업에 대해서
설명하려고 한다.

수난의 탈무드

《탈무드》는 바빌로니아에서 기원후 500년경 편찬에 착수되었다. 현존하고 있는 것 중 가장 오래 된 《탈무드》는 1334년에 손으로 씌어진 것이다. 처음으로 인쇄된 해는 1520년, 장소는 베니스(베네치아)였다.

1244년에 파리에 있던 모든 《탈무드》는 기독교도에 의해 몰수되어 금서가 되었고, 24대의 짐차에 쌓여 소각되었다. 1263년에는 기독교 대표자와 유태의 대표자가 모인 공개 석상에서 《탈무드》가 기독교 정신에 어긋나는가 아닌가 하는 논쟁이 전개되었다. 1451년이 되자 유태인이 《탈무드》를 읽는 것조차 법령으로 금지되었다. 1520년에 로마에서 모든 《탈무드》가 압수되어 소각되었다.

그러나 이와 같은 짓을 한 사람들은 《탈무드》를 전혀 읽지 않은 사람들이었다. 《탈무드》를 모르면 모를수록 《탈무드》를 싫어했던 것이다.

그 뒤 1552년, 55년, 59년, 66년, 92년, 97년에도 《탈무드》는 소각되었다.

1562년에는 교회가 검열하여 《탈무드》를 삭제하거나 찢어 버리기도 했다. 그렇기 때문에 오늘날 남아 있는 《탈무드》는 완전한 것이 아니다.

언젠가 《탈무드》를 마이크로필름에 담고 있을 때 책갈피에서 수백 년간 잃어버렸던 《탈무드》의 어떤 페이지가 발견된 적도 있다. 그와 같이 하여 몇 백 년 동안이나 상실되어 있던 《탈무드》가 발견되는 일도 있었다.

따라서 《탈무드》를 읽어 가노라면 도중에 이야기가 연결되지 않는 곳도 있다. 그것의 5분의 1내지 6분의 1은 가톨릭교회가 빼 버린 것이다. 왜냐하면 그리스도를 비판했다고 생각되는 대목이나 또는 비유태인에 대해서 씌어 있던 곳은 모조리 삭제해 버렸기 때문이다.

현재 《탈무드》는 수개 국어로 번역되어 있으며 《탈무드》에 대한 관심은 세계적으로 대단히 높아 가고 있다.

《탈무드》는 하나의 연구서이다. 유태인에게는 공부한다는 것이 인생의 최대 목적이다. 유태인을 조금이라도 이해하려면 《탈무드》가 유태인에게 있어서 얼마나 중요한 것인가를 반드시 알아야만 한다. 신의 의지를 행하는 것은 유태인에게는 가장 중요한 것이었으므로 《탈무드》를 공부하지 않으면 살아갈 수 없었다.

그러나 《탈무드》의 공부는 지적인 연구는 아니다. 이것은 종교적인 연구이다. 유태인으로서 신을 찬미하는 최대의 행위는 공부하는 것이다. 「공부는 올바른 행동을 만든다」고 하는 것이 유태의 오래된 격언이다.

고대 유태에서는 도시나 동네나 마을이 그곳에 있는 학교 이름에 의해 알려지고 있다. 예배당은 공부하는 장소이기도 했다. 로마인은 유태인을 비유태화하기 위해 《탈무드》의 연구를 엄격히 금지했다.

그러나 유태인에게서 공부하는 것을 박탈해 버리면 유태인은 벌써 유태인이 아닌 것이다. 이 연구를 지키기 위해 많은 유태인이 죽어갔다. 그러나 지식은 모든 것을 이겨낸다.

나는 유태인으로서 아침에 일하러 나가기 전인 5시에 일어나 《탈무드》를 공부하는 사람을 많이 알고 있다. 점심때, 저녁식사 후, 또는 버스나 지하철을 타도 유태인은 공부한다. 또 안식일에는 몇 시간이고 《탈무드》를 연구한다. 모두 20권이 있는데 1권을 마쳤다는 것은 유태인으로서는 굉장히 축하할 만한 일로서, 친척이나 친구를 모두 초대해서 성대한 잔치를 벌인다.

유태인에게는 기독교에서의 로마 교황과 같은 최고 권위자가 없다.

유태인에 있어서 최고의 권위는 《탈무드》이다.

그 《탈무드》의 지식을 가장 많이 갖고 있는 사람들이 랍비이며, 그 때문에 랍비는 권위가 있다고 생각되는 것이다.

내용

《탈무드》는 6부로 나뉘어져 있다. 즉 농업, 제사, 여자, 민법과 형법, 사원, 순결과 불순의 6부이다.

《탈무드》의 구성에는 규칙이 있어, 반드시 미시나(Mishina)라는 부분에서 시작한다. 미시나는 유태의 오랜 가르침, 약속이 구전으로 전해진 부분이다. 이 미시나의 부분은 기원후 200년 뒤에 모아졌다. 500그램 정도의 아주 작은 이 책에는 다른 의견이란 아무것도 없다.

이 미시나를 둘러싼 방대한 논의나 토론이 바로 《탈무드》인 것이다.

이 토론은 반드시 둘로 나누어진다. 하나는 하라카라고 불리는 논의이고, 하나는 아가다라고 불리는 논의이다.

유태인은 세계에서 가장 종교의 계율을 엄격하게 지키고 종교에 심취하고 있는 사람들이라고 흔히 말하는데, 특이하게도 유태의 말중에는 종교라는 단어가 존재하지 않는다.

그 까닭은 전 생활이 종교이므로 특별히 종교라는 말을 쓰지 않는다는 것이다.

하라카는 유태적인 생활양식이라고 번역해야 한다. 인간의 모든 행동을 거룩한 것으로 승화시키려 하는 것이다. 제사, 건강, 예술, 식사, 회화, 말, 대인 관계 등 전 생활을 다스리는 것 모두가 이 하라카에 있지 않으면 안 된다. 기독교는 그리스도를 믿음으로써 기독교가 되지만 유태인은 그런 일이 없다. 행동, 행위만이 유태인을 유태인으로 만드는 것이다.

아가다는 《탈무드》의 3분의 1을 차지한다. 이것은 철학, 신학, 역사, 도덕, 시, 속담, 성서 해설, 과학, 의학, 수학, 천문학, 심리학, 형이상학 등 인간이 가진 모든 지혜를 포함한 것이다.

랍비라는 직업

일찍이 로마인이 유태인을 지배하고 있을 무렵, 그들은 유태인을 멸망시키려고 여러 가지 방법을 동원하여 탄압했다. 어떤 때는 유태인 학교를 폐쇄시켜 버렸고, 예배를 금하고, 책을 소각시키고, 유태인의 여러 가지 축일을 금하고, 랍비를 교육하는 것을 금한 적도 있었다.

랍비가 교육을 마치면 보통 학교의 졸업식에 해당하는 임명식이 있는데, 로마는 만약 유태인으로서 랍비 임명식에 나간 사람은 임명한 자나 임명받은 자나 모두 사형에 처하고, 그런 일이 일어난 도시나 마을은 전멸시키겠다고 포고했다. 이는 로마인이 그때까지 행한 여러 가지 탄압 조치 중에서 가장 영리한 조치였다.

유태 사회에서 랍비가 없어진다는 것은 유태 사회가 완전히 기능을 상실하게 되는 것을 의미한다. 랍비는 정신적 지도자이고 변호사이며 의사이고, 유태인에게 있어 모든 권위를 대표하고 있다. 로마인도 그것을 알고 이와 같은 조치를 취한 것으로 생각된다.

어떤 랍비가 로마인의 책략을 간파하고 그가 가장 사랑하는 5명의 제자를 데리고 도시를 빠져나가 두 개의 산 사이에 있는 무인 지대로 갔다. 만약 거기서 붙잡혀 처형되더라도 마을이 함께 불태워 지지는 않으리라고 생각해서였다. 그는 가장 가까운 도시에서 2, 3킬로미터 떨어진 장소에 있었다.

그곳에서는 그는 5명의 제자를 랍비로 임명했다. 그러나 그들은 로마인에게 발견되었다. 제자들은 「나는 늙어서 괜찮지만 너희들은 랍비의 일을 계속해야 하니 빨리 도망쳐라」 하고 명령했다.

5명의 제자들은 재빨리 달아났다. 늙은 랍비는 붙잡혀서 300번 칼질을 당한 후 숨졌다.

내가 이 이야기를 한 것은 랍비가 유태인 사회에서 얼마나 중요한가를 보여주기 위해서이다. 일종의 상징이라고 생각해도 좋다.

《탈무드》가 얼마나 중요한 위치를 차지하고 있는가를 이해하지 못하고는 결코 유태 문화를 이해할 수 없다. 원칙적으로 모든 유태인은 《탈무드》의 모든 것에 통하고 《탈무드》에 담겨 있는 가르침과 《탈무드》의 이론과 같은 짜임새에 통달하지 않으면 안 된다. 날마다 유태인은 일정 시간을 《탈무드》의 공부에 할애해야만 한다. 이것은 단지 학문으로서 만은 아니라 종교적인 의무이기도 하다.

다시 말해 유태인에게 있어서 하나님을 공경하고 하나님을 받든다는 것은 즉 공부하는 것이다. 그리고 어느 유태인이라도 《탈무드》를 매일 공부하면 하나의 깨달음과 같은 경지에 도달한다.

랍비 가운데 상하 관계나 서열 같은 것은 없다. 랍비들은 서로 아무 단체도 만들고 있지 않다. 물론 어떤 랍비는 다른 랍비보다 현명하다고 간주되어 어려운 질문을 받기도 하고, 또 어려운 의식을 행할 때는 항상 그 랍비에게 맡겨지기도 한다.

오늘날 이스라엘의 종교 학교에서는 9세 때부터 《탈무드》 공부를 시작한다. 그리고 고등학교를 지나면 이러한 종교 학교에서는 《탈무드》 이외에는 공부시키지 않는다. 따라서 학생은 10년 내지 15년간

《탈무드》의 연구에만 열중하게 되는 것이다.

미국의 랍비를 양성하는 학교에 가려면 먼저 대학에서 학사 학위를 받아야 한다. 랍비를 양성하는 학교는 대학원에 해당되기 때문이다. 랍비가 되는 공부를 하기 위해서는 대단히 엄격한 시험을 거치며 4년에서 6년 동안 《탈무드》를 처음부터가 아닌 중간에서부터 배우게 된다. 그것은 그 이전에 상당히 많은 것을 배워 왔다고 인정되기 때문이다. 따라서 입학시험도 대단히 엄격하다.

입학시험 과목은 먼저 성경, 히브리어, 아람어, 역사 (이것은 자그마치 천 년의 역사이므로 역사가 짧은 나라와는 비교도 할 수 없는 분량이다), 유태 문학, 법률, 《탈무드》, 심리학, 설교학, 교육학, 처세철학, 철학이 있고, 그 밖에 몇 가지 논문도 써야 한다. 어느 것이나 대단히 어려운 시험이다. 그리고 졸업 때는 4년에서 6년 동안 배운 것에 대한 최후의 시험을 또 치러야 한다.

이들 과목 가운데 가장 기본이 되고 중심이 되는 기둥은 《탈무드》로서 절반 이상의 시간이 《탈무드》에 배당된다. 《탈무드》 이외의 과목에서는 교수의 강의로 수업이 행해지지만 《탈무드》에 대한 강사는 보통 강사나 교사가 아닌 뛰어난 인격자가 선정된다.

이처럼 학교에서 《탈무드》를 가르칠 수 있는 사람은 대단한 현인이며 흔히 주위에서 볼 수 없는 위대한 인물이다. 《탈무드》의 교사는 유태 문화가 낳을 수 있는 한 가장 우수하고 현명한 인격자인 것이다. 이것은 《탈무드》의 말을 빌면 왼손으로 학생을 차갑게 밀어내고 오른손으로 따뜻하게 안아 주는, 그런 재능의 소유자라야함을 의미한다.

학생 쪽도 《탈무드》의 교사에 대해서는 전혀 다른 반응을 보인다. 《탈무드》는 혼자서 공부하지 않고 두 사람이 한 조가 되어 공부한다. 큰 소시로 낭독하고 모두 모여서 외기도 한다. 두 명으로 구성된 한 조가 하나의 테이블을 둘러싸고 3년간이나 공부를 계속한다.

《탈무드》의 교사는 결코 어떤 방법으로 공부하라고 가르치지 않으므로 스스로 공부해야만 한다. 자기 스스로 《탈무드》를 생각하고, 《탈무드》를 읽고, 여러 가지 《탈무드》의 문제를 풀고 나서 학급으로 나온다. 대략 1시간의 수업을 받기 위해서 4시간가량 공부를 해 두어야 하고, 점점 고학년으로 올라갈수록 1시간의 《탈무드》 수업을 받기 위해 20시간씩이나 준비를 하기도 한다.

《탈무드》의 강의는 하나하나 가르치는 것이 아니라 대략의 줄거리를 이야기하고, 어떤 식으로 공부하면 좋은가 방향을 가르쳐 줄뿐이다. 저학년에서는 모두가 테이블에 빙 둘러앉아 있고 교사는 같은 방의 다른 장소에서 듣고 있다. 물론 수업을 준비하는 단계에서는 그 교사에게 여러 가지 모르는 점을 질문할 수 있다.

《탈무드》의 학급은 반드시 그리스어, 라틴어를 할 수 있어야 한다. 그리고 그리스나 로마의 문화적 생활에 정통해 있지 않으면 안 된다.

랍비가 되기 전의 학생은 독신일 경우 기숙사에서 산다. 대개 100명 정도의 학생이 살고 있으므로 기숙사도 하나의 사회라고 할 수 있다. 함께 식사하고 대화한다. 그러나 거기에는 수도원과 같은 분위기는 전혀 없다. 밤이 되면 농구 같은 것을 하며 즐긴다. 따라서 일반 사회로부터 격리된 가톨릭의 수도원과는 근본적으로 다르다.

훌륭한 성적으로 졸업한 사람은 우선 2년간 학교를 위해 일해야 한다. 학교를 위한 봉사란 종군 랍비가 되어도 좋고, 혹은 랍비 없는 마을에 가서 봉사할 수도 있다는 말이다. 나는 종군 랍비로서 공군에서 2년간 봉사한 경험이 있다.

이 2년이 지나면 두 가지 길을 선택할 수 있다. 하나는 대학에서 가르치는 것이고, 그 이외의 사람들은 나처럼 유태인 사회의 랍비가 되는 것이다.

하나하나의 교구는 완전히 독립되어 있으므로 가톨릭과 같이 랍비가 어딘가로 보내지는 일은 없다. 유태인의 지역 사회에서는 랍비 양성 학교에 편지를 보내, 자기네 동네에 랍비가 없으니 월 보수 얼마 정도에서 랍비가 될 사람을 찾아 주었으면 좋겠다는 식으로 신청을 해 온다. 그러면 졸업이 가까운 랍비는 자기가 가고 싶은 곳을 학교 사무국에 신청한다. 랍비는 그 지역 사회에 직접 가서 면접시험을 치른다.

지역 사회가 어느 랍비를 선택하는가는 자유이며 랍비 쪽도 수락하느냐 안 하느냐는 자유이다. 그러므로 지역 사회도 몇 사람의 랍비 후보자를 만날 수가 있고, 랍비 쪽도 여기저기 가 본 다음 마음에 드는 곳을 선택할 수 있다.

이야기가 잘되면 그 지역 사회의 예배당에 속하는 랍비가 되는데 일반적으로 임기는 2년 정도이다.

보수와 그 밖의 다른 조건들은 그 지역 사회와 랍비 간에 계약으로 정해진다.

예배당이나 교구, 혹은 지역 사회는 우연히 생겨나는 것이다. 어느 나라에서건 유태인이 일정 정도 모이면 그곳에 예배당을 갖자는 의견이 나오게 된다. 거꾸로 말하면 예배당이 없는 곳에서는 유태인은 살 수 없다. 유태인은 아침에 일어나 세수를 하고 아침밥을 먹는 것과 같이 예배당이 필요하며, 아이를 위해서 유태인 학교가 필요하다.

그래서 대체로 유태인이 20세대 정도 모이면 예배당을 마련한 랍비를 초청한다.

하나의 지역 사회에 많은 랍비가 있어도 좋겠지만, 그것은 몇 사람이 그 지역에 살고 있느냐로 결정된다.

지역 사회의 재원은 기본적으로는 그 사회에서 한 세대당 내는 분담금으로 조달되는데, 잘 사는 사람은 1년에 한 번씩 기부를 하기도

한다.

오늘날의 랍비의 역할은 첫째로 유태인 학교의 책임자이고 예배당의 관리자이며 또한 설교자이다. 그는 모두를 대신하여 유태의 전통을 공부하고, 요람에서 무덤까지 유태인 사회에 있어서의 모든 문제를 재판한다. 아기가 태어나면 갓난아이를 맞이하고, 죽으면 묻어 주고, 결혼할 때도 이혼할 때도 그 자리에 입회한다. 좋을 때나 슬플 때나 항상 얼굴을 내민다. 따라서 그는 학자이며 또 목사이기도 하다.

15세기까지 랍비는 보수가 없었다. 이 때문에 대개 다른 직업을 갖고 있었다. 15세기 이후부터는 랍비의 보수를 지역 사회가 지불하게 되었다.

「랍비」라는 말은 1세기경부터 쓰이기 시작했는데, 히브리어로는 「교사」라는 뜻이며 영어로는 「리바이」라고 불렀다.

유태교에서는 시간을 대단히 중요한 개념으로 매우 중시하고 있는데 반해 장소나 지역 등의 공간 개념은 그다지 중요시하지 않는다.

따라서 기독교에서와 같은 성역이라는 말은 없으나, 랍비는 일반적으로 성인이라고 칭송된다.

유태인의 생활

날이 새면 일어나 맨 먼저 손을 씻고 식사할 때까지 30분가량 기도문을 왼다. 기도할 때에는 팔과 머리에 성스런 상자를 매달고 목띠를 감고서 기도한다.

집에서 기도문을 외어도 좋으나 대부분 가까운 예배당에 가서 예배를 본다. 그러나 예배당에서든 집에서든 기도문은 똑같다. 예배당에 가면 다른 사람들과 함께 모여 기도할 수 있다는 이점이 있다. 심리적으로 자기 혼자서 기도하면 기도가 이기적이 되기 쉽고 집단으로 기도하면 집단의식이 강해진다.

그리고 나서 아침식사를 한다. 그때 다시 손을 씻고 또 식전의 간단한 기도를 한다. 만약 친구나 가족과 함께 식사할 때는 반드시 《탈무드》에 관한 화제를 선택한다. 그리고 식후에 또 기도하는데, 이때는 친구나 다른 사람이 있으면 함께 소리를 모아 기도한다. 그리고 각자의 일터로 나간다.

오후에는 정오부터 해가 질 때까지 사이에 대체로 5분 정도의 짧은 기도문을 반드시 외어야 한다.

그리고 밤에는 가까운 학원에 가서 공부한다. 유태인은 하루 중 어느 때든 시간을 내어 공부해야만 하기 때문이다.

유태인의 장례

죽은 사람에게는 경의를 표해야 한다. 죽은 사람은 항상 보호되지 않으면 안 된다.

먼저 몸을 깨끗이 씻는다. 이때 지역 사회에서 가장 교육을 많이 받은 존경받는 사람이 죽은 사람의 몸을 씻는다. 그것은 유태 사회에서 대단히 명예로 여겨지고 있다.

그리고 될 수 있는 한 빨리 매장해야만 하는데, 원칙적으로 죽은 다음날에 매장한다.

죽은 사람을 조금이라도 알고 있었던 사람은 모두 장례식에 참석한다. 그중 한 사람, 가령 랍비가 조사를 읽고 상주가 기도의 말을 한다. 그들은 같은 예배당에 가서 같은 기도를 한 후 1년간 매일 기도문을 왼다.

매장이 끝나면 가족은 집으로 돌아온다. 1주일 동안 이와 똑같은 일을 집에서 되풀이한다. 거울은 모두 덮개로 씌워 놓고 한 개의 촛불을 계속 켜둔 채 항상 10명의 친지가 바닥에 모여 앉아 기도문을 외게 된다.

상주는 1주일간 집 밖으로 나가지 않는다. 예배당에도 그 1주일이 끝난 뒤에 가야 한다. 1주일 동안에 그 가족을 알고 있는 사람은 그 집에 가서 조문한다. 그 1주일이 끝나면 가족은 집 밖에 나와 집둘레를 한바퀴 돈다.

장례식에서 돌아온 가족은 계란을 먹는다. 인간은 누구나 가족이 죽으면 슬퍼하지만 1주일 동안 상복을 입은 뒤에 밖에 나간다는 것은 그 이상 상복을 입으면 안 된다는 뜻으로, 슬픔은 너무 깊어도 건강에 해롭다는 유태인의 죽은 사람에 대한 생각을 잘 나타내 주고 있다. 그래서 1주일 뒤에는 밖에 나가 집 둘레를 한 바퀴 도는 것이다.

계란을 먹고 집 주위를 원을 그리며 걸어야만 한다는 것은, 원은 시작도 끝도 없으므로 생명도 원과 같이 끝이 있어서는 안 되고 항상 돌아야만 한다는 것을 상징한다. 살아 있는 사람은 계속 살아야 한다는 것이다.

가장 슬픈 기간은 1주일 동안이다. 그 다음 1개월간의 상의 기간이 있지만 그 기간은 앞서의 1주일만큼 크게 슬프지는 않다. 다음 1년간은 덜 슬프게 된다. 1년 뒤는 기일이 아니고는 상복을 입지 않는다. 부모님이 돌아가신 경우 1년간 상복을 입지만 그 외의 사람은 1주일 내지 1개월로 상이 끝난다.

나의 아버지가 사망했을 때도 나는 몹시 슬퍼서 식사를 할 수 없었다. 하지만 그래도 계란은 먹지 않으면 안 되었다. 그것은 그때의 식사 의무로 규정되어 있으므로 어떻게든 먹어야 한다는 데 의의가 있다. 죽은 사람만이 살아 있는 인간을 지배하는 것이 아니라 계속 살아가야 하는 중요성을 유태인은 가르치고 있다. 자살은 큰 죄이다.

유태의 장례식은 부자도 가난한 자도, 학자도 교육을 못 받은 자도 모두 똑같은 관, 똑같은 옷으로 치러진다. 인간의 지위나 부귀에 의해서 장례식의 형태가 변하지 않는다. 요컨대 인간의 평등이라는 것을 존중하는 것이다. 예배당에서 똑같은 모자를 쓰고 모두 같은 모습으로 기도하는 것도 그 때문이다.

탈무드

성경은 참으로 크고 신비수런 책이다.
크게 구약·신약으로 나누고 있는데,
구약 39권은 하나님이 사람에게 하신 옛 계약이고
신약 27권은 새로운 계약이다.
따라서 구약을 읽지 않고서는 <신약성경>을
바로 이해할 수 없다.
성경은 흥미본위로 읽고 지나가는 책이 아니다.
그 속에 포함되어 있는
보석과 같은 진리를 발견해야 한다.

성서의 빛

    〈창세기〉 2장과 3장을 보면
인간세계로 죄가 들어 온 모양과, 그 결과
인간에게 고뇌가 따르게 된 경우가 명확하게
기록되어 있다. 이 부분을 모르고는 누구라도
인간의 죄에 대하여 말할 수 없고,
구원에 대해서는 더욱 그렇다.
중요한 것은,
하나님께서 우리 인간을
자유의지를 지닌 존재로 창조하였다는 데에
큰 의미가 있다.

인류의 손실

보통 성경이라고 하면 《구약성서》가 되었든 《신약성서》가 되었든 기독교도의 경전이라고 여기고 있는데, 이것은 큰 오류이다. 사실을 말하면 《구약성서》는 유태인의 것이며 유태인의 성경임을 모든 것에 우선하여 첫머리에서 강조해 두고 싶다.

그렇지만 오늘날 세계의 모든 사람은(유태인을 포함하여) 성경을 잊은 채로 살고 있다. 다시 말하자면 성경을 경외하는 경우는 많으나 성경을 깊이 이해하려고 하지는 않는다.

프랑스의 철학자 볼테르는 『성경은 경외 받고는 있지만 읽혀지지는 않는다』고 말한 바 있다. 이 같은 세태는 인류의 정신문화에 커다란 손실이라고 말할 수 있지 않을까.

인류 역사상 지금까지 성경은 가장 많은 부수를 기록한 책임에는 분명하다. 그러나 그럼에도 불구하고 활자, 편집 등이 조금도 진보하지 않고 구태의연한 방법에서 탈피하지 못하고 있다. 시, 성경이야기, 교훈 등이 함께 뒤섞여 있는데다 빽빽하게 2단으로 인쇄되어 있다. 곁에 있어도 도무지 읽어 보고 싶다는 욕망이 일어나지 않는다.

성경을 이해하기 위해서는 성경이 기록되어진 그 시대 사람들의 생활양식, 그 시대의 분위기와 역사를 알아야 한다. 갖가지 언어의 표현도 그 시대의 감각을 알지 못한 채 현대적 감각으로 그것을 이해하려 한다면 어려움이 따른다.

이를테면 오늘날 교통이 무척 혼잡한 상태를 『교통체증』이라고 말하는데, 많은 짐을 실은 마차가 어딘가를 향하여 달리고 있다는 생각을 하게 될 것이다. 마찬가지로 우리들이 그 시대를 상상할 때 생활양식, 역사 등에 대한 사전 지식이 없다면, 그 시대와는 전혀 무관한 장면을 연상하게 될 것이다.

더구나 성경은 종교적인 차원의 선입관이 아주 강하게 우리 의식 속에 살아 있기 때문에, 성경을 이해하려 하기보다는 막연히 그대로 믿는 경향이 있다.

본래 성경에 기록된 글은 영어도 그리스어도 아니다. 성경의 95퍼센트는 히브리어로 되어 있으며, 나머지 5퍼센트는 아루크어(히브리어의 방언)이다. 때문에 현재 출판되어 있는 각국의 성경은 이 기록을 토대로 한 번역판이다. 그리고 아무런 의심 없이 믿어 왔기 때문에 오역된 부분이 꽤 많다. 이 책에서는 이런 식으로 자칫 잘못 번역된 부분에 대해 지적하고 넘어가겠다.

유태인들은 고전에 대해 『읽어야 한다는 필요성을 느끼면서도 잘 읽혀지지 않는 것』이라고 정의하고 있다. 또한 번역된 책을 읽는 행위는 『신부가 쓴 베일 위에 키스하고 있는 것』과 마찬가지라고도 말한다.

그러나 어찌 되었건 여러 민족 사이에 최초의 번역서는 성경이다. 이를테면 독일에선 루터가 번역한 성경이 가장 오래 된 번역서이며, 이것은 독일어에 문학적 가치를 부여함과 함께 매우 큰 영향을 미쳤다. 마찬가지로 1611년 영국에서 번역된 영문판 성경도 그 이후의 영문학에 지대한 영향을 주었다.

오늘날까지 성경은 1천여 개 이상의 언어로 번역되었으며, 방언이 섞여 있다는 사실은 앞서 지적했다. 성경은 100년 동안에 2억만부 이상이 출판되었다.

사람들은 성경을 통해 인간의 기쁨과 슬픔, 투쟁하며 살아가는 삶의 목적과 이웃 사람과의 관계를 이해할 수 있게 되었다. 뿐만 아니라 정치, 경제, 사회적인 측면에서 알아 두면 도움이 될 지혜도 암시하고 있다.

성경에서는 매우 간결하게 하나의 줄거리로 맺고 있다. 유명한 요셉을 소개하는 장에서도 성경 중 10페이지의 분량밖에 할애하지 않고 있다. 그러나 토마스 만은 요셉을 소개한 10페이지의 내용을 토대로 하여 무려 6권의 단행본을 출판하였다.

에덴의 손

성경이 어떠한 사람에 의해 기록되었는지는 확실치 않다. 당시의 유태인 사회에서는 집필자가 자신의 아름을 밝히기를 꺼렸기 때문이라고 추측된다.

성경은 한 권의 책이 아니라 36권의 책으로 엮어진 고대 선집(選集)이다. 책 한권 속에는 대략 600페이지 정도의 색인이 따로 첨부되어 있다.

미국 국회 도서관을 예로 들면, 《구약성서》의 1장에 관하여 평균 300매의 색인 카드가 분류되어 있다. 여기에는 법률, 역사, 철학, 시가, 연극, 격언, 수수께끼, 서한집, 일기 등등 온갖 형태의 기록이 담겨져 있다.

그 중 한 예로 제 1장엔 유태인에 관해서는 한마디도 언급되어 있지 않다. 다만 인류의 기원에 관한 이야기가 씌어 있을 뿐이다.

보통 성경의 첫머리엔 「아담」에 관한 이야기가 씌어져 있다고 믿고 있는데 사실은 그렇지가 않다. 히브리어로 아담은 「인간」이란 뜻이다.

성경은 단 한 차례에 만들어진 것은 아니라 1천 년 이상의 세월에 걸쳐 100명 이상의 저자들에 의해 만들어졌다. 그들 100명 이상의 사람들 가운데는 승려, 예언자, 혁명가들도 있었다.

옛날부터의 관습에 따라 은둔자와 같은 생활을 했던 사람, 전쟁터의 용사, 또한 아주 번성한 도시에서 살았던 사람도 있었다. 그뿐만 아니라 깊고 깊은 두메산골에서 어렵게 살았던 사람도 포함되어 있다.

성경을 기록했던 그 모든 사람들이 갖고 있는 공통점의 하나는 절대적으로 하나님을 믿고 찬송한다는 점이다.

회교도는 유태인을 가리켜 「책의 민족」이라 부른다. 유태인은 이산 민족이 되면서부터 성경을 「들고 다닐 수 있는 조국」으로 여겼다.

유태교의 랍비들은 모든 유태인에게 성경을 보급하는 데 온 힘을 기울였다. 그들 민족에게 있어 성경은 「무한한 지혜를 풍부하게 실어놓은 책」이며 한 마디 한 구절에 위대한 진리가 숨겨져 있다고 믿었다. 그들은 무척 신중한 자세로 성경을 공부하였다.

그러나 성경을 공부함에 있어 지성만으로는 탐구할 수 없다. 왜냐하면 성경은 다른 책과 달리 그저 읽기만 하면 되는 그런 성격의 책이 아니기 때문이다. 성경을 읽을 때는 그 속에 숨겨져 있는 진리를 깨달으면서 무한한 정열과 애정을 가지고 있어야만 이해가 가능하다.

기적

성경은 종교적인 내용의 책이지 과학적으로 분석된 책은 결코 아니다. 성경의 내용에서 과락적인 설명은 찾아볼 수 없다.

흔히 유태인 사이에서는, 성경을 가리켜 옛날이야기를 수록한 책이라고 한다. 유태인 어린이가 학교에서 집으로 돌아오면, 아버지가 「오늘은 학교에서 무슨 공부를 했느냐?」하고 묻는다. 아들은 「모세가 애굽에서 노예 생활을 하던 유태인을 구출하는 이야기를 배웠어요」라고 대답한다.

아들은 자랑삼아 「모세가 유태인을 거느리고 사막을 도망쳐 가고 있을 때, 뒤에선 애굽 군대가 사나운 기세로 좇아오고 있었지요. 유태 민족은 마침내 홍해에 도착했답니다. 그런데 얼마 후에는 애굽 군대의 거센 폭력에 말려들 위기에 처하고 말았어요」라고 말한다.

아버지가 다시 「그래서 어떻게 되었지?」라고 묻자, 아들은 「모세가 미국 공병대에 원조를 요청해 홍해 위에 다리를 놓고 유태인들이 모두 건너간 다음 그 다리를 폭파시켰으므로 애굽 군대는 바다를 건너지 못했어요」라고 대답한다.

아버지는 깜짝 놀라 「정말 학교 선생님이 그렇게 설명했단 말이냐?」하고 묻는다. 그러자 아들은 「하지만 선생님이 들려주신 어리석은 이야기를 아버지께 그대로 보고하면 아버지는 결코 그 사실을 믿지 않으실 거예요」라며 웃었다는 이야기가 있다.

「선생님이 말씀하신 어리석은 이야기」란 바다가 둘로 갈라져서 그 사이를 유태인이 모두 건너간 뒤에 다시 바다가 합쳐졌다고 하는 내용을 가리키는 것이다.

이 이야기의 교훈은, 「기적」에 관해 설명하고 있는 성경 구절이지만, 결코 우화적인 책이 아니라는 사실이다.

그러나 「기적의 책」이라고 지적하는 것은 기독교도들의 말이며, 유태인 자신들은 결코 기적을 믿지 않는다. 유태인은 누가 무슨 말을 해도 합리주의자이다. 기독교도들이 믿고 있는 기적이란 「있을 수 없는 일이 일어나는 것」이며, 유태인이 믿고 있는 기적이란 「일어날 수 있는 일이 일어남」을 의미한다. 즉 흔히 일어나지 않는 일이 어쩌다가 일어나는 것이 「기적」이다.

연필을 아래로 떨어뜨렸을 때 연필이 위로 올라가면 그것은 기독교 도적인 기적이고, 아래로 떨어지는 것은 유태인적인 기적이다.

그러면 왜 홍해가 둘로 갈라졌을까? 그것은 100년에 한 차례 정도 날씨가 무척 더운 날이면 홍해가 갈라지는 현상이 발생한다. 지중해에서 강풍이 몰아치면 그 영향으로 인해 홍해의 수심이 그다지 깊지 않은 부분에 사람이 건너갈 수 있을 정도의 시간만큼 바다가 갈라진다.

나폴레옹도 이와 비슷한 상태에서 홍해를 건너갔다고 전해지고 있다. 다시 말해서 유태인의 기적이란, 그러한 있을 수 있는 우연한 일이 때에 맞추어 발생하는 것을 말함이다. 그러므로 《구약성서》에 나오는 기적 중에서 과학적으로 입증할 수 없는 기적이란 하나도 없다.

성서의 맛

유태인이 모세의 죽음을 말 할 때에는,
"모세는 같은 날에 죽고 같은 날에 태어났다."고
표현한다. 일반적인 개념으로 말한다면
탄생을 먼저 말하지만 그들을 거꾸로 말한다.
이 말의 뜻은 그들에게 있어 모세는
죽지 않고 있음을 의미한다. 모세의 개념은
유태인과 더불어 언제까지나 살아 있다.
진실한 것, 올바른 것은 절대로 죽어 없어지지 않음을
시사하는 것이다.

창세기

둘째날

하나님이 가라사대 물 가운데 궁창이 있어 물과 물로 나뉘게 하리라 하시고, 하나님이 궁창을 만드사 궁창 아래의 물과 궁창 위의 물로 나뉘게 하시매 그대로 되니라. 하나님이 궁창을 하늘이라 칭하시니라. 저녁이 되며 아침이 되니 이는 둘째 날이니라.(창세기 1장 6절~8절)
하나님이 가라사대 땅은 풀과 씨 맺는 채소와 각기 종류대로 씨 가진 열매 맺는 과목을 내라 하시매 그대로 되니라.(창세기 1장 11절)

성경에 의하면 하나님이 식물을 만들 때 가장 먼저 씨앗을 만들었다. 그 씨앗은 낱알의 종류가 각기 달랐다. 유태인은 서로 종류가 다른 것끼리 교배를 해서는 안 된다고 하는 교훈으로 해석한다. 인간 사이에서는 물론이며 수간(獸姦)을 해서도 안 된다. 이 말은 양과 소 등 서로 다른 종류의 동물에도 적용된다.

유태인은 하나님이 이 세계를 창조했다는 데서, 하나님의 위대함을 통감하고 있다.

물에서 사는 물고기에게는 아가미를 주고 땅에서 사는 동물에게는 폐를 주었다. 만약 아가미와 폐의 위치가 잘못되어 바뀌게 된다면 이 세계의 모든 생명은 멸망할 것이다. 이토록 오묘한 이치로 이루어진 훌륭한 세계를 창조하였다는 것은 하나님의 능력이 위대한 증거이리라.

따라서 하나님이 창조한 모든 피조물은 제나름대로의 각기 다른 목적을 가지고 있다. 독초의 경우 전혀 쓸모가 없다고 생각되지만, 독초는 산소를 토해 내므로 다른 생물의 호흡을 순조롭게 해 주고 있다.

생물은 모두가 서로 연관 관계를 맺고 하나의 수레바퀴를 이루고 있다. 이것이 곧 에콜로지(ecology)이다. 독초는 확실히 인간에게는 독이 될는지 몰라도, 다른 것에게는 유익한 구실을 하고 있다.

요컨대 하나님은 온갖 생물에 나름대로의 목적을 각기 부여하고 있는 것이다.

〈창세기〉에 하나님은 첫날 하루의 마지막 시간에 『좋았더라』고 말한 것으로 기록되어 있다. 그러나 둘째 날에는 그 말을 하지 않았다. 그것은 그날 하나님이 이 우주를 육지와 바다로 나누었는데, 그 날 중에서 완성하지 못한 채 다음날까지 그 작업을 계속했기 때문이었다. 그러므로 유태인들은 무엇인가 한 가지 일을 완성하거나 종료할 때까지는 『좋다』라는 말을 쓰지 못하도록 묵계로 지켜 내려오고 있다.

나에게는 다음과 같은 어린 시절의 추억이 있다.

어느 날 학교에서 돌아와 숙제를 하다 말고 놀고 있을 때, 아버지가 『숙제는 다 끝냈느냐?』하고 물었다. 나는 『아직 다 하지 못했습니다. 하지만 곧 끝낼 자신은 있습니다』라고 대답했다. 그러자 아버지는 이 〈창세기〉의 이야기를 하면서 『전부 끝나지 않았으면 〈좋다〉고는 말할 수 없겠구나』라고 말했다.

유태인들은 이 말에 대해 또 다른 해석을 하기도 한다.

하나님은 물을 하늘 위의 물과 아래의 물로 갈라놓았다. 이것은 『세계』의 구성상 필요한 현상이지만 「나눈다」고 하는 행위 자체에는 아주 부정적인 의미가 있다. 이를테면 가정을 나눈다라든지, 나라와 나라 사이를 나눈다라든지, 인종을 나눈다 등등 『분열』의 의미가 포함되어 있기 때문이다.

가령 분열은 필요한 행위일지라도 결코 바람직하다고 볼 수는 없다. 그러므로 유태인은 둘째 날에 하나님은 『좋았더라』는 말을 사용하지 않았을 것이라고 정의한다.

이 이야기는 반드시 『나누지』 않았더라도 상관없을 것, 또 당연히 함께 있어야 될 것, 예컨대 부부, 친구, 국가, 민족 따위가 나뉘어졌을 때의 그 슬픔이 얼마나 크겠는가 하는 것을 생각게 하는 이야기이다.

그런데 한 랍비는 이 제2의 해석은 잘못되었다고 주장했다. 하나님은 첫째 날에 빛을 만들고 빛을 또다시 빛과 어둠으로 나누었다. 그런데도 『좋았더라』고 기록하고 있지 않느냐는 것이다.

이에 대하여 다른 한 랍비가 빛과 어둠은 이질적인 것이므로 나누어져도 상관없다고 대답했다. 둘째 날에는 물이라고 하는 동질의 것을 하늘과 땅으로 나눈 것이므로 설사 필요한 행위였을지라도 『좋았더라』고는 말할 수 없었을 것이라는 해석이다.

그러자 셋째 번 랍비가 『태양은 낮에 빛나고, 달은 밤에 빛을 낸다. 밤에는 태양을 결코 볼 수 없지만, 달은 때때로 낮에도 모습을 나타내는 것은 무슨 까닭인가?』라고 물었다.

여기서 한바탕 토론이 벌어졌다.

태양과 달이 만들어졌을 때, 달은 하나님을 향해 『한 부엌에 두사람의 요리사가 있을 수 없듯이, 한 세계에 두 개의 위대한 빛이 존재할 수는 없지 않습니까?」 하고 물었다. 그러자 하나님은 「달이여, 그대는 나의 지혜를 의심하고 있음이로다」 라고 말한 후, 그 벌로써 달의 크기를 태양보다 작게 하고 또한 그 빛을 약하게 만들었다.

그러자 달은 하나님을 향해 「당신의 위대한 지혜를 의심한 것은 제 잘못이지만, 저의 말에도 일리가 있지 않습니까?」 하고 말했다. 하나님은 「확실히 그대의 말에도 일리는 있다. 나는 그런 식으로 세계를 창조하였다. 앞으로 그대들의 힘을 서로 보완하기 위해 태양은 그대가 반짝이는 밤에는 나오지 못하게 하겠지만, 그대는 낮에도 얼굴을 내밀 수 있도록 해주리라」 고   했다.

이 이야기는 오늘날까지도 유태인 어린이의 두뇌를 단련시키는 훈련의 한 지혜로서 활용되고 있다.

큰 광명과 작은 광명

하나님이 두 큰 광명을 만드사 큰 광명으로 낮을 주관하게 하시고 작은 광명으로 밤을 주관하게 하시며, 또 별들을 만드시고 하나님이 그것들을 하늘의 궁창에 두어 땅에 비취게 하시며 주야를 주관하게 하시며 빛과 어둠을 나뉘게 하시니라. 하나님이 보시기에 좋았더라. 저녁이 되며 아침이 되니 넷째 날이니라. (창세기 1장 16절~19절)

《구약성서》는 〈창세기〉부터 시작된다. 제1장 1절에 「태초에 하나님이 천지를 창조하시니라」 고 기록되어 있듯이.

하나님은 7일 동안에 이 오묘한 우주를 창조하셨다. 그러므로 태양은 언제 만들어졌으며 달은 언제 만들어졌는가 하는 이야기는 반드시 기록되어야만 한다. 그런데 첫째 페이지에는 「큰 광명으로 낮을 주관하게 하시고 작은 광명으로 밤을 주관하게 하시며」 라고만 기록되어 있을 뿐, 「태양」 이나 「달」 이란 말은 나오지 않는다. 이는 무슨 까닭에서일까 ?

이스라엘 사람은 유일신을 믿었다. 예컨대 다른 민족인 애굽인들의 경우는 태양신을 믿었으므로, 태양이나 달은 유일신의 경쟁 상대였다. 그렇기 때문에 태양을 「큰 광명」 이라고 표현하고 달을 「작은광명」 이라고 표현하도록 했다.

타닌

하나님이 가라사대 물들은 생물로 번성케 하라. 땅 위 하늘의 궁창에는 새가 날으라 하시고, 하나님이 큰 물고기와 물에서 번성하여 움직이는 모든 생물을 그 종류대로, 날개 있는 모든 새를 그 종류대로 창조하시니 하나님이 보시기에 좋았더라. (창세기 1장 20절~21절)

흥미 있는 이야기로 〈창세기〉에서는 단세포적인 생명에서 복잡한 생명으로 발전하는 진화론적인 순서대로 생명이 태어나고 있음을 기록하고 있다. 그러나 닭, 고양이, 개, 사자 등과 같은 구체적인 동물의 이름은 나오지 않는다. 단 한 가지 예외가 있다면 「큰 물고기」 란 지칭이다.

이는 히브리서로 「타닌」 이라 일컫는데, 이것은 상상을 초월한 크고 무시무시한 동물을 가리킨다.

다른 생물에 대해서는 구체적인 이름이 나오지 않는데 반해 오로지 이 생물의 이름만이 명시되어 지금까지 전해져 오는 까닭은 무엇일까 ?

홍콩의 축제일에는 용(龍)이 등장하듯이 민족마다 한결같이 가장 큰 동물을 우상화한 관습이 있는데, 성경 가운데서도 이 『타닌』이라는 단어가 자주 등장하는 것을 보면 그 당시에는 상상조차 할 수 없는 생물을 신성시하고 있었을 것이다.

〈창세기〉에 의하면 인간은 맨 마지막에 태어났다고 되어 있다. 이 교훈은 인간이 교만하게 됨을 경계해서 하찮은 모기 한 마리보다도 더 늦게 이 세상에 태어나게 했다는 사실을 깨닫게 하기 위함이다.

아담은 흙으로 만들어졌으며 지구 각처의 갖가지 빛깔의 흙을 가져다 빚었다. 앞에서 말한 바와 같이 『아담』이란 말은 히브리어로 『인간』이란 뜻과 함께 『흙』이라는 뜻도 가지고 있다.

이 교훈은 사람이 지구의 한 부분인 흙으로 빚어져 만들어진 이상, 어느 민족이 어느 다른 민족보다 뛰어나다는 따위의 우월감을 가지고 사람을 차별할 수 없다는 것을 암시하고 있다.

좋았더라.

하나님이 그들에게 복을 주어 가라사대 생육하고 번성하여 여러 바닷물에 충만하라. 새들도 땅에 번성하라 하시니라. 저녁이 되며 아침이 되니 이는 다섯째 날이니라.(창세기 1장 22절~23절)

하나님으로부터 『생육하고 번성하라』는 가르침을 받은 유태인들의 최초의 임무는, 결혼하여 자식을 낳고 행복한 가정을 꾸미는 일이었다.

유태인의 낙관주의는 이 〈창세기〉에 뿌리를 내리고 있다.

세계는 하나님이 다섯 차례에 걸쳐 『좋았더라』고 하는 형태로 만들어졌다. 따라서 세계의 온갖 사물이 인간에게는 좋은 것이며, 절대적인 악은 없다고 하는 사상에 입각하고 있다.

하나님의 형상

하나님이 가라사대 우리의 형상을 따라 우리의 모양대로 우리가 사람을 만들고, 그로 바다의 고기와 공중의 새와 육축과 온 땅과 땅에 기는 모든 것을 다스리게 하자 하시고, 하나님이 자기 형상, 곧 하나님의 형상대로 사람을 창조하시되 남자와 여자를 창조하시고.(창세기 1장 26절~27절)

〈창세기〉에 의하면 인간은 하나님의 형상대로 만들어졌다고 기록되어 있는데, 이것이 곧 인간의 육체가 시각적으로 하나님과 비슷하게 만들어졌다는 뜻은 아니다.

유태인은 하나님이 육체를 가지지 않은 것으로 믿고 있다. 그러므로 인간이 하나님의 형상대로 만들어졌다는 말은 사람의 정신, 성격, 마음이 하나님을 닮도록 만들어졌다는 뜻이다.

인간은 지상의 다른 모든 것과는 달리 독특하다. 이를테면 우리들은 과거의 일을 기억하는 능력이 있기 때문에 배울 수가 있다. 그러나 닭 같은 동물들에게는 역사가 없다. 닭은 닭의 품에서 계란이 부화했을 때가 시초이며, 사자는 사자의 품속에서 새끼로 태어났을 때가 시초이다. 이것들은 그때로부터 여러 가지 습관을 배우기 시작한다. 그러나 그 배움도 자신만의 체험 영역에서 벗어날 수가 없다. 동물들에게는 미래를 예측한다는 따위의 능력은 더더욱 없다.

그러나 인간은 역사적 경험을 자신들의 경험으로 삼을 수 있으며, 미래를 예측할 수 있다. 흔히 인간을 만물의 영장이라고 말하는데, 그것은 인간이 이러한 능력을 가지고 있는 까닭이다.

육식

하나님이 가라사대 내가 온 지면의 씨 맺는 모든 채소와 씨 가진 열매 맺는 모든 나무를 너희에게 주노니 너희 식물이 되리라.(창세기 1장 29절)

이것은 번역이 잘못된 부분으로, 히브리어로는 『너희는 이 이외의 식물을 먹어서는 안 된다』고 되어 있다. 노아가 방주에서 나온 뒤, 인간은 하나님으로부터 채식뿐만 아니라 육식을 해도 무방하다는 허락을 얻었다. 에덴동산의 시대부터 노아의 홍수가 일어날 때까지는 고기를 먹으면 안 되었는데도 하나님이 그렇게 말씀하신 이유는, 『육식』을 금했으므로 세계가 조화를 이루지 못했기 때문이다.

노아의 홍수 이후 하나님은 그 방침을 바꾸었고, 그 대신 조건을 붙였다. 그것은 『고깃덩이에 피가 들어 있는 채로는 안 된다. 고기를 먹어도 무방하지만, 동물이나 물고기를 반드시 죽인 후에 먹어야 된다』라고 단서를 붙였다.

이 같은 풍습은 지금까지도 내려오고 있다. 그러나 살아 있는 동물의 고기를 먹는 민족도 더러 있다.

하지만 유태인은 《탈무드》에 적혀 있는 율법대로 동물을 일격에 죽이는 방법과 살코기에서 완전히 피를 뽑아내는 방법 등을 지금까지도 지켜오고 있다.

안식일

천지와 만물이 다 이루니라. 하나님의 지으시던 일이 일곱째 날에 이를 때에 마치니 그 지으시던 일이 다하므로 일곱째 날에 안식하시니라. 하나님이 일곱째 날을 복 주사 거룩하게 하셨으니 이는 하나님이 그 창조하시며 만드시던 일을

마치시고 이 날에 안식하셨음이더라. (창세기 2장 1절~3절)

성경에 의하면 하나님은 세계를 창조하시는 데 6일이 걸렸으며, 마지막 하루는 쉬셨다. 하나님이 7일째에 쉬었다고 말하기보다는 7일째에 축복하셨다. 그 때문에 7일째가 성일(聖日)로 되어 있는 것이다.

그 때 하나님이 축복한 것은 시간으로, 구체적인 장소나 구체적으로 존재하는 어떤 대상을 축복한 것이 아니다. 유태인은 7일째를 안식일로 삼았으며, 하나님이 『시간』을 축복하였다고 이해하여 『시간』을 무척 소중히 여겼다.

유태인에게는 성지가 따로 없다. 예루살렘도 기독교에서 일컫는 성지가 아니다. 유태인에게는 시간이 가장 축복받은 것이므로 장소는 그리 중요하지가 않다. 유태인은 『몸에 지니고 다니는』 민족이다. 다시 말하면 무엇이든 들고 다닐 수 있는 민족이라는 뜻이다. 시간은 항상 자신과 더불어 있다. 그렇게 시간을 의식하는 민족으로서 오랜 세월을 살아왔기 때문에, 시간을 소중히 여기는 상념이 그들 머릿속에는 꽉 들어차 있다.

제7일째에 쉰다는 것은 의무로 되어 있다. 그저 일에 지쳤기 때문에, 생활에 지쳤으므로 적당히 쉰다는 것이 아니라, 반드시 의무로써 7일째에는 쉬기로 되어 있다.

고대의 다른 민족들에게는 이러한 안식일의 개념이 뚜렷하지 않았다. 로마인이나 그리스인들은 이 안식일을 이유로 하여 하루를 쉬고 있는 유태인들을 가리켜 『게으른 민족』이라고 비난했다. 다른 민족들이 이러한 안식일의 개념을 깨닫기 전까지는 하급 노동자나 노예와 같은 계급의 사람들에게는 안식일(휴일)이 주어지지 않았다. 이것은 근대에 이르기까지 전세계적인 경향이었다.

그러나 유태인들의 안식일은 오로지 육체를 쉬게 한다는 의미만은 아니었다. 정신의 안식을 취한다는 중요한 의미를 지니고 있었던 것이다.

다른 6일 동안에는 열심히 일하고, 식사하고, 술을 마시고, 즐기고, 바쁜 나날을 보낸다.

이것은 동물의 생활과 별반 다를 것이 없다. 그러나 유태인은 안식일에는 인간의 하나님의 형상을 닮도록 만들어진 존재라는 것을 상기하고 자기 자신을 되찾으려고 하는 것이다.

이날 우리는 자신들의 정신을 연마하고 착한 일을 함으로써 스스로를 진보시키려고 한다.

물론 이날은 가족과 함께 지내는 기회를 가지게 되고, 고용인을 쉬게 함은 물론 가축들도 쉴 수가 있다.

인간은 빵만으로 살 수 없는 것이다.

유태인의 격언에 「유태인이 오랫동안 안식일을 지켜 내려온 것이 아니라, 안식일이 오랫동안 유태인을 지켜 왔다」라는 것이 있다.

만일 유태인이 안식일을 잃어버렸다고 가정한다면, 유태인은 자기 자신을 연마하는 노력과 눈부신 발전을 이룩하지 못했으리라.

7일라는 숫자

여호와 하나님이 천지를 창조하신 때에 천지의 창조된 대략이 이러하니라.(창세기 2장 4절)

이 구절은 〈창세기〉 2장 4절에 나와 있는데, 히브리어 원전에는 여기까지가 1장으로 되어 있다. 그 이유는 기독교도가 자기들 생각대로 짤막하게 단락을 지어 영어판을 만들었는데 한국어 번역판은 그것을 바탕으로 하고 있기 때문이다. 또 히브리어로는 1장 전체가 7절로 이루어져 있는데 반해, 영어판에는 짤막짤막하게 끊어서 31절로 되어 있다.

히브리어 원전의 1장 중에는 「하나님」이라는 말이 35회(7의 5배)나온다. 그런데 국어판과 영어판에서는 31회 뿐이다. 또 「하늘」이란 말도 21회(7의 3배), 「땅」이 21회 나온다.

첫째 날에는 「빛」과 「낮」이란 뜻인데, 본래의 성경 가운데에서는 「아침」과 「첫날」의 「낮」은 「욥」이라는 말을 쓰고 있다. 그것을 모두 합치면 7회가 된다.

그리고 「하나님이 보시기에 좋았더라」는 말이 2회 나오고 있기 때문이다.

옛날의 랍비들은 셋째 날에 「하나님이 보시기에 좋았더라」고 두 번 말한 이유를 다음과 같이 이해하고 있었다.

둘째 날에 만들어진 것은 아직 미완성의 상태였고, 셋째 날이 되어서야 완성되었으므로 「하나님이 보시기에 좋았더라」고 되어있다. 셋째 날에 하나님이 만들기 시작한 것은 셋째 날이 끝나기 전에 완성되었으므로, 셋째 날에 「좋았더라」고 말했다.

이 둘째 날과 셋째 날에 물과 땅이 둘로 나누어지는데, 이중에서 「물」이란 말은 7회가 나온다. 또 다섯째 날과 여섯째 날에 동물이 만들어지는데, 여기서는 히브리어로는 동물 또는 생물을 뜻하는 「하이」라는 말이 7회 나온다. 이 「하이」는 생물뿐만 아니라 생명이란 의미도 포함되어 있으므로, 이 말을 7회 되풀이해 말함으로써 인간에게 생명의 존엄성을 강하게 심어 주도록 했다.

이렇듯 성경의 세계에서는 7이라는 수의 단위가 굉장히 중요한 의미를 갖는다. 그러므로 일곱째 날에 안식일이 오는 것은, 안식일이 가장 중요한 것임을 시사하고 있는 것이다.

성경 시대에는 아직 종이가 발명되지 않았으므로 돌이나 찰흙 위에 문자를 새겼다. 이것은 공력이 많이 드는 작업이었기 때문에 될 수 있는 한 간략하게 기록되었다. 그 가운데서 7 혹은 그 배수만을 반복했다고 하는 사실은 여러 사람들의 마음에 깊은 감명을 주었다.

『벨레시트(시작)』로부터 비롯되는 성경의 첫머리 문장은 7마디의 히브리어로 구성되며, 두 번째 문장은 14마디로 구성되고, 마지막 문장은 7마디로 이루어진다.

이런 사실을 알게 되면 성경의 한 마디 한 마디는 제각기 깊은 의미와 중요한 뜻을 지니고 있음을 깨닫게 될 것이다. 그러한 문장이 결코 우연하게 돌에 새겨져 있었던 것은 아니다.

에덴동산

여호와 하나님이 그 사람을 이끌어 에덴동산에 두사 그것을 다스리며 지키게 하시고, 여호와 하나님이 그 사람에게 명하여 가라사대 동산 각종 나무의 실과는 네가 임의로 먹되 선악을 알게 하는 나무의 실과는 먹지 말라. 네가 먹는 날에는 정녕 죽으리라 하시니라. (창세기 2장 15절~17절)

에덴동산에 관한 이야기는 종교적인 의미에서뿐만 아니라 온 세계 사람들에게 가장 널리 알려져 있는 이야기의 하나로, 문학에서도 매우 높이 평가되고 있다. 그리하여 많은 세월 동안 세계의 문학가들은 이 이야기를 위대한 문학이라고 평가하였다.

이 이야기가 지닌 특징의 하나는 간결하고 알기 쉽게 씌어져 있는데도 불구하고 등장인물의 마음을 미묘한 구석까지 묘사하고 있다는 사실이다.

에덴동산에는 두 그루의 나무가 나온다. 한 그루는 생명의 나무이고, 다른 한 그루는 지식의 나무이다. 생명의 나무는 키가 아주 컸다. 그러므로 에덴동산에는 생명의 나무가 그늘을 펼쳐 놓고 있었다. 지식의 나무는 키가 작은 나무로서 생명의 나무를 둘러싸고 있었다.

이것은 무엇을 의미하고 있을까?

생명의 나무는 지식의 나무를 통하지 않으면 접근할 수 없음을 가르쳐 주고 있다. 지식의 나무란 선과 악을 아는 나무이다.

성경은 세계의 본질을 선이라고 가르치고 있다. 그러나 현실적으로는 악이 존재하고 있음도 사실이다. 때문에 성경에 나오는 이야기를 비현실적으로 받아들일 수도 있지만, 에덴동산의 이야기는 언제부터, 왜 악이 세계에 존재하게 되었는가를 설명하고 있다. 한마디로 말한다면 악은 인간이 만들어 낸 것이라는 교훈을 가르치고 있는 것이다.

하나님이 좋은 세계를 만드시고 인간은 그 속에서 자유로운 의사를 가지고 있을 까닭에, 하나님을 거역하여 반항하거나 선을 부식시킬 수 있으며 동시에 악을 태어나게도 한다는 이야기이다.

이 이야기의 첫머리는 「아담은 완전한 행복을 누리고 있었으며 그의 주위에는 좋은 일만 있었다」라는 구절부터 시작된다. 먹을 것은 지천이었으므로 일을 하지 않아도 행복하게 살아나갈 수 있었으며, 아내인 하와를 사랑하고 있었고 모든 것이 충만했다.

하지만 이야기의 마지막 대목에 이르러서 이 부부는 싸움을 시작하여 서로 반목하고, 먹을 것도 없어지고, 마침내 낙원에서 쫓겨나 의식주가 막막하게 되었다. 그 동안 무슨 일이 일어났었는가 하는 것이 이 이야기의 가장 뜻 깊은 대목이다.

행복의 절정에서 불행의 밑바닥으로 전락한 가장 큰 원인은 인간이 하나님에 반항하여 악을 낳았다고 하는 데에 있다.

이와 같은 에덴동산의 이야기는 유태인만이 갖고 있는 것은 아니다. 아랍 세계에도 유토피아와 같은 낙원에 대한 이야기가 있다. 하지만 그것과는 근본적으로 다른 점이 있다.

아랍 이야기는 모두 영원한 생명을 어떻게 해서 얻으며, 어떻게 낙원에서 살 수 있느냐가 주제로 되어 있다. 이를테면, 어떤 종류의 물을 마신다거나 어떤 종류의 과일을 먹으면 영원한 생명을 얻을 수 있다는 따위의 이야기인 데 반하여, 유태인의 이야기는 불멸의 생명을 얻고자 함이 아니라. 어떻게 하면 참다운 생활을 되찾을 수 있는가를 강조하고 있다.

이 이야기의 또 다른 주제는 인간은 결코 하나님의 시야에서 벗어날 수 없다는 것으로서, 자기 자신을 속일 수는 있지만 하나님은 절대 속이지 못한다는 점을 가르치고 있다.

이야기 속에는 뱀이 등장한다. 당시 아랍 세계에 있어서는 뱀은 수확을 가져다주는 신으로 받들어지고 있었다. 그러나 성경에 의하면 하나님은 아담과 하와에게는 말을 하지만 하와에게 악의 손길을 뻗었던 뱀과는 대화하지 않음으로써, 뱀은 하나님으로부터 버림받은 존재로 취급되고 있다. 아랍 이야기와는 그 취지가 아주 판이하다고 말할 수 있다. 동시에 그로 말미암아 하나님과 인간은 통할 수 있지만 동물과 하나님, 또 동물과 인간은 차원이 다르다는 사실을 암시하고 있다.

더구나 이 이야기는 인간에게 자유가 있다고 강조한다. 심지어 자신들이 의지하고 있는 자연과 하나님에 대해서까지 반항할 수 있음을 역설한다. 하긴 그 자유도 어디까지나 일정한 규율에 뒷받침된 자유라야 함은 물론이지만, 《구약성서》는 유태교의 것으로서, 유태교는 인간이 인간다운 생활을 누리기 위해서는 엄격한 규칙대로 생활해야 한다고 확신했다.

인간은 하나님의 뜻을 거슬러 그의 곁을 떠날 수는 있지만, 그 결과에 대해서는 인간이 스스로 책임져야만 된다. 따라서 자유라 함은 곧잘 파멸을 가져오기도 하는 동시에 인간에게 새로운 기회를 제공해 주기도 한다. 요컨대 양쪽에 날이 달린 칼 같다는 것이 인간의 자유에 대한 유태교의 해석이다.

아내

여호와 하나님이 가라사대 사람의 독처하는 것이 좋지 못하니 내가 그를 위하여
돕는 배필을 지으리라 하시니라. 여호와 하나님이 흙으로 각종 들짐승과 공중의
새를 지으시고, 아담이 어떻게 이름을 짓나 보시려고 그것들을 그에게로 이끌어
이르시니, 아담이 각 생물을 일컫는 바가 곧 그 이름이라. 아담이 모든 육축과
공중의 새와 들의 모든 짐승에게 이름을 주니라. 아담에게 돕는 배필이 없으므
로 여호와 하나님이 아담을 깊이 잠들게 하시니 잠들매 그가 그 갈빗대 하나를
취하고 살로 대신 채우시고 여호와 하나님이 아담에게서 취하신 그 갈빗대로 여
자를 만드시고, 그를 아담에게로 이끌어 오시니 아담이 가로되 이는 내 뼈의 중
의 뼈요 살 중의 살이라 이것을 남자에게서 취하였은즉 여자라 칭하리라 하니
라.(창세기 2장 18절-23절)

　이를테면 여자는 남자를 돕기 위해서 만들어진 셈이다. 히브리어로
「돕는다」고 하는 의미는 좋을 때나 나쁠 때나 도와준다는 뜻이다.

　하와에게는 남편 아담을 돕는 역할이 부여되었다. 남편이 고생하고
있을 때 아내가 도와주지 않으면 결혼 생활은 제대로 이루어지지 않
는다는 사실을 강조하고 있다.

　유태인에게 있어 제일 좋은 성(城)은 가정이다. 남편이 실패했을
때 제일 좋은 안식처는 가정이다. 가정은 모든 것의 기초 단위를 이
루고 있다. 그 까닭은 이 「돕는다」고 하는 사고방식이 인간의 기본
이 되어 있기 때문이다.

198 탈무드

가인과 아벨

아담이 그 아내 하와와 동침하매 하와가 잉태하여 가인을 낳고 이르되 내가 여호와로 말미암아 득남하였다 하니라. 그가 또 가인의 아우 아벨을 낳았는데 아벨은 양치는 자이었고 가인은 농사하는 자이었더라. 세월이 지난 후에 가인은 땅의 소산으로 제물을 삼아 여호와께 드렸고 아벨은 자기도 양의 첫 새끼와 그 기름으로 드렸더니 여호와께서 아벨과 그 제물은 열납하였으나 가인과 그 제물은 열납하지 아니하신지라 가인이 심히 분하여 안색이 변하니 여호와께서 가인에게 이르시되 네가 분하여 함은 어찜이며 안색이 변함은 어찜이뇨. 네가 선을 행하면 어찌 낯을 들지 못하겠느냐. 선을 행치 아니하면 죄가 문에 엎드리느니라. 죄의 소원은 네게 있으나 너는 죄를 다스릴지니라. 가인이 그 아우 아벨에게 고하니라. 그 후 그들이 들에 있을 때에 가인이 그 아우 아벨을 쳐 죽이니라. 여호와께서 가인에게 이르시되 네 아우 아벨은 어디 있느냐. 그가 가로되 내가 알지 못하나이다. 내가 내 아우를 지키는 자니이까. 가라사대 네가 무엇을 하였느냐. 네 아우의 핏소리가 땅에서부터 내게 호소하느니라. 땅이 그 입을 벌려 네 손에서부터 네 아우의 피를 받았은즉 네가 땅에서 저주를 받으리니 네가 밭을 갈아도 땅이 다시는 그 효력을 네게 주지 아니할 것이요 너는 땅에서 피하여 유리하는 자가 되리라. 가인이 여호와께 고하되 내 죄벌이 너무 중하여 견딜 수 없나이다. 주께서 오늘 이 지면에서 나를 쫓아 내시온 즉 내가 주의 낯을 뵈옵지 못하리니 내가 땅에서 피하며 유리하는 자가 될지라 무릇 나를 만나는 자가 나를 죽이겠나이다. 여호와께서 그에게 이르시되 그렇지 않다. 가인을 죽이는 자는 벌을 일곱 배나 받으리라 하시고 가인에게 표를 주사 만나는 누구에게든지 죽임을 면케 하시니라. 가인이 여호와의 앞을 떠나 나가 에덴 동편 놋땅에 거하였더라. (창세기 4장 1절~16절)

아담과 하와의 아들인 가인과 아벨 두 형제는 늘 싸웠다. 그리하여 하나님은 이 두 형제를 같은 집에서 살게 하는 것보다 떼어놓는 것이 좋겠다 하여 각기 다른 직업에 종사하도록 했다. 가인은 농부가 되고 아벨은 양치기가 되었다.

두 사람은 제각기 하나님에게 바칠 제물을 가지고 왔다. 그런데 가인은 내심으로 자신이 가지고 온 제물이 아벨의 것보다 못하지 않을까 하고 두려워하고 있었다. 왜냐하면 자신이 가지고 있던 것중에서 가장 나쁜 것을 가지고 왔기 때문이다.

그리하여 하나님은 가인의 제물은 받지 않고, 아벨의 제물만을 기꺼이 받으셨다. 그래서 두 형제 사이는 더욱 나빠졌다.

그렇지만 두 사람은 어떻게든 사이좋게 지내고 싶어하여 갖가지 것을 서로 나누어 가지기로 하였다. 두 사람은 상의한 결과 가인은 토지를 전부 차지하고, 아벨은 토지 이외의 것을 가지기로 하였다.

두 사람이 사이좋게 지내기 위하여 나누었음에도 불구하고 두 사람 간의 불화는 더욱 심해졌다. 아벨이 땅에 발을 딛고 서 있기만 해도 가인은 『내 땅 위에 서 있지 말라. 땅은 내 소유이다』라고 주장했다. 이에 대하여 아벨은 『그럼 내 의복을 내게 돌려다오. 너는 대지밖에 가지고 있지 않으니까 옷가지는 내 것이다』라고 주장했다. 그리하여 또다시 싸움이 시작되었다.

하나님 앞에 가인이 나타나자, 하나님은 『어찌하여 너는 그런 짓을 했느냐?』고 물었다. 가인은 하나님께 다음과 같이 말했다.

『우리 둘은 마치 경기장에 들어가 있는 투사와 같았습니다. 이 경우 한쪽 투사는 으레 죽음을 당하게 마련입니다. 하지만 우리들의 경우는 왕이 두 투사에게 싸우기를 명령하였기 때문에 그랬던 것입니다. 그러므로 두 사람을 싸우도록 명령한 왕에게 책임이 있지 않겠습니까? 왕은 언제라도 두 사람의 싸움을 그만두게 하여 목숨을 구할 수 있었으니까요. 이것은 우리들의 왕인 하나님의 책임이라고 생각합니다』

하나님은 『가인아, 너는 꼭두각시가 아니다. 너는 자유로운 의사를 가지고 있다. 그러므로 네가 무엇을 하든 나는 말리려고 하지 않는다. 그리고 너 자신이 하는 일은 스스로 책임을 겨야만 된다』라고 답했다.

여기서 앞에 인용한 〈창세기〉 4장을 다시 한 번 되돌아보면 『가라사대 네가 무엇을 하였느냐. 네 아우의 핏소리가 땅에서부터 내게 호소하느니라」고 되어 있다.

여기서 유태인은 두 가지 사실을 깨달았다. 하나는, 인간은 입으로 호소하는 경우는 있지만 피로써 호소하는 일은 없다. 또 하나는, 이것은 번역에서는 나와 있지 않지만, 히브리어에서는 『피』라는 단어가 복수형이다. 물론 피라는 뜻은 히브리어에서도 항상 단수로 사용되고 있는데, 이 경우는 무슨 영문에서인지 아우의 피가 복수형으로 되어 있다.

히브리어로 피의 복수형이 사용되고 있음은 아주 찾아보기 힘든 예이다.

대체적으로 입이 호소하게 되어 있는데 어찌하여 『피』가 호소하는가? 왜 여기에서는 기묘하게도 『피』의 복수형이 사용되고 있는가?

그에 대한 유태인의 해석은, 아벨이 만일 살아있었다고 가정하여 몇 천 년에 걸쳐 태어났을지도 모르는 수많은 자식, 손자, 증손까지 호소하기 때문이라는 것이다. 때문에 여기에는 한 인간의 생명을 빼앗는 것은 숱한 인간을 죽이는 것과 같다고 하는 교훈이 담겨 있다.

그럼 이제 본론으로 되돌아가자. 고대에 있어서 인간은 자신에 대하여 책임을 져야만 된다고 강조했다, 하나의 자율적인 존재임을 이토록 강하게 규정한 것은 드문 일이다.

또한 여기서는 악은 인간이 만들어 낸 부산물임을 역설하고 있다. 아벨과 가인은 하나님이 만든 인간이기에 앞서 인간으로부터 태어난 인간인 것이다.

두 형제가 하나님에게 제물을 가지고 왔다는 것만 보더라도, 결코 하나님은 제물을 바치라고 명령한 적은 없었다.

성경에 의하면 하나님에게 제물을 바치는 일은 하나님이 요구하지 않더라도 인간이 마땅히 알아서 해야 될 행위라고 설명한다. 때때로 인간은 어떤 감정에 의해 하나님에게 접근하려고 한다. 하지만 인간은 어떤 중요한 욕구라 할지라도, 그것을 하나님의 뜻과는 반대쪽으로 유도하려는 성향이 짙다.

가인이 하나님께 바치려 했던 제물은 자기가 소유한 것 중에서 가장 좋은 것은 아니었다. 가인의 마음은 옹졸했으며, 하나님에 대하여 헌신적인 마음을 가지고 있지 않았다.

성경에서 개인이란 존재는 하나님에 대한 가장 근본적인 단위로 되어 있다. 즉 인간을 가족의 일원이라는 차원으로 보지 않고, 진정한 하나의 개인 자격으로서 인격을 부여하고 있다.

하나님에게 제물을 바친다거나 찬송하는 일은 하나님을 공경하는 일이다. 가인은 제물을 바치려고는 했지만 마음속엔 하나님에 대한 충분한 공경심이 없었다. 다만 정해진 규율에 따라 형식적인 태도만 취했을 뿐이다.

하나님은 진실한 마음만을 원하므로 하나님의 제단에 무슨 제물을 바치느냐 하는 것은 결코 중요하지 않다. 그러나 좋은 일을 하려고 내심 경정하더라도 그보다 앞서 나쁜 일이 발생하는 경우를 우리는 종종 본다.

이 이야기는, 인간은 피를 나눈 형제일지라도 두 사람이 함께 있게 될 때 규율이 없으면 잘 살아나갈 수 없다는 사실을 지적하고 있다. 나아가서 질투와 증오는 사람을 죽일 수 있는 소지를 가지고 있으므로, 하나의 악이 다시 또 새로운 악을 초래한다는 진리를 암시하고 있다.

여기서도 역시 아담과 하와의 사건과 마찬가지 일이 일어난다. 아우를 죽인 뒤에 여호와께서 가인에게 이르시되 『네 아우 아벨이 어디 있느냐?』고 물었다. 그 다음은 유명한 말로서, 가인은 『알지 못하나이다. 내가 내 아우를 지키는 자나이까』하고 대답했다.

가인은 영원히 이 땅 위를 방랑해야 하는 벌을 받았다. 그리하여 가인은 「나는 아우를 지키는 자가 아니로소이다」 하고 말하지만, 하나님은 「아니다, 너는 아우를 지켜야 된다」라고 말씀하신다. 인간은 모두 형제이기 때문에 같은 형제가 고생하고 있을 때는 도와주어야 하며, 고생하는 형제를 모른 척한다거나 외면하면 안 된다. 또 아우의 괴로움은 자신의 괴로움이 되는 것이라고 말하고 있다.

「가인」이라는 어휘는, 히브리어 사전에 따르면 「무엇인가를 만든다」는 뜻과 「무엇인가를 소유한다」는 두 가지 의미를 내포하고 있다. 아담과 하와가 가정을 꾸며 가인과 아벨을 낳았는데, 어찌하여 가인을 나쁜 아이로 키우게 되었는가?

여기서 옛날 유태인이 고찰했던 한 가지 설명은 이렇다. 아담과 하와가 아이들을 어떤 방법으로 양육했는지는 기록되어 있지 않지만, 아들에게 가인이라는 이름을 주었을 때 하와는 자식을 부모의 소유물이라고 생각하고 있었음이 확실하다. 하와는 자식을 자신의 소유물로 생각하여 자신의 생각대로 키웠으며, 자식들의 의사는 존중하지 않은 채 자기 뜻대로 키워 버린 과오를 범한 것이다.

물론 자식은 부모의 소유물이 아니고 단지 양친의 책임 아래 양육되는 것이다. 그러므로 부모는 자식이 착한 인간으로 자라도록 최선을 다해야 한다. 또한 모든 인간과 사물은 하나님의 주관 아래 속한 것이지 인간에게 속해 있는 것이 아니다.

이와 마찬가지로 양친은 자식의 동반자이지 소유주는 아니다. 그러므로 가인이 불량한 소년으로 자란 것은 하와의 그릇된 사고방식에서 연유한 것이라고 단언할 수 있다.

가인은 아벨을 죽인 죄로 사형당하지는 않았다. 고대에는 사람을 죽인 사건이 없었으며, 기록으로서는 아벨의 죽음이 처음이었다. 사실 가인은 아벨을 죽이기 위해 돌을 던졌던 것은 아니다. 계획된 살인이 아니었기 때문에 사형을 시키는 것은 가혹하다고 판단했을 것이다.

참고로 말하자면 우리말 성경과 영역된 성경에서는 「가인」과 「아벨」로 표기되어 있는데, 아벨이란 이름은 영어식 발음이다. 만일 「가인」이라고 히브리어 식으로 발음한다면 아벨은 「헤벨」이라고 발음해야 한다.

바벨탑

온 땅의 구음(口音)이 하나요 언어가 하나이었더라. 이에 그들이 동방으로 옮기다가 시날 평지를 만나 거기 거하고 서로 말하되 자, 벽돌을 만들어 견고히 굽자 하고 이에 벽돌로 돌을 대신하여 역청으로 진흙을 대신하고 또 말하되 자, 성과 대를 쌓아 대 꼭대기를 하늘에 닿게 하여 우리 이름을 내고 온 지면에 흩어짐을 면하자 하였더니 여호와께서 인생들의 쌓는 성과 대를 보시려고 강림하셨더라. 여호와께서 가라사대 이 무리가 한 족속이요 언어도 하나이므로 이같이 시작하였으니 이후로는 그 경영하는 일을 금지 할 수 없으리로다. 자, 우리가 내려가서 거기서 그들의 언어를 혼잡케 하여 그들로 서로 알아듣지 못하게 하자 하시고 여호와께서 거기서 그들을 온 지면에 흩으신고로 성 쌓기를 그쳤더라. 그러므로 그 이름을 바벨이라고 하니 이는 여호와께서 거기서 그들을 온 지면에 흩으셨더라. (창세기 11장 1절~9절)

「바벨」이란 단어는 히브리어로 「혼란」을 뜻한다. 이것은 세계 문학사상 풍자문학의 시초가 된다.

세월이 흐르면서 사람들은 하나님과의 약속을 망각하고 지식을 늘려 벽돌 만드는 기술을 익혔다. 그리고 차츰 큰 건물과 탑을 쌓아 올리게 되었다. 왕이며 세력가들은 자신들의 권세를 과시하기 위해 다투어 거대한 건조물을 만들었다.

이같은 큰 건조물을 만들기 위해서는 몇 만, 몇 십만이란 노예의 노동이 필요했다. 그리고 수많은 노예가 벽돌을 위로 쌓아올리는 작업 도중에 떨어져 죽었다. 사람들은 올바른 행실을 통하여 자신을 빛내기보다는 오히려 높은 탑을 만들어서 하나님의 성역까지 닿아 보려고 발버둥친 것이다.

후일 랍비들의 말에 의하면, 가장 높은 탑의 맨 꼭대기까지 올라가는데 걸어서 1년 정도 걸렸다고 한다.

그리하여 인간보다도 벽돌의 가치가 더욱 높아졌다. 사람들이 탑을 쌓는 도중 탑에서 떨어져 죽는 일이 발생해도 그들은 아무도 인간들의 죽음을 슬퍼하지 않았다. 이와 반대로 탑 꼭대기에 붙인 벽돌이 하나라도 떨어지게 되면, 아래 인간들은 모두 슬퍼하며 울부짖었다.

그 까닭은 벽돌을 새로 쌓기 위해서는 다시 1년이라는 세월이 걸리기 때문이다.

하나님은 인간이 이렇듯 탑을 쌓고 있는 모습을 보면서 『이는 내게 너무나 보잘것없는 탑이다. 만일 인간이 나에게까지 닿으려고 애를 쓴다면, 차라리 내가 지상으로 내려가서 인간이 무엇을 하고 있는지를 살펴보아야 겠다』라고 말했다.

이 말은 하나님이 인간이 하고 있는 일에 비상한 관심을 가지고 있음을 강조하는 것이다. 그리고 인간이 하나님에게 접근하기 위해서는, 물질적 수단이 아니라 정신적으로 가까이하지 않으면 이룰 수 없음을 시사하고 있다.

사람들은 이같이 높은 탑을 쌓아올리는 동안에 제각기 의견이 달라서 서로 싸웠다. 그것을 본 하나님은 그 벌로 사람들에게 각기 다른 언어를 사용하도록 하였다.

후일의 세계에서도 재물이라는 것은 사람들을 혼란에 빠뜨리고, 또한 싸움의 원인이 됨을 여기서 암시하고 있다.

《탈무드》에서는 랍비들이 성경을 읽고 제각기 열 가지쯤 다른 해석을 내린다. 그것은 많은 각도에서 생각하고 토론하기 때문이다. 그러나 세월이 흐르는 동안 최후까지 남는 것은 그중에서 하나나 둘 정도뿐이다. 이 한두 가지 남은 것이 다시 오랜 세월이 흐른 뒤에 결국 유태인들이 믿는 해석으로 정착하게 되는 것이다. 그러므로 모든 랍비의 일치된 해석이라기보다는 몇 사람의 해석일 수도 있으며, 세부적인 면에서 해석이 서로 다른 것도 있게 마련이다.

창문

여호와께서 아브람에게 이르시되 너는 너의 본토 친척 아비 집을 떠나 내가 네게 지시할 땅으로 가라.(창세기 12장 1절)

여기서 하나님은 아브람에게 《자기 나라, 자기 가족, 자기 아버지의 집에서 떠나, 그것을 초월한 넓은 종교와 세계관을 가져야만 된다. 진실한 종교는 나라나 가족이나 집 안에 갇혀 있는 것이 아니다』라는 것을 가르치고 있다.

유태의 격언에 『자기 집은 자신의 성(城)이 되기도 하고 감옥이 될 수도 있다』라는 것이 있다. 집의 창문이 닫혀 있으면 감옥과 마찬가지이며, 집의 창문이 바깥으로 활짝 열려 있으면 그곳이 곧 세계가 된다.

하란에서 모은 모든 소유

아브람이 그 아내 사래와 조카 롯과 하란에서 모은 모든 소유와 얻은 사람들을

이끌고 가나안 땅으로 가려고 떠나서 마침내 가나안 땅에 들어갔더라. (창세기 12장 5절)

아브람은 중간에 아버지가 세상을 하직하자, 그 장소에서 5년 내지 10년가량 머물러 있다가 아내와 조카를 데리고 다시 목적지로 출발하였다.

여기에서 「하란에서 모은 모든 소유」 라 함은 하란에서 만들어 낸 사람들이다. 히브리어로는 「모으다」 라는 말 대신에 「만들어 낸다」 라는 말이 사용되고 있다. 여기서도 역시 후일의 랍비들은 왜 아브람이 「만들어 낸다」 고 말했는가를 고찰하였다.

모기 한 마리도 만들어 낼 능력이 없는 노릇이다. 그리하여 랍비들은, 아브람이 만들어 낸 사람들이라는 것은 유일신을 향해 눈을 뜬 자들을 가리키는 것이라고 결론지었다.

유태인은 여기에서 남에게 무엇인가를 가르칠 때는 결코 말로써 강요하지 말고 몸소 행동으로 모범을 보여야 한다고 가르치고 있다. 아브람은 사람들에게 설득 대신 자신의 행동으로 모범을 보인 셈이다.

아브람은 여행을 계속하는 동안에 잠시 머무는 고장에서도 반드시 제단을 쌓았다. 그리고 메소포타미아와 같은 비옥한 토지에서 차츰 메마른 땅을 향하여 방향을 바꾸어 나갔다. 그 이유는 메마른 땅 쪽에 사는 인간이 더 열심히 일하였기 때문에, 그쪽을 찾아가는 편이 보다 성실한 인간의 모습을 발견하게 될 것이라고 생각했기 때문이다.

최초의 유태인

그 땅에 기근이 있으므로 아브람이 애굽에 우거하려 하여 그리로 내려갔으니 이

성서의 맛 207

는 그 땅에 기근이 심하였음이라. 그가 애굽에 가까이 이를 때에 그 아내 사래더러 말하되 나 알기에 그대는 아리따운 여인이라 애굽 사람이 그대를 볼 때에 이르기를 이는 그의 아내라 하고 나는 죽이고 그대는 살리리니 원컨대 그대는 나의 누이라 하라. 그리하면 내가 그대로 인하여 안전하고 내 목숨이 그대로 인하여 보존하겠노라 하니라. 아브람이 애굽에 이르렀을 때에 애굽 사람들이 그 여인의 심히 아리따움을 보았고, 바로의 대신들도 그를 보고 바로 앞에 칭찬하므로 그 여인을 바로의 궁으로 취하여 들인지라.(창세기 12장 10절~15절)

성경 가운데는 별로 유쾌하지 않은 이야기. 아무리 읽어 보아도 이해하기 어려운 말이 많이 나온다.

유태인은 자신들의 전통을 소중히 간직하려고 하기 때문에 설사 모르는 경우에도, 또 그것을 읽었을 때 별로 유쾌한 이야기가 아니더라도 그대로 남겨 두었다. 가령 당시에는 모른다 하더라도 후일에는 알 수 있게 될지도 모르고, 또 100년 후에 그 이야기가 지니는 의미를 이해할 수 있을지도 모른다고 생각했기 때문이다.

히브리어에 『테크』라는 낱말이 있다. 이것은 일상 회화에 별로 사용되지는 않지만 어떠한 주석을 붙인다거나 할 적에 마지막에다가 『테크』라고 적어 놓으면, 현재는 모르지만 장래에는 알 수 있기를 바람다는 소망을 의미하게 되는 것이다.

과거 2천 5백년 이상 동안이나 의미를 모르고 있다가 마침내 오늘날에 이르러서야 비로소 그 뜻을 이해하기 시작한 이야기가 있다. 5년쯤 전에 드디어 해답이 나왔고, 활자로 발표된 것은 불과 4년 전의 일이다. 유태인은 그만큼 인간의 두뇌, 사고력에 커다란 희망을 걸고 있다.

그 이야기는 바로 아브람에 관한 것이다.

그가 이스라엘에서 살고 있을 때 어느 고장에 큰 기근이 들었다. 그리하여 애굽으로 이주해 갔다. 애굽은 항시 풍요한 수확을 가져다 주는, 애굽인들이 하나님으로 미독 있는 나일 강이 도도히 흐르고 있었다.

아브람이 애굽에 이르렀을 때 《구약성서》에서 인용한 것처럼 아내를 향하여 「그대는 나의 누이라 하고」고   하였다.

아브람은 유태인의 시조로서 일컬어지고 있다. 하지만 그가 한 행실은 유태인의 시조로서 별로 유쾌한 이야기는 아니다. 지금까지의 여러 가지 해석으로는 아브람이 그다지 좋은 일을 하지 않았다고하는 해석과, 또 이 이야기의 의미를 이해할 수 없다고 하는 의견이 압도적이었다.

아브람은 메소포타미아인이었다. 그는 첫 번째 유태인인데 그 당시에는 메소포타미아인으로 간주되고 있었다. 사실상 그때까지 메소포타미아의 갖가지 생활 관습대로 살아온 사람이었다.

아주 최근 메소포타미아에서 유적이 발굴되었을 때, 옛날 법정이 있었던 장소라고 추정되는 곳에서 돌에 새겨진 여러 가지 기록이 나왔다. 그래서 우리들은 당시의 상황에 관한 여러 가지 새로운 지식을 얻게 되었다.

당시 여자의 지위는 아주 보잘것없어서 사거나 팔기도 했으며 거의 노예와 같이 취급받았다.

여기서 우리가 새로이 알게 된 것은, 여자에게 있어 가장 높은 지위는 아내를 자신의 누이로 삼는 것이었다는 점이다.

만일 아내를 누이로 삼아 입적하게 되면 그 사나이는 다른 여성과 결혼할 수 없게 된다. 그리고 메소포타미아의 법정에 아내가 누이로서 신고되어 있다면, 이 아내는 다른 아내와는 달리 남편과 동등한 위치에 서게 되며, 또 남편의 재산을 상속할 수도 있었다는 사실이 돌에 새겨져 있다.

그러므로 아브람이 자신의 아내를 누이로 삼았다는 사실은 그렇게 이상스런 일이 아니다. 애굽으로 들어갔을 때에 아브람은 아내에게 다른 사람들이 일반적으로 많이 거느리고 있는 아내의 한 사람이 아니라 누이로서 대접받고 있다고 타이른 셈이다. 아브람은 결코 자신을 지키기 위한 목적으로 그렇게 말한 것은 아니었다.

유태의 남편은 언제나 아내를 보호하고 보살펴 주어야 하는데, 그런 의미에서 아브람은 그 전통을 처음 수립한 사람이 된다.

성경은 가장 성스러운 책이기는 하지만 역시 잘못된 경우도 있다. 물론 인쇄할 때나 기록하는 과정에서도 과오가 생기게 마련이다.

12장 13절의 『원컨대 그대는 나의 누이라 하라』는 구절 다음에 나오는 『그리하면 내가 그대로 인하여 안전하고 내 목숨이 그대로 인하여 보존하겠노라 하니라』고 하는 대목은, 사실 성경이 입에서 입으로 전해져 기록될 적에 이와 같은 시대적인 사실을 알지 못하였기 때문에 설명하는 뜻으로 그대로 넣어 버린 부분이다. 그러므로 본래 구전된 성경에는 이 같은 사실이 없었던 것이 분명하다.

직접 경험을 해야

롯이 아브람을 떠난 후에 여호와께서 아브람에게 이르시되 너는 눈을 들어 너 있는 곳에서 동서남북을 바라보라. 보이는 땅을 내가 너와 네 자손에게 주리니 영원히 이르리라. 내가 네 자손으로 땅을 티끌 같게 하리니 사람이 땅의 티끌을 능히 셀 수 있을진대 네 자손도 세리라. 너는 일어나 그 땅을 종과 횡으로 행하여 보라. 내가 그것을 네게 주리라. 이에 아브람이 장막을 옮겨 헤브론에 있는 마므레 상수리 수풀에 이르러 거하며 여호와를 위하여 단을 쌓았더라. (창세기 13장 14절~18절)

그는 이스라엘에서 살고 있었다. 그러므로 후일의 랍비들은 어찌하여 아브람이 머나먼 거리를 걸어 돌아다녀야 되었는지에 대하여 고찰하였다. 그 결과 인간은 상상만 하고 있으면 아무런 실효를 거둘 수 없으며, 한 가지 사물을 밝히기 위해서는 실제로 가 보고 그것을 자신의 눈으로 확인해야 된다고 하는 가르침 때문이라고 결론지었다.

최초의 세계 전쟁

도망한 자가 와서 히브리 사람 아브람에게 고하니 때에 아브람이 아모리 족속 마므레의 상수리 수풀 근처에 거하였더라. 마므레는 에스골의 형제요 또 아넬의 형제라. 이들은 아브람과 동맹한 자더라. 아브람이 그 조카의 사로잡혔음을 듣고 집에서 길리고 연습한 자 삼백 십 팔인을 거느리고 단까지 쫓아가서 그 가신을 나누어 밤을 타서 그들을 쳐서 파하고 다메섹 좌편 호바까지 쫓아가서 모든 빼앗겼던 재물과 자기 조카 롯과 그 재물과 또 부녀와 인님을 다 찾아왔더라. (창세기 14장 13절~16절)
네 말이 내가 아브람으로 치부케 하였다 할까 하여 네게 속한 것은 무론한 실이나 신들메라도 내가 취하지 아니하리라. (창세기 14장 23절)

이것은 세계에서 최초로 기록에 남아 있는 세계 전쟁이다.

롯이 살고 있는 마을이 전쟁터가 되어 롯은 포로가 되고 말았다. 아브람은 그의 조카를 구해 내려고 싸워서 이윽고 그를 찾게 되었다. 유태인은 역사가 시작된 이래 이런 경우가 많았다.

중세에는 유태인이 돈 때문에 유괴당하는 일이 빈번했다. 한번은 매우 높은 지위의 랍비를 유괴하여 몸값을 요구해 온 일이 있다. 이 랍비는 절대로 몸값을 지불해서는 안 된다고 유태인들에게 말했다. 그러다가 그는 유괴된 채 옥중에서 세상을 떠났다. 그 이후로는 유태인을 유괴해 가는 일이 있더라도 몸값을 청구하는 일은 없었다.

이 장에서 또 한 가지 흥미 있는 것은 14장 23절의 대목이다. 이 전쟁에서 아브람이 승리한 쪽의 왕을 도와 전쟁에서 이기자 왕은 「원하는 것이 있으면 무엇이든지 말하라. 무엇이든 그대에게 주리라」고 말하였다. 그러자 아브람은 「나는 신발 끈 한 가닥도 바라지 않습니다」라고 말하였다.

지난 역사를 살펴보면 알 수 있듯이 보통 인격이 고결하다고 일컬어지는 역사상의 인물은 대개 가난한 것이 상례였는데 아브람은 굉장한 부자였다. 부라는 것은 일단 이룩하게 되면 만들기보다는 탕진해 버리기가 쉽다. 그런데 아브람이 거부가 되었다는 것은, 그의 경영 수완이 무척 뛰어났음을 말해 주고 있다.

당황하지 말라

하갈이 아브람의 아들을 낳으매 아브람이 하갈의 낳은 그 아들을 이름하여 이스마엘이라 하였더라.(창세기 16장 15절)

아브람의 아내는 아기를 잉태하지 못했다. 그래서 아내 사라는 자신의 하녀를 남편에게 보내어 아기를 낳도록 하였다. 그 하녀의 이름은 하갈이고, 그녀가 낳은 아기의 이름은 이스마엘이었다.

사라가 잉태하고 하나님의 말씀하신 기한에 미쳐 늙은 아브라함에게 아들을 낳으니라.(창세기 21장 2절)

하나님이 그 아이의 소리를 들으시므로 하나님의 사자가 하늘에서부터 하갈을 불러 가라사대 하갈아 무슨 일이냐. 두려워 말라. 하나님이 저기 있는 아이의 소리를 들으셨나니 일어나 아이를 일으켜 네 손으로 붙들라. 그로 큰 민족을 이루게 하리라 하시니라. 하나님이 하갈의 눈을 밝히시매 샘물을 보고 가서 가죽부대에 물을 채워다가 그 아이에게 마시웠더라.(창세기 21장 17~19절)

어느 가정이나 두 명의 아내가 있으면 ― 한쪽은 본부인이고, 한쪽은 첩이지만 ― 아무래도 조용할 수가 없다. 하물며 본부인이 아이를 낳지 못하여 첩에게 아이를 낳게 하고, 그 후 본부인에게서 자식이 태어나면 필연적으로 두 여인은 적대하게 마련이다. 아브라함의 가정에서도 예외는 아니었다.

특히 하갈이 낳은 자식은 사람됨이 온유하지 않고 난폭하였기 때문에, 자신이 낳은 이삭을 더욱 깊이 사랑하고 있던 사라는 남편에게 하갈과 이스마엘을 집 밖으로 쫓아내라고 졸라 대었다. 사라의 말을 들은 아브라함은 하갈 모자에게 물과 먹을 것을 조금 챙겨 집밖으로 쫓아냈다.

집을 떠난 지 얼마 못 가 하갈 모자는 먹을 것과 물이 다 떨어져 버렸다. 날씨가 더워 어린아이는 갈증이 나 울기 시작했다. 견디다 못한 하갈은 어린아이를 나무 그늘에 내버리고 떠나려 하였다.

그러자 하나님이 모습을 나타내어 하갈을 향하여 「하갈이여, 어찌 되었는가?」하고 물었다.

그리하여 후일의 랍비들은, 하나님은 하갈이 물과 먹을 것이 없어 망연자실하고 있음을 잘 알고 있었을 터인데도 왜 「어찌 되었는가?」하고 어리석기 짝이 없는 질문을 던졌는가를 고찰했다.

하나님이 그렇게 말하여 하갈의 눈을 뜨게 하였으므로 그녀는 그곳에 우물이 있음을 발견했다. 없던 우물이 갑자기 그곳에 나타난 것이 아니고, 전부터 그 자리에 있었는데도 하갈이 너무 지쳐서 보지 못했던 것이다.

이 이야기는 인간이 종종 정신적으로 눈이 머는 경우가 있다는 것을 잘 가르쳐 준다. 바로 자신의 눈앞에 있는 매우 소중한 것, 자신의 눈앞에 다가온 기회를 보지 못한 채 놓치는 경우도 있다. 하나님이 「어찌 되었는가?」하고 아주 어리석은 질문을 던진 까닭은 그녀가 바로 우물 앞에 서 있었기 때문이다.

　행복하게 될 수 있는 동기는 자신의 신변 가까운 곳에, 바로 손이 닿는 곳에 있을 수도 있으므로, 어려움을 겪을 때는 다시 한 번 자신의 주위를 잘 살펴볼 필요가 있음을 암시하고 있다.

세 가지 이름

이제 후로는 네 이름을 아브람이라 하지 아니하고 아브라함이라 하리니 이는 내가 너로 열국의 아비가 되게 함이니라. (창세기 17장 5절)

　성경 중에는 이름이 바뀌는 경우가 흔히 있다. 아브람은 아브라함이 되고 그의 아내 사래는 후일에 사라가 되었다. 야곱도 이름이 바뀌고, 그 밖의 지명이 바뀐 경우도 더러 있다.

　오늘날에도 서구 사회에서는 「세인트」 라든가 「서어」 따위의 경칭을 붙여서 명예를 부여하는 경우가 흔히 있다. 랍비들은 성경에 관하여 논할 때 이름을 매우 중요한 것으로 간주하고 있다.

　《탈무드》에서는 좋은 이름이란 인간이 지닐 수 있는 최고의 보배이며, 질이 가장 좋은 울림을 지닌 이름이라든지 글자 획이 좋은 이름이라는 뜻이 아니고 평판이 명성을 가리키는 것이다.

　고대의 유태에 있어서 기름은 아주 귀중한 물건이었다. 머리를 씻을 때나 식용유, 난방용, 또는 취사에도 기름이 많이 사용되었다. 그러나 아무리 품질이 좋은 기름일지라도 그대로 내버려두면 증발하여 없어져 버리는 데 반하여 명성은 세월이 거듭될수록 높아진다.

　좋은 기름은 돈으로 살 수 있지만 명성은 돈으로 살 수 없다. 좋은 기름은 부자만 살 수 있지만, 명성은 설사 가난한 사람이라 할지라도 손에 넣을 수가 있다.

아브람이 이름을 바꾼 데서 힌트를 얻어, 랍비 사이에서 이러한 논의가 벌어지기도 했다.

《탈무드》에 따르면 이름에는 다음과 같은 세 가지 종류가 있다.

1. 왕과 귀족이 세습에 의하여 얻는 이름.
2. 많은 배움으로 학자가 되어 얻을 수 있는 이름.
3. 누구나가 손에 넣을 수 있는 이름 – 이것이 명성이다.

이스라엘

내가 너와 네 후손에게 너의 우거하는 이 땅, 곧 가나안과 일경으로 주어 영원한 기업이 되게 하고 나는 그들의 하나님이 되리라. (창세기 17장 8절)

가나안이라 함은 아브라함이 정착할 때까지의 지명이며, 그 후에는 이스라엘이란 명칭으로 불려졌다.

할례

대대로 남자는 집에서 난 자나 혹 너희 자손이 아니요 이방 사람들에게서 돈으로 산 자를 막론하고 난 지 팔일 만에 할례를 받을 것이다. (창세기 17장 12절)

유태인이 유태인으로서 인정되는 것은 생후 8일째에 할례를 받을 때이다. 그때에 그는 아브라함의 자손이라는 것이 알려지게 된다. 최초로 할례를 받은 사람이 아브라함이다.

접대

여호와께서 마므레 상수리 수풀 근처에서 아브라함에게 나타나시니라. 오정 즈음에 그가 장막 문에 앉았다가 눈을 들어 본즉 사람 셋이 맞은편에 섰는지라 그가 그들을 보자 곧 장막 문에서 달려 나가 영접하며 몸을 땅에 굽혀 가로되 내 주여 내가 주께 은혜를 입었사오면 원컨대 종을 떠나 지나가지 마옵시고 물을 조금 가져오게 하사 당신들의 발을 씻으시고 나무 아래서 쉬소서. 내가 떡을 조금 가져오리니 당신들의 마음을 쾌활케 하신 후에 지나가소서. 당신들이 종에게 오셨음이니이다. 그들이 가로되 네 말대로 그리하라.(창세기 18장 1절~5절)

이는 아브라함이 할례를 받은 직후의 이야기이다. 아브라함은 기꺼이 사람들을 대접하는 사람이었다. 그는 할례를 받았을 때 상당히 나이가 들었으므로 지쳐 있었다. 그럼에도 불구하고 손님을 환대하기 위해 천막 입구에 앉아 있었다.

그 무렵 그는 사막의 외딴 곳에서 천막을 치고 살았다. 그 천막은 어느 방향에서 손님이 찾아오더라도 곧 들어올 수 있도록 사방에 입구가 만들어져 있었다. 손님이 나타나면 그는 뛰어가서 맞이했다.

고대 사회에서는 생면부지의 사람을 자기 집으로 초대하는 일이 극히 드물었다. 그러나 아브라함은 누구나 환대했다. 오늘날까지도 유태인은 사람들이 자기 가정을 언제든지 방문할 수 있도록 배려하고, 특히 축제일에는 수많은 사람들을 초대할 준비가 되어 있다.

축복

아브라함은 강대한 나라가 되고 천하 만민은 그로 인하여 복을 받게 될 것이 아니냐.(창세기 18장 18절)

여기서 12장 3절과 18장을 비교하여 보자.

12장에는 「땅의 모든 족속」, 18장에는 「천하 만민」이라고 번역되어 있는데, 12장에서는 「패밀리(family)」를, 18장에서는 「네이션(nation)」을 의미하고 있다. 즉 12장에서 가리키는 것은 약한 부족사회의 사람들이고 18장에서는 강대한 국가를 가리키고 있다. 이것은 강자에 대해서나 약자에 대해서나 마찬가지로 축복하여야 함을 가르치는 것이다.

이 시대에는 자기들보다 약한 부족을 무턱대고 멸시해 버리는 풍조가 있었다. 이 말은 그러한 잘못을 훈계하고 있는 셈이다. 유태인은 항상 뒤떨어져 있는 약한 백성들을 높은 지위로 끌어올려야 한다는 강한 사명감을 가지고 있다.

오늘날에도 이스라엘은 약소국가이기는 하지만, 아프리카나 남미등의 후진국에는 이스라엘이 제공한 의료 기관, 교육 시설이 상당히 많이 있으며, 농업 기술 원조 등을 아낌없이 해서 이런 사명감에 충실하려고 활발히 움직이고 있다.

여행자와 금화

여호와께서 또 가라사대 소돔과 고모라에 대한 부르짖음이 크고 그 죄악이 심히 중하니 내가 이제 내려가서 그 모든 행한 것과 과연 내게 들린 부르짖음과 같은지 그렇지 않은지 내가 보고 알려 하노라. (창세기 18장 20절~21절)

여기서는 하나님이 스스로의 눈으로 소돔과 고모라 마음에서 무슨일이 일어나고 있는지를 살펴보라고 했다. 이 구절을 보면 유태인은 어떠한 재판관일지라도 고소당한 사람들의 실정을 조사하지 않고서는 판결을 내릴 수 없으며, 실제로 현장에 가 보아야 된다는 사실을 가르치고 있다.

이 두 도시는 지상에서 가장 죄가 많은 고장으로 고찰되고 있다. 소돔이라는 도시에서는 낯선 사람이 마을에 들어오는 것을 좋아하지 않았으며, 지방 사람들도 너나할 것 없이 모두에게 의심을 품었다. 이 대문에 여행자는 이 도시를 방문한 후에는 어김없이 후회하게 되었다.

가난한 자가 어쩌다가 구걸하기 위하여 이 마을에 들어오기라도 하면, 마을 사람들은 그를 천대하고 표를 새긴 돈을 베풀었다. 그가 그 돈으로 무엇을 사려고 해도 표가 새겨져 있기 때문에 아무것도 사지 못하고, 마지막에는 굶어죽고 만다. 다음에 마음 사람들은 제각기 자기의 표가 새겨진 돈을 죽은 자의 시체에서 되찾기로 되어 있었다.

어느 날 한 나그네가 딸 둘을 데리고 이 도시로 들어왔다. 그는 이 도시에서 일자리를 얻게 되었는데, 그가 맡은 일은 돈을 감시하는 파수꾼이었다. 돈은 50개나 되는 금화였는데, 거기에 특수한 기름을 발라 두었으므로 그 냄새로 돈이 어디에 있는지를 곧 알 수 있도록 되어 있었다.

어느 날 그곳에 도둑이 들어왔다. 아무도 모르게 깊숙이 금화를 감추어 두었는데도 그 냄새 때문에 돈이 있는 곳이 발견되어 모조리 도둑맞고 말았다. 금화는 물론이고 그가 가지고 있던 사사로운 물품도 몽땅 훔쳐 갔다. 그는 그 책임을 면할 길이 없어 재판에 회부되었다. 그는 결국 50개의 금화를 변상할 길이 없어 딸들과 함께 노예로 팔려 버렸다. 도둑은 물론 그 도시 사람이었다.

며칠 후 한 딸이 친하게 지내던 여자 친구를 만났는데, 그녀의 안색이 창백한 것을 보고 친구가 그녀에게 사유를 물어 봤다. 그녀는 지금까지의 이야기를 전부 털어놓고는 「우리들에게는 먹을 것이 아무것도 없고 게다가 노예로 팔려 있는 몸이다」라고 하소연했다. 그 친절한 친구는 가엾은 마음이 들어 약간의 음식을 가져다 주었다.

얼마 후 소돔 사람들이 이 가족이 그때까지 살아 있는 것을 발견하고 누군가가 음식을 갖다 주었음을 알아챘다. 마을 사람들이 조사한 즉, 바로 딸의 친구가 이들에게 음식을 주었다는 사실이 판명되었다.

그 여자는 체포되어 재판에 회부되고 사형이 선고되었다. 그녀의 벌거벗은 몸에 벌꿀이 발라지고, 두 개의 벌집이 매달려 있는 나무 사이에 묶여 졌다. 벌들이 독침을 쏘아 대는 바람이 마침내 그녀는 생명을 잃고 말았다.

그 때 하나님은 도시에서 들려 오는 여자의 비명이 너무나 처절하므로 지상으로 내려가 조사해 보기로 했다.

유태인의 해석에 의하면 소돔과 고모라 사람들의 가장 큰 죄는 사람이 좋은 일을 하는 것을 금하고, 좋은 일을 하였던 자를 벌하였다고 하는 점이다. 올바른 행동을 금지하는 사회가 가장 나쁜 사회인 것이다. 벌꿀처럼 달콤하고 자양분이 많은 식품을 나쁜 수단에 사용하였음은 이러한 상념을 상징하는 것이다.

하나님이 곧 정의

그 사람들이 거기서 떠나 소돔으로 향하여 가고 아브라함은 여호와 앞에 그대로 섰더니 가까이 나아가 가로되 주께서 의인을 악인과 함께 멸하시려나이까. 그 성 중에 의인 오십이 있을지라도 주께서 그곳을 멸하시고 그 오십 의인을 위하여 용서치 아니하시리이까. 주께서 이같이 하사 의인을 악인과 함께 죽이심은 불가하오며 의인과 악인을 균등히 사미도 불가하나니이다. 세상을 심판하시는 이가 공의를 행하실 것이 아니나이까. 여호와께서 가라사대 내가 만일 소돔성 중에서 의인 오십을 찾으면 그들을 위하여 온 지경을 용서하리라. 아브라함이 말하여 가로되 티끌과 같은 나라도 감히 주께 고하나이다. 오십 의인 중에 오인이 부족할 것이면 그 오인 부족함을 인하여 온 성을 멸하시리이까. 가라사대 내가 거기서 사십 오인을 찾으면 멸하지 아니하리라. 아브라함이 또 고하여 가로되 거기서 사십 인을 찾으시면 어찌하시려나이까. 가라사대 내가 거기서 삼십 인을 찾으면 멸하지 아니하리라. 아브라함이 또 가로되 내가 감히 내 주께 고하나이다. 거기서 이십 인을 찾으시면 어찌하시려나이까. 가라사대 내가 이십 인을 인하여 멸하지 아니하할. 아브라함이 또 가로되 주는 노하지 마옵소서. 내가 이번만 더 말씀하리이다. 거기서 십 인을 찾으시면 어찌하시려나이까. 가라사대 내가 십 인을 인하여도 멸하지 아니하리라. 여호와께서 아브라함과 말씀을 마치시고 죽시 가시니 아브라함도 자기 곳으로 돌아갔더라.(창세기 18장 22절~33절)

아브라함은 노아와는 전혀 다른 사람이다. 여기에서 하나님은 정의를 행함과 동시에 자비로움을 의미하고 있다.

고대 사회에 있어서 왕은 마음대로 자신의 정의를 명령할 수 있었다. 어느 누구도 그것이 옳고 그르다는 것을 말하지 못했다. 그러나 아브라함은 여기서 하나님은 옳지 않은 일은 절대로 하시지 않는다고 가르쳤다. 여기서 이토록 오랜 시간 동안 하나님과 아브라함과의 대화가 계속되고 있는 것은 이 같은 정의의 관념을 사람들에게 이해시키기 위해서이다.

아브라함은 집으로 돌아갈 때 하나님의 정의임을 납득하고서, 만일 올바른 사람이 단 한 명이라도 소돔에 있다면 소돔은 구제될 수 있음을 확신하였다.

아브라함의 눈으로 본다면 소돔의 시민들은 이국인이며 물론 피가 통하는 사람들도 아니었지만, 아브라함은 소돔 시민들을 위하여 하나님께 간청하였다.

발을 씻는다.

날이 저물 때에 그 두 천사가 소돔에 이르니 마침 롯이 소돔 성문에 앉았다가 그들을 보고 일어나 영접하고 땅에 엎드리어 절하여 가로되 내 주여 돌이켜 종의 집으로 들어와 발을 씻고 주무시고 일찍이 일어나 갈 길을 가소서. 그들이 가로되 아니다 우리가 거리에서 경야하리라.(창세기 19장 1절~2절)

이 글에 나오는 「발을 씻고」라는 말에 주의하여 주기 바란다. 성경에서 이 말이 자주 나오는 까닭은 그들이 사막에서 생활하는 민족이기 때문이다.

흔히 「발을 씻고」라고 말하면 불량배의 세계와 관계를 끊고 착한 생활을 한다는 뜻인데, 이것은 불량배의 세계가 삭막한 불모의 세계와 마찬가지이기 때문이다.

가족과 사회

사라가 잉태하고 하나님의 말씀하신 기한에 미쳐 늙은 아브라함에게 아들을 낳으니 그 낳은 아들, 곧 사라가 자기에게 낳은 아들을 이름하여 이삭이라고 하였고 그 아들 이삭이 난 지 팔 일 만에 그가 하나님의 명대로 할례를 행하였더라. 아브라함이 그 아들 이삭을 낳을 때에 백 세라. 사라가 가로되 하나님이 나로 웃게 하시니 듣는 자가 다 나와 함께 웃으리로다. 또 가로되 사라가 자식들을 젖 먹이겠다고 누가 아브라함에게 말하였으리요마는 아브라함 노경에 내가 아들을 낳았도다 하니라.(창세기 21장 2절~7절)

「이삭」이란 히브리어로 「명랑한 웃음」이란 뜻이다. 어린아이는 항상 명랑하게 웃어야 한다.

이삭이 태어났을 때 어머니 사라는 상당히 나이가 들어 있었다. 혹시나 남들이 이삭은 다른 어머니에게서 태어난 자식이 아닌가 하는 의구심을 불러일으킬까봐 모유로 길렀다. 게다가 자기가 이삭의 진짜 어머니라는 것을 사람들에게 알리기 위하여 이웃집 아기에게도 젖을 먹였다. 그러나 사라는 자기 자식을 배불리 먹이기 위해 이웃집 아기에게는 젖을 충분히 먹이지 않았다.

이것은 자기가 가지고 있는 힘이나 재능을 자신의 가족에게 우선하여 베풀고 나서, 다음에 사회에 베풀도록 가르치는 것이다.

이방인

나는 당신들 중에 나그네요 우거한 자니 청컨대 당신들 중에서 내게 매장지를 주어 소유를 삼아 나로 내 죽은 자를 내어 장사하게 하시오.(창세기 23장 4절)

이것은 아내인 사라가 죽었을 때 아브라함이 한 말이다. 고대에는 인간이 죽으면 동굴 속에 매장하는 것이 관례였다. 아브라함은 하나님으로부터 가나안이라는 땅을 제공받았지만, 그곳에서 태어나지 않았으므로 실제로 그 토지는 아브라함의 소유가 아니었다. 그리하여 아브라함은 아내를 매장하기 위해 토지를 매입하려고 했지만, 가나안 사람들은 그에게 토지를 팔려고 하지 않았다.

여기서 랍비가 문제로 삼은 대목은 「나는 당신들 중에 나그네요 우거한 자니」 라는 구절이다. 자신은 이곳에서 살고 있지만 이방이라 뜻이 아닐까, 즉 외국인과 우거하는 자라고 하는 별개의 관념을 뜻하는 것이 아닐까 하는 점이다.

성경 중에서 아브라함이 주위 사람들과 친근하게 지낼 때는 우거하는 자였다. 하지만 주위 사람들과의 관계가 나빠졌을 때는 외국인이라는 입장이 뚜렷하게 드러난다.

그러면 아브라함 시대에 이방이라는 존재가 어떤 뜻을 지니고 있었는가를 인식해야 되는데, 오늘날 과 마찬가지로 외국인이 어떤 나라에서 60년 혹은 70년 동안 거주하였다 하더라도 결국 완전히 그 나라 사람이 되지는 못한다. 아무리 오랫동안 그 나라에서 살았다 하더라도 이방인은 그 나라에서 태어나서 자란 사람과 동일한 권리를 갖지 못한다. 여러 가지 면에서 이방인은 차별된다. 현대에 와서도 외국인이 한 나라의 국적과 시민권을 획득하기 위해서는 수많은 어려움이 따르게 마련이다.

아브라함은 필시 주위 사람들과 마찬가지로 그 고장에서 오랫동안 거주했음이 틀림없으며 그 고장의 거주자였지만, 외국인 거주자라고 하는 자격밖에 없었다. 아브라함은 주위 사람이 친구인가, 또는 적인가를 파악하기 위하여 이와 같은 표현을 하였다.

아브라함은 가나안 사라들 사이에서 매매되는 땅값보다 비싼 묘지를 구했다. 그 이유는 아브라함이 외국인이었기 때문이다.

아브라함의 아들 요셉이 애굽에서 애굽 사람의 하인으로 일하게 되었다. 그런데 어처구니없는 일이 벌어졌다. 그 집 딸을 강간했다는 누명을 쓰고 투옥되었던 것이다. 요셉은 그 감옥 안에서 한 사람을 만났다. 그는 애굽의 왕족이었는데, 그가 꾼 꿈을 잘 해몽해 준덕에 요셉은 석방된다.

요셉은 왕궁으로 불려가 다시 꿈을 해몽하는데, 그의 예언이 백발백중하여 마침내는 애굽의 바로에 의하여 수상의 자리에까지 앉게 되었다.

요셉은 가족을 애굽으로 불러들여, 유태인을 위한 비상한 수완을 발휘하였다. 그러나 요셉의 사후엔 애굽에 거주하던 유태인은 모두 노예가 되고 말았다. 유태인이 고난을 겪게 된 커다란 이유는 외국인으로서 우거하는 자였기 때문이다.

이 이야기는 외국인 거주자일지라도 그 나라 사람들과 동등한 권리를 부여하라는 교훈이다.

그리고 이 장의 맨 처음에 나오는 「나그네」라는 말은 히브리어로는 「게아」라는 단어가 사용되고 있다. 이것은 「외국인」이라는 뜻이다. 다음에는 「투셔브」인데 이 말은 「거주자」라는 의미이다. 그러므로 「우거하는 자」라고 번역되어 있음은 잘못이다.

결혼과 유태인의 종교

내가 너로 하늘의 하나님, 땅의 하나님이신 여호와를 가리켜 맹세하게 하노니 너는 나의 거하는 이 지방 가나안 족속의 딸 중에서 내 아들을 위하여 아내를 택하지 말고 내 고향 내 족속에게로 가서 내 아들 이삭을 위하여 아내를 택하라. (창세기 24장 3절~4절)

아브라함의 아들인 이삭을 같은 족속의 딸과 결혼시키려고 작정하고, 이웃에 사는 가나안 사람과는 결혼하면 안 된다고 훈계한다. 만약 이삭이 가나안 사람과 결혼하게 되면 모처럼 아브라함이 믿는 종교를 이삭의 자손들은 계승하려 하지 않게 될 것이며, 또 가나안 사람과 혈연을 맺게 되었을 때 과연 평화롭게 살 수 있을지도 알 수 없었기 때문이었다.

만약 가나안 사람과 결혼하면, 차츰 그 풍습과 종교 등에 밀려나고 말 것이라고 판단한 아브라함은 이삭에게 동족의 딸과 결혼한 후 다시 가나안 땅으로 되돌아오라고 명령하였다.

역사적으로 본다면 유태인은 소수 민족이기 때문에, 주위의 민족에게 흡수되어 버릴까봐 무척 경계해 왔다. 유태인들은 인종 차별을 하지 않았다. 그리고 다른 민족과의 결혼에도 반대하지 않았다. 그러나 유태인은 유태인만의 종교를 지켜 나가야겠다는 의지가 확고하였으므로, 유태인이 다른 민족과 결혼하면 그 민족과 배우자도 유태교를 믿어야만 했다.

남편의 위치, 아내의 위치는 종교적으로 확립되어 있었으므로, 만일 자신의 배우자가 그 규율을 지키지 못한다면 유태인 가정은 파괴되고 만다. 그러므로 종교가 다른 민족과 결혼하는 것은 반대한다. 이것은 인종 차별과는 다른 차원의 문제이다.

통곡의 벽

야곱이 또한 라헬에게로 들어갔고 그가 레아보다 라헬을 더 사랑하고 다시 칠년을 라반에게 봉사하였더라. (창세기 29장 30절)

야곱은 메소포타미아로 그의 숙부 라반을 만나러 갔다. 이 숙부에게는 두 명의 딸이 있었는데, 야곱은 동생인 라헬과 사랑하는 사이가 되었다. 그러자 숙부 라반은 7년 동안 일하면 그의 작은딸인 라헬과 결혼시켜 주겠노라고 약속하였다. 야곱은 라헬과 결혼하게 되는 날을 즐겁게 기다리며 열심히 일하였다. 7년이 지났을 때 숙부는 라헬이 아니라 언니인 레아와 결혼하도록 했다. 결국 그는 숙부에게 속은 셈이다.

그러나 숙부는 다시 7년 동안 더 일하면 이번에는 라헬을 주겠노라고 하였다. 야곱은 이미 레아와 결혼한 터였지만 라헬을 사랑하고 있었으므로 또 7년 동안 열심히 일하였다.

야곱은 사랑하는 사람을 위하여 그토록 열심히 일했다는 사실 때문에 지금까지도 유태인들로부터 대단한 존경을 받고 있다. 동시에 무엇인가 목적을 위하여 일하게 되면, 그 대상이 되는 것은 더욱더 소중한 것이 된다는 진리를 암시하고 있다.

그 후 예루살렘에 신전이 건립되고 있을 때, 유태인은 모두 신전을 세우는 데에 참가하였다. 동쪽 벽은 부자들이 인부를 고용하여 만들었고, 남쪽 벽은 귀족들이 만들었으며, 북쪽 벽은 나라에서 만들었다. 서쪽 벽은 일반 시민이 직접 벽돌을 쌓아 올리고, 흙을 이겨 만들었다.

기원후 70년에 이 신전이 파괴된 이후, 오늘날까지 유적으로 남아 있는 것은 일반 시민이 만든 서쪽 벽뿐이다. 그것이 유명한 『통곡의 벽』이다. 이 『통곡의 벽』이라는 이름은 유태인 스스로 붙인 것이 아니고, 그 벽을 향하여 몹시 감격하여 울고 있는 유태인들을 보고 다른 사람들이 『통곡의 벽』이라고 명한 것이다.

가족

또 그 형제들에게 돌을 모으라 하니 그들이 돌을 취하여 무더기를 이루매 무리가 거기 무더기 곁에서 먹고.(창세기 31장 46절)
야곱이 또 산에서 제사를 드리고 형제들을 불러 떡을 먹이니 그들이 떡을 먹고 산에서 경야하고.(창세기 31장 54절)

이 31장 46절과 54절을 비교하여 읽어 보면 흥미 있는 점을 발견하게 된다. 54절에서는 식사를 하고 나서 축하하였지만, 별로 일하였다고는 기록되어 있지 않다. 46절에서는 일을 하고 나서 식사를 했다고 되어 있다.

이 두 구절은 다같이 『형제』라고 번역되어 있으며 히브리어에서도 같은 낱말이 사용되고 있지만, 그 말이 뜻하는 바는 전혀 다르다. 46절에서는 『가족』을 가리키고 있는데, 54절에서는 가족이 아닌 『일반적인 다른 사람』이라고 생각해야 된다. 즉 이 교훈이 축제가 벌어지거나 잔칫날이 되면 사람들이 많이 몰려들지만, 진짜 어려운 일을 당했을 때는 가족밖에 의지가 되지 않는다는 뜻이다.

가알티

야곱이 메소포타미아에서 거주하기 위하여 가족과 헤어져 되돌아
왔을 때 그는 자기 쌍둥이 형제를 만났다. 그 때 「나는 메소포타미아
에서 숙부 라반에게 붙여서 있었다」 라고 말하는데, 이 「붙여서 있었
다」 라는 어구에 사용되는 히브리어는 「가알티」 라는 낱말이다.

유태인은 세계 민족 중에서 최초의 숫자를 사용했던 민족이 아니라
알파벳에 낱낱이 숫자의 의미를 부여하여 사용했던 민족이다. 이를테
면 히브리어의 22개의 알파벳 가운데 a=알렙=1, b=베트=2, c=김멜
=3……이 된다. 10까지 나가면 20, 30, 100까지 나가면 200, 300이라
는 숫자가 붙여져 있다.

가알티라는 낱말에 사용된 철자는 모두 613이란 수가 된다. 유태인
의 여러 가지 규칙이나 전통을 일일이 열거하여 세어 보면, 고대유태
시대부터 오늘날까지 전부 613이었다.

이 부분은 야곱이 메소포타미아에 거주하면서도 유태 계율을 지켰
다는 것을 의미하고 있다.

후일의 랍비들은 성경 중에 사용된 글자를 모두 추려서 그 숫자가
얼마나 되며, 무슨 뜻이 담겨져 있는가를 헤어졌다.

또 한 가지 예를 들어 보자면, 성경의 모든 구절에는 멜로디가 있
는데 오늘날에도 성경이 시나고그로 읽어질 때에는 그 멜로디를 붙여
서 노래를 부른다. 다만 시나고그로 읽어지는 《토라》에는 멜로디

10   400   200   3

표시가 붙어 있지 않다. 성가도 전부가 노래로 되어 있는데, 2천 500년 전부터 성경은 노래로 불려졌다. 이것은 성경의 전부를 암기하기가 무척 어려웠으므로 노래로 암기하는 편이 가장 빠르다는 데서 유래되었다.

세인트 제롬은 3, 4세기 무렵의 성인으로, 성경을 라틴어로 번역하였다. 그가 말한 것으로 기록되어 있는 사실로는 그 당시 성경을 처음부터 끝까지 암기하지 못한 유태인은 한 사람도 없다. 그 까닭은 당시는 아직 인쇄물이 없었기 때문에 모든 유태인은 성경을 노래로 만들어 암기하였는데, 이 멜로디는 누가 작곡했는지는 알려져 있지 않다. 토라에는 구두점이 전혀 없으나 노래가 끊어지는 대목이 문장의 끝임을 쉽게 알 수 있다.

치우친 사랑

요셉은 노년에 얻은 아들이므로 이스라엘이 여러 아들보다 그를 깊이 사랑하여 채색옷을 지었더니.(창세기 37장 3절)

야곱에게는 12명의 아들과 외동딸이 있는데, 12명의 아들 중에서 유달리 요셉을 사랑했다. 그리고 특히 요셉을 사랑하고 있음을 표시하기 위하여 그 아들에게만 특별히 지은 옷을 입혔다.

아무튼 요셉에게만 이 특별한 옷을 입혔기 때문에 다른 형제들은 요셉을 몹시 미워했다. 야곱이 한 자식만을 유독 편애하였기 때문에 가족 사이에는 위화감이 감돌게 된다.

여기에서 유태인은 매우 중요한 교훈을 시사하고 있다. 한 자식만을 사랑한 결과로 가족은 삼지사방으로 흩어지고 말았다. 여러자식 가운데서 한 자식만 편애하는 것은 세상의 부모가 자칫 범하기 쉬운 잘못이다. 편벽된 사랑은 충분히 경계해야만 한다.

바위=부자(父子)

요셉의 활이 도리어 견강하며 그의 팔이 힘이 있으니 야곱의 전능자의 손을 힘입음이라. 그로부터 이스라엘의 반석인 목자가 나도다.(창세기 49장 24절)

여기에서 『반석』에 해당하는 히브리어인 『아벤』이라는 단어가 문제이다. 이 말은 성경 속에 자주 등장하는데, 이를 테면 십계(十戒)는 『바위』 위에 씌어졌으며, 야곱은 『바위』 위에서 곧잘 잠을 잤다. 『아벤』은 바로 이 『바위』이다.

『아벤』이란 낱말은 『아브(아버지)』라는 말과 『벤(아들)』이라는 말이 합쳐진 합성어로 곧 『부자(父子)』라는 말이다. 아버지와 아들이 결합되었을 때는 바위만큼 견강하다는 뜻이다.

유태인이 발전해 온 첫째 비결은 가족이 단결해야 한다는 관념이 강하다는 점에 있다. 예를 들면 하나님과 이스라엘 백성과의 특이한 관계 관념이라든가, 아버지와 자식간의 관념이라든가 하는 관계로 강하게 맺어져 있는 점이 오늘날까지 유태인을 지탱시켜 온 막강한 힘이라고 말할 수 있으리라.

출애굽기

신발

모세가 그 장인 미디안 제사장 이드로의 양무리를 치더니 그 무리를 광야 서편
으로 인도하여 하나님의 산 호렙에 이르매 여호와의 사자가 떨기나무 불꽃 가운
데서 그에게 나타나시니라. 그가 보니 떨기나무에 불이 붙었으나 사라지지 아니
하는지라. 이에 가로되 내가 돌이켜 가서 이 큰 광경을 보리라 떨기나무가 어찌
하여 타지 아니하는고 하는 동시에.(출애굽기 3장 1절~3절)

    모세가 일평생 살면서 경험한 것 중에서 가장 중요한 경험의 하나
는 떨기나무가 탔다는 데에 있다.
    유태인이 질문한 것은, 어째서 하나님은 고르고 골라 떨기나무에
나타났을까 하는 점이다. 만일 이것이 중요한 것이라면 하나님은 높
은 산이나 벼락이 떨어지는 날씨나, 혹은 굉장히 큰 나무 밑이나 그
밖의 다른 장소를 택했어야 했다. 그런데도 하나님은 가시가 무성하
게 자란 작은 떨기나무를 택하였다. 여기에는 양식이 될 만한 열매도
열리지 않을뿐더러 동물도 가까이 오지 않는다. 인간도 가까이하지
않으며 꽃도 피지 않는다. 손이 닿기만 해도 상처투성이가 될 만큼
형편없는 곳이다.
    유태인에게 있어 이 이유는 매우 중요하다. 사람은 자기 자신에 대

하여 좋은 일, 혹은 나쁜 일의 차이는 무엇인가를 터득해야 한다. 길을 걷고 있는 사람은 누군가가 뒤에서 밀어 그가 넘어져 다쳤는데도 무엇이 나쁘냐고 말할지도 모른다. 《토라》에는 그에 관한 하나의 가르침이 있다.

하나님이 굳이 세계에서 가장 의미 없는 것으로 여겨지는 장소를 고른 까닭에는 아주 심오한 교훈이 내포되어 있다. 하나님은 모든 일에 관심을 가지고 있음을 나타내기 위하여 그러한 곳을 택하셨다는 점이 바로 그것이다.

하나님이 아주 보잘것없는 것에 대해서도 관심을 가지고 있다. 별은 사람 수보다 많고 인간보다도 더욱 복잡하다고 말할 수 있는데도 불구하고 별 대신 지상의 딸기나무를 고른 까닭은, 하나님은 온갖 사물, 온갖 인간에게 관심을 가지고 있다는 사실을 표시하기 위한 가르침이다.

이것은 유태인에게 있어 매우 중요한 교훈이다. 특히 그들이 애굽에서 노예였을 때 이 같은 가르침을 받았다는 사실은 매우 중요하다.

딸기나무와 유태인은 다같이 작고 보잘것없는 존재이다. 그러나 딸기나무를 뿌리째 뽑아 버리려고 한다면, 수많은 가시로 말미암아 손에 상처를 입게 된다. 마찬가지로 유태인에게 손을 뻗쳐 파괴하려 들면, 그 손은 피투성이가 되고 만다. 딸기나무의 불은 타고 또 타올랐다. 이것은 유태인이 영원토록 멸망하지 않을 것임을 시사하고 있다.

또 딸기나무와 불은 함께 있으면 안 된다. 왜냐하면 불이 붙으면 딸기나무는 모조리 타 버리기 때문이다. 그러나 이들 두 가지는 평화로운 가운데 살아나갈 수도 있다.

다시 말해 평화란 2개의 대립되는 것이 공존할 수 있음을 가르치고 있는 것이다. 이것은 유태인이 세계의 평화 속에서 생존함은 무엇을 뜻하는가를 시사하고 있다.

불타는 떨기나무 숲에서 하나님이 홀연히 모세 곁에 나타났을 때, 모세는 단 한 가지 일을 했다. 즉 아무 말 없이 다만 신발을 벗었을 뿐이다.

이것은 무엇을 의미하는가? 고대에 있어서 신발은 자아의 상징이었다. 즉 자신이 하찮은 인간임을 표시하기 위하여 신발을 벗었던 것이다. 그에게 있어 가장 중요한 일은, 애굽에서 유태인을 이끌어내어 십계를 안겨 주고서 이스라엘로 데리고 돌아오는 일이었다.

이것은 지도자의 자격을 의미하는 것이다. 지도자로서의 첫째 조건은 사사로운 마음을 갖지 않는 것, 즉 자신을 버리고 남을 돌보는 것이다.

유태인은 이 가르침을 오늘날까지도 지키고 있다. 예를 들면 가족 가운데서 누군가 사망했다거나 가까운 친척, 친밀한 친구 등이 죽으면, 장례식 후 한 주일 동안은 신발을 신지 않는다. 이것은 살아 있는 자신들보다도 죽은 사람을 애도하는 일이 더 중요함을 암시하고 있다.

1년 중에서 유태 민족에게 가장 중요한 날은 1월 1일부터 세어 10일째 되는 날이다. 이 휴일을 「욤키프」라고 하는데, 이날은 온종일 시나고그에서 보낸다. 24시간 아무것도 먹지 않고서, 지난 한 해 동안에 있었던 갖가지 일에 대해 용서를 빈다. 이날도 역시 신발을 신지 않는다. 이것도 마찬가지로 「자기」라는 것은 중요하지 않음을 나타내기 위함이다.

반대세력

여호와께서 모세에게 일러 가라사대 들어가서 애굽 왕 바로에게 말하여 이스라

엘 자손을 그 땅에서 내어보내게 하라. 모세가 여호와 앞에 고하여 가로되 이스
라엘 자손도 나를 듣지 아니하였거든 바로가 어찌 들으리이까. 나는 입이 둔한
자니이다.(출애굽기 6장 10절~12절)

하나님이 모세에게 이르기를, 애굽 왕인 바로에게 유태인들을 해방
시키라고 말하라 하였다. 하지만 모세는 바로에게 가고 싶지 않다고
말하였다.

모세는 틀림없이 다음과 같은 생각을 하였을 것이다. 필시 바로는
모세가 하는 말에 귀를 기울이겠지만 유태인들은 모세가 하는 말을
듣지 않으리라.

역사상 가장 비극적이었던 것 중의 하나는, 지도권에 대한 반체제
의 흐름이 적의 진영에서 형성된 것이 아니라, 왕 자기 편의 진영에
서 형성되어 왔던 일이다.

위대한 인물

아므람이 그 아비의 누이 요게벳을 취하였고 그가 아론과 모세를 낳았으며 아므
람의 수는 일백 삼십 칠 세이었으며.(출애굽기 6장 20절)

위의 아주 간결한 문장을 통해, 우리들은 모세의 출생에 대하여 알
수 있다.

모세는 아마도 지금까지 태어났던 유태인 중에서 가장 위대한 인물
일 것이다.

통치자, 왕, 혹은 영웅에 관해서도 초자연적인 여러 사건을 꾸며서
이야기를 만들어 내게 마련이다. 그러나 모세의 경우는 평이한 말로
기술되어 있다.

그것은 아무리 가난한 집안에서 태어났다 하더라도 위대한 지도자
가 될 수 있음을 시사하고 있다.

프리덤 홀리데이

**정월에 그 달 십 사 일 저녁부터 이십 일 저녁까지 너희는 무교병을 먹을 것이
요.(출애굽기 12장 18절)**

이것은 유태인에게 있어서 종교상 가장 중요한 휴일에 대해 기술한
구절이다.

이 휴일이 매우 기이한 사실은 휴일로 규정되어 있는 날인데도 실
제로는 휴일 구실을 못하고 있다는 데 있다. 보통 이것은 실제 날짜
보다 뒤늦게 제구실을 하게 된다. 이런 일은 다른 어떠한 유태인의
축제에서도 볼 수 없는 특이한 일이다. 그러면 왜 이 같은 휴일에 관
한 예외가 있는 것일까?

이것은 바로 자유의 중요성을 암시하기 위해서이다. 휴일을 단 하
루, 꼭 그날 하루만으로 한정할 수는 없다. 각자 사정에 의해 바쁜 중
에 휴일을 보냈다면 그 휴일은 다소 늦어지는 경우가 있을 수 있다.
그러나 그 휴일은 반드시 오게 마련이어서, 최고로 한 달 정도는 미
룰 수가 있다.

이것은 어디까지나 자유를 보증하려고 하는 유태인의 합의이다. 예
컨대 1월 1일부터 사흘까지를 쉬지 못했을 때는, 그 이유가 개인적인
여행이든 가족의 와병이든 휴일을 뒤로 미루는 경우가 가능하다. 다
만 그것은 프리덤 홀리데이(자유의 휴일)라고 일컫는 이 휴일의 경우
뿐이다.

지도자의 비극

여기서 랍비들은 인간 사회에 과거 수천 년에 걸쳐서 지도자가 기본
적인 문제로 되어 왔음을 지적하고 있다.

지도자들 중에는 위대한 교사와 종교적인 교육자도 있으며, 정부관
계자, 나아가서는 사회사업가도 있다. 그들은 세상 사람들에게서 추
앙받기 위하여 자신들의 자식에 대하여는 너무나도 등한시하는 경우
가 많았다.

모세는 애굽을 탈출할 때에 자식들을 처가에 맡겨 두었으므로 그들
과 헤어져 있었다. 그의 장인이 자식들을 데리고 되돌아왔을 때, 하나
님은 모세에게 장인을 맞이하여 인사를 올리도록 하였다. 모세는 장
인에게 무릎을 꿇고 머리를 숙인 후 키스까지 했다. 그리고 즉시 중
요한 일에 대한 이야기를 하기 시작했다. 그러나 이 이야기 가운데
단 한 마디도 자신과 자식들의 재회에 대해서는 말을 하지 않았다.
다시 말하면, 사적 감정을 앞세우지 않았다.

이것은 위대한 지도자가 가져야 할 몹시 비극적인 상황이다. 남에
게 봉사하는 일에 심혈을 기울인 나머지, 자기 자식을 돌보지 못한
경우의 구체적인 예라고 하겠다.

모세의 자식들은 도대체 어떻게 되었는지, 유태인 가운데서 어떤
지위에 있었는지 전혀 알려져 있지 않다. 오늘날에도 랍비의 자식들
은 모세의 자식과 비슷한 처지에 놓여 있다. 그들은 부친이 시간에

쫓기기 때문에 자신들에게는 전혀 시간을 내주지 않는다고 푸념이 대단하다.

현실적으로 나 자신을 생각해 보아도 이러한 일은 날마다 계속된다. 자식들에게 오늘은 유원지에 데리고 가 주겠다느니, 무슨 구경을 시켜 주겠다느니 하고 곧잘 약속하지만 랍비로서의 일이 분주하기 때문에 제대로 실행한 적은 극히 드물다. 이러한 일은 자식들에게는 약속의 파기가 되므로 아주 좋지 못한 일이다.

최초의 교육자

모세가 하나님 앞에 올라가니 여호와께서 산에서 그를 불러 가라사대 너는 이같이 야곱 족속에게 이르고 이스라엘 자손에게 고하라. (출애굽기 19장 3절)

여기서 하나님은 모세에게 먼저 야곱의 가족에게 이를 고하고, 다음에 이스라엘의 자식들에게 고하라고 말하고 있다. 이 경우 야곱의 가족과 자식들은 마찬가지 뜻이다.

하나님이 모세에게 십계명의 구상을 유태인에게 고하라고 말하였을 때, 처음에는 매우 달콤하고 부드러운 어조로 말하였고, 두 번째는 강경한 어조로 말하였다.

랍비는 여기에서 커다란 교훈을 얻었다. 즉 십계명의 기본적인 구상은 최초로 여성에게 주어지고, 그 후 남성에게 주어졌다. 왜냐하면 최초의 교육자는 여성이기 때문이다. 다시 말해 자식을 가르치는 것은 여성이다.

유태인의 격언에 여성의 가르침은 곧 가정의 가르침이라는 말이 있다. 그때문에 십계명도 먼저 여성에게 주어지고 나중에 남성에게 주어졌다.

『야곱의 족속』이라는 말도 히브리어로는 아주 부드럽고 여성적인 느낌이 들도록 발음한다. 이 같은 사실을 보더라도 랍비들은 이상과 같은 교훈을 얻은 셈이 된다.

환경

모세가 그 하나님 여호와께 구하여 가로되 여호와여 어찌하여 그 큰 권능과 강한 손으로 애굽 땅에서 인도하여 내신 주의 백성에게 진노하시나이까. (출애굽기 32장 11절)

이것은 하나님과 모세의 대화 중 일부분이다. 황금 송아지를 만든 뒤, 유태인은 하나님의 격렬한 노여움을 샀다.

하나님은 모세에게 『내려가라… 네 백성은 부패 하였도다……』 하고 명하였다.

이 경우 하나님은 분명히 『네 백성』 이라 지칭했다. 모세는 하나님에게 『너희 백성이라 함은 무슨 뜻입니까? 주여, 당신의 백성이라 말해야 되지 않겠습니까?』 라고 반문했다.

이 일화의 의미, 즉 모세가 유태인이 범한 죄를 하나님께 덮어씌우려고 했던 이유는, 인간의 인격 형성에 환경이 매우 중요하다는 점을 시사하기 위함이었다. 환경이 인간에게 미치는 영향은 헤아릴 수 없이 크다. 따라서 모세는 하나님을 원망하여 하나님께 어찌하여 사람들을 이 같이 지독한 상황 아래 가두어 놓고 훌륭한 행동만을 취하라 요구하느냐고 반문했다.

랍비는 다음과 같은 이야기를 인용한다.

한 상인이 창부들이 득실거리는 거리에다 화장품 가게를 열었다.

가게는 번성하였다. 어느 날 그가 자기 아들이 창부와 함께 놀아나고 있는 장면을 목격했다. 그는 화를 참을 수가 없었다. 그 때 친구가 「당신은 어째서 그렇게 화를 내는가. 이것은 모두 당신 책임이 아닌가? 자식을 이런 환경에 끌어들인 당신이 잘못이다」하며 그 아버지를 책망했다.

이것은 환경이 인간에게 얼마나 지대한 영향을 미치는가를 시사하기 위하여 많이 인용되는 이야기이다.

레위기

간결함

여호와께서 회막에서 모세를 부르시고 그에게 일러 가라사대.(레위기1장 1절)

〈레위기〉의 서두에 나오는 이 말은 히브리어판 성경에는 『바이크라 (주는 부르시고)』라는 말로 시작하여, 최후는 『알렙』이라는 글자로 끝난다.

그런데 이 『알렙』이라는 글자는 유독 다른 글자보다 훨씬 작게 인쇄되어 있다. 이것은 히브리어로 〈레위기〉를 읽어 본 사람이라면 곧 알게 마련이다. 《토라》를 연구하는 학자들은 어찌하여 이 글자만이 유달리 작게 되어 있는가를 고찰하였다.

성경은 이미 종이가 발명되기 이전부터 존재하고 있었는데, 그 내용은 돌이나 찰흙 위에 새겨졌다. 그러므로 이 같은 글자가 계속해서 나올 때는 두 번 새기는 수고를 덜기 위해 보통 글자보다 작게 파서, 다음 단어의 시작도 같은 알파벳으로 시작되고 있음을 나타냈다.

여기서 유태인이 배운 교훈은, 공간을 헛되게 써서는 안 된다는 점이다. 무슨 일을 하든 되도록 간결하게 처리하라고 가르치고 있다. 이 같은 표기는 성경의 다른 곳에서도 여러 가지 형태로 표시되어 있다.

그러나 유달리 〈레위기〉만은 맨 처음에 나오기 때문에 얼른 눈에 띈다.

글을 쓸 때나 말을 할 때는 되도록이면 간결하게 요점만을 파악하여 전달하는 것이 중요하다. 《탈무드》를 보거나 성경을 보거나, 유태인은 짧은 글 속에 되도록 많은 내용을 함축시키려는 흔적이 엿보인다. 유태인 사이에서는 5분 동안에 말을 다 못하면 그 이상은 쓸데없는 소리라고 곧잘 이야기한다.

코르방

이스라엘 자손에게 고하여 이르라. 너희 중에 누구든지 여호와께 예물을 드리려거든 생축 중에서 소나 양으로 예물을 드릴지니라. 그 예물이 소의 번제이면 흠 없는 수컷으로 회막 문에서 여호와 앞에 열납 하시도록 드릴지니라. 그가 번제물의 머리에 안수할지니 그리하면 열납되어 그를 위하여 속죄가 될 것이다. 그는 여호와 앞에서 그 수송아지를 잡을 것이요 아론의 자손 제사장들은 그 피를 가져다가 회막 문앞 단 사면에 뿌릴 것이며, 그는 또 그 번제 희생의 가죽을 벗기고 각을 뜰 것이요 제사장 아론의 자손들은 단 위에 불을 두고 불 위에 나무를 벌여 놓고 아론의 자손 제사장들은 그 돈 각과 머리와 가름을 단 위에 있는 나무에 벌여 놓을 것이며.(레위기 1장 2~8절)

〈레위기〉는 이스라엘 사람들의 집회소나 사원에 제물로서 바치는 가축 등의 여러 가지 것에 대한 이야기가 중심 내용이다.

이 글은 번역이 잘못되어 있다. 히브리어 원전에서는 『이스라엘 자손에게 고하여 이르라. 인간이면 누구든지……』라고 되어 있으며, 『너희 중에 누구든지』라고 함은 오역이다. 유독 유태인만을 가리켜서 한 말은 아니다. 하나님 앞에서는 유태인이든 비유태인이든 똑같은 존재라는 뜻이다.

이렇듯 유태인은 아득히 옛날부터 자기 민족뿐만 아니라 다른 민족에게도 사려깊게 행동을 취해 왔다. 유태인들은 제물을 바칠 때 종족을 초월하여 다른 종족의 행복과 세계 평화도 깊이 염원하고 있었다. 「제물」은 히브리어로 「코르방」이라고 한다. 「코르방」의 뜻은 「가까이 오라」이다. 동물을 바친다거나, 하나님께 기도를 드린다거나, 자선을 위하여 돈을 내놓는다거나 하는 것은 모든 인간을 하나님께 가까이 접근시키는 것이 제물임을 뜻하고 있다.

　　사막 지대에서 살던 유태인은 양, 닭, 빵, 올리브 등을 가지고 사원으로 갔다. 그것이 모두 진심에서 우러난 것이라면, 인간을 하나님에게 가까이 접근시키는 의미에서 제물이 될 수 있었다. 인간을 하나님에게 가까이 접근시키는 의미에서 제물이 될 수 있었다. 그 제물은 자리에 함께 있던 사제와 가지고 온 사람들이 함께 나누어 먹었으므로 헛된 것은 아니었다.

다로쉬 다로쉬

모세가 **속죄제** 드린 염소를 찾은즉 이미 불살랐는지라. 그가 아론의 남은 아들 엘르아살과 이다말에게 노하여 가로되.(레위기 10장 16절)

　　이 글은 《토라》의 중심부를 이루고 있다. 이 구절에서는 같은 말이 두 번 되풀이 되고 있다. 그것은 히브리어인 「다로쉬 다로쉬」라는 말이다. 이 말은 틀림없이 「가르침」을 뜻하는 것이라고 유태인들은 고찰하였다. 그것이 두 번 반복되고 있는 연유에 대해서도 연구해 보았다.

　　여기서 지적되는 것은 《토라》에서는 유태인에게 어떻게 하면 사람다운 생활, 올바른 삶을 누릴 수 있는가를 가르치고 있는데, 그 가르침의 방식에는 두 가지가 있다. 한 가지는 교사가 학생을 가르치는 것과 같은 개방적인 방법, 또 한 가지는 실례를 눈앞에 보여주고 『백 번 듣는 것이 한 번 보는 것만 못하다』 라는 식의 스스로 경험을 얻도록 하는 두 가지 방법이 있다.

다로쉬   다로쉬   이렇게 되풀이한 것은, 가르침의 두 가지 방법을 뜻한다고 볼 수 있다.

 שׁרֹש שׁרֹש

세 가지 질병

사람의 피부는 무엇이 돋거나 딱지가 앉거나 색점이 생겨서 그 피부에 문둥병같이 되거든 곧 제사장 아론에게나 그 자손 중 한 제사장에게로 데리고 갈 것이요.(레위기 13장 2절)
사람에게 문둥병이 들었거든 그를 제사장에게로 데려갈 것이요.(레위기 13장 9절)
병 있는 날 동안은 늘 부정할 것이라. 그가 부정한즉 혼자 살되 진 밖에 살지니라.(레위기 13장 46절)

이것은 인류 역사상 기록으로는 가장 오래 된 보건 위생에 관한 규칙이다.

3천 년보다도 더 오래 전에 기록되었을 그 당시에 이미 유태인은 전염병이라든가 역병에 대하여 지대한 관심을 가지고 있었다. 병을 예방하기 위해서는 물로 자주 씻어 청결히 해야 한다는 등의 방역에 관한 처치를 생활화하고 있었다.

유태인이 집단을 이루어 사막을 여행할 때, 물이 귀하기 때문에 만일 한 사람이라도 질병에 걸리게 되면 그것이 돌림병이 되는 일이 비일비재했다. 그러한 형편이었기 때문에 유태인은 보건 위생의 필요성을 아주 절실하게 느끼고 있었다.

근대에 와서부터는 문둥병을 비롯한 갖가지 질병에 대한 수수께끼가 풀렸다. 그렇지만 유태인은 이 성경의 한 마디 한 마디를 그 시대에 맞추어서 해설하려고 했다. 그러면 여기에서 어떠한 교훈을 끌어내면 좋을 것인가 ?

우선 첫째 의문은 피부에 종기가 생겼을 때에는 제사장에게로 데려가라고 기록되어 있는 것이다. 왜 제사장에게로 가야만 했는가 ?

그 당시 제사장은 의사도 겸직하고 있었는데, 종기가 난 사람은 자진하여 제사장한테 가려고 하지 않았다. 인간이란 남의 결점을 잘 꼬집어 내게 마련이므로, 상대방이 어딘가 이상하다고 여겨지면 곧 도와주어야 한다고 가르치고 있다.

인간이 두 개의 눈을 가지고 있는 까닭은, 하나의 눈으로는 자신의 결점을 보기 위해서이고 다른 하나의 눈으로는 다른 사람의 장점을 보기 위해서라고 한다.

여기에 인용된 성경에는 세 가지 질병의 증상이 나와 있다. 우선 첫째는 부종이다. 인간이 너무 교만해지면 자신의 몸이 커진 것처럼 느껴진다. 이것도 일종의 부종인데, 이 증상이 나타나면 우선 자신의 내부에서 치료할 필요가 있다.

그 다음은 종기이다.

종기는 만져 보면 단단하다. 인간도 타인을 용서하지 않거나 어떤 원한을 품고 있다면 어느덧 단단해진다. 이것은 마치 종기와 같은 것이라 말할 수 있다.

세 번째는 살갗이 반짝거리는 병으로, 이것은 인간이 돈이나 귀금속만을 좋아하게 되는 증상을 말한다. 지나치게 금전만을 생각하는 사람은 병에 걸렸다고 볼 수밖에 없다.

이 13장에는 문둥병 환자에게는 어떠한 증상이 나타나며, 며칠째에는 어떻게 치료해야 된다는 등의 치료법도 아주 상세히 기록되어 있다. 지루하기 짝이 없는 구절이지만 유태인은 지루한 성경 부분에서도 무엇인가 교훈을 얻으려고 여러 모로 토론하여 이와 같은 교훈을 이끌어 냈다.

조국을 위한 희생정신

너희 다섯이 백을 쫓고 너희 백이 만을 쫓으리니 너희 대적들이 너희 앞에서 칼에 엎드러질 것이며.(레위기 26장 8절)

다음은 실화이다. 어느 날, 나는 한 장군을 만났다. 이 장군은 제 2차 대전이 치열할 때도, 그리고 종전이 되었을 때도 팔레스티나에 파견되어 있었다. 나는 1948년에 일어났던 이스라엘과 아랍 간의 전쟁이 어떤 결과를 가져올 것 같으냐고 물었다.

그러자 그는 『예루살렘의 지사도 그와 똑같은 질문을 한 적이 있었는데, 매우 흥미로운 문제입니다』 하고 말하고 나서 다음과 같이 이야기했다.

『아랍에서의 유태인과 아랍인의 인구 비율은 아랍인 한 사람 대 유태인이 40명입니다』

거기까지 말하였을 때 예루살렘 지사는 단호하게 그것은 거짓말이라고 잘라서 말했다. 인구 비율로는 유태인의 100배나 되는 아랍인이 있지 않느냐는 것이었다. 그러자 장군이 대답했다.

『전쟁에서의 승패는 절대로 인구 비율을 가지고 계산해서는 안됩니다. 그 까닭은 조국을 위해 목숨을 바치려는 아랍인은 한 명인데 조국을 위하여 목숨을 바칠 유태인은 수십 명이기 때문입니다. 이 같은 희생정신이 강하므로 유태인은 전쟁에 반드시 승리할 것입니다』

민수기

교육자의 자질

행진할 때에 아론과 그 아들들이 성소나 성소의 모든 기구 덮기를 피하거든 고 핫 자손이 와서 멜 것이니라. 그러나 성물은 만지지 말지니 죽을까 하노라. 회막 물건 중에서 이것들은 고핫 자손이 멜 것이며 제사장 아론의 아들 엘르아살 의 맡을 것은 등유와 분향할 향품과 항상 그리는 소제물과 관유며 또 장막의 전체와 그 중에 있는 모든 것과 성소와 그 모든 기구니라. (민수기 4장 15절~16절)

모세는 스스로 모든 일을 하기로 마음먹었으므로 다른 사람에게 자기의 일을 대신해 달라고 부탁하지 않았다.

이것은 지도자에게 있어 매우 중요한 일로서, 다른 사람의 봉사를 바라는 것은 지도자로서 바람직하지 않는 자세이다. 일을 하려고 마음먹었으면 끝까지 진행시켜야만 한다.

또 모세는 자기 형을 존경하였다. 물론 모세도 자기가 형보다 유명하다는 사실은 알고 있었으나 형과 함께 있는 자리에서는 항상 형에게 존경하는 마음을 표현하였다.

이것은 교육자에게 요구되는 가장 중요한 자질이다. 모세는 다른 사람들의 이익 때문에 스스로의 목숨이 위태로 왔던 적도 있었다.

또한 모세는 언제나 노인의 지혜를 믿고 있었으며 그들의 충고를 기꺼이 받아들였다. 종교적인 문제, 개인적인 문제 혹은 정치적 문제 등등 어떠한 문제이든 우선 경험 많은 선배의 조언을 받아들였다. 이것은 그의 지혜의 한 부분이다.

히브리어 성경에는 〈민수기〉라 하지 않고 〈사막에서〉라는 제목으로 되어 있다. 〈민수기〉의 서두에는 국세 조사와 같은 내용이 처음부터 끝까지 나오기 때문에 로마인이며 그리스인이 〈민수기(民數記)〉라고 불렀으므로 성경에도 〈민수기〉로 되어 있다.

나실인

제사장은 그 하나를 속죄 제물로, 하나를 번제무로 드려서 그의 시체로 인하여 얻은 죄를 속하고 또 그는 당일에 그의 머리를 성결케 할 것이며 자기 몸을 구별하여 여호와께 드릴 날을 새로 정하고 일 년 된 수양을 가져다가 속건제로 드릴지니라. 자기 몸을 구별한 때에 그 몸을 더럽혔은즉 지나간 날은 무효니라. (민수기 6장 11절-12절)

가톨릭 신도 중에는 한평생 세속적인 일에서 일체 떠나 버린 사람이 드물지 않다. 그러한 신선과 같은 생활을 보내는 사람들을 가리켜 나실인이라고 일컫는다. 나실인은 술이나 담배도 절대 하지 않고 오로지 청결한 생활을 스스로 맹세하고 있다.

나실인으로서의 일정한 생활을 마쳤을 때 (1년이든 10년이든 상관없이), 그는 하나님에게 속죄를 고해야 된다. 이것은 자진하여 사회로부터 고립되고 삶의 기쁨을 부정한 데 대한 속죄이다.

유태인은 삶의 기쁨을 부정하지 않는다. 때문에 자기 자신을 부정하고 그러한 생활을 하는 것에 대해 유태인 입장에서 보면 죄가 된다. 하물며 나실인은 유태 사회 전체에서 이탈한 것이므로 죄를 범한 셈이 된다.

취임식에서 쓰는 문구

여호와는 네게 복을 주시고 너를 지키시기를 원하며 여호와는 그 얼굴로 네게
비취사 은혜 베푸시기를 원하며 여호와는 그 얼굴을 네게로 향하여 드사 평강
주시기를 원하노라 할지니라 하라.(민수기 6장 24절~26절)

기독교 교회에서는 목사가 기도를 마친 뒤 모인 사람들을 축복하기
위하여 이 구절을 인용한다. 미국 대통령 취임식에서도 이 구절이 사
용된다.

이렇게 짧은 구절임에도 불구하고 왜 중요한 문구로서 사용되고 있
는 것일까? 「여호와는 네게 복을 주시고」 라고 되어 있는데, 축복이
라 함은 어떠한 의미일까?

축복은 추상적인 것이 되어서는 안 된다. 유태인들이 말하는 축복
의 의미는 인간이 가장 기본적이며 소중한 것을 필요한 만큼 확보했
을 때라고 해석하고 있다. 그것은 거주할 집, 나날의 식사, 입을 옷가
지, 그리고 돈이라는 네 가지 요소라고 생각하고 있다. 때문에 축복이
란 밤에 편히 쉴 수 있는 집이 있고, 배가 고프지 않으며, 입을 의복
이 있고, 어느 정도의 돈을 가지고 있음을 뜻한다.

그러나 셋째 번 말은 히브리어로 「하나님이 지키시기를 원하며」
라고 되어 있다. 무엇으로부터 지키는가를 고찰하여 보자. 하나님이
복을 내려 주시어 의식주와 돈을 보장해 주었지만, 인생은 결코 그것
만으로 해결되는 것이 아니다. 네 가지 것만 갖추어졌다고 해서 인생
의 모든 것이 해결되는 것은 아니기 때문이다. 따라서 「하나님이 나
를 지켜 주십사」 하는 뜻이 내포되어 있다고 유태인은 고찰했다.

『그얼굴로 내게 비춰사』는 어떠한 의미를 내포하고 있는가? 이것은 항상 밝은 표정을 지을 수 있는 마음가짐이란 의미이다. 거대한 부를 이루었으면서도 행복하지 못한 사람은 수없이 많다. 따라서 건강한 정신의 소유자가 되고 싶다는 뜻이다.

『은혜 베푸시기를 원하며』는 어떠한 의미를 내포하고 있는가? 히브리어로는 『비프네카』라고 하여 아주 많은 의미를 지니는데, 여기에서는 『은혜 베푸시기를 원하며』라고 번역되어 있다. 실제로 이 말이 어떠한 뜻으로 사용되어 있는가 하는 논의가 여러 번 거듭되어 왔다.

유태인 사이에서 정설로 되어 있는 것은, 이 구절이 『교육』이라는 의미로 사용되어져야 한다는 해석이다. 쓰고 읽을 줄 알며, 자신의 가족이나 자신이 교육을 받았다는 것은 대단한 은혜가 아닐 수 없다.

유태인은 교육을 받을 수 있음은 매우 큰 혜택이라고 생각한다. 3천년 전, 아니 그 이전부터 유태인들은 이러한 사고방식을 가지고 있었다.

『그 얼굴을 네게로 향하여 드사』라고 하는 말은 하나님이 그대 집에 거주하도록 하라는 뜻이라고 유태인은 생각한다. 이것을 바꾸어 말하면, 하나님에게 기도하는 장소는 결코 교회가 아니고, 자기 가정에서 기도하는 것이 가장 중요하다고 여겨져 왔다.

집회소에서보다는 자기 집에서 하나님에게 기도를 올렸고, 모든 중요한 일도 집 안에서 치렀다. 기도 속에 『가정이 항상 행복하고 기쁨이 넘치도록』이라는 소원이 담겨져 있기 때문이다.

마지막으로 『평강 주시기를 원하노라』는 구절이 있는데, 만약 번역한 그대로 받아들인다면 그야말로 평화가 호박이 덩굴째 굴러 떨어지듯 굴러와 달라고 하는 기도로 착각된다. 그러나 히브리어 성경에서 그러한 뉘앙스는 찾아볼 수 없다. 어디까지나 『개인의 노력에 의하여』 라는 뜻이 포함되어 있는 것이다.

명예

여호와께서 모세에게 이르시되 이스라엘 노인 중 백성의 장로와 유사 되는 줄을 네가 아는 자 칠십 인을 모아 데리고 회막 내 앞에 이르러 거기서 너와 함께 서게 하라.(민수기 11장 16절)

모세는 유태인의 위대한 지도자이며 위대한 사령관이었다. 그러나 유태인은 절대적인 독재자나 지도자의 존재를 믿지 않았다. 그리하여 모세도 다른 사람의 의견에 귀를 기울이고 있다. 그래서 모세에게 의견을 말해 주고 모세를 돕는, 70명으로 구성된 단체가 조직되었다.

이 무렵 유태인은 12개의 씨족으로 구성되어 있었다. 이 12개 씨족 중에서 70명을 어떻게 선출하느냐 하는 것이 문제가 되었다. 한 씨족에서 5명씩 나온다고 한다면 60명이 되므로 10명이 부족하다. 6명씩 내놓게 하면 72명이 되어 두 사람이 넘친다. 70명이라는 숫자는 12씨족 가운데 어느 한쪽을 노하게 하는 숫자로 되었다.

모세는 해결책을 강구했다. 한 씨족에서 6명씩 택하여 72명을 뽑았다. 그러고 나서 72매의 종이조각을 나누어 주면서 한 장씩 뽑게 했다. 그 가운데 두 장에는 아무 표시도 하지 않았는데, 이것을 뽑은 두 사람은 제외되었다.

이 70이라는 숫자는 하나님이 정하였기 때문에 어쩔 수 없는 노릇이었다. 모세가 이런 방법을 택한 이유는 유태인이 남에게 창피를 당

하게 해서는 안 된다는 뜻과 하인의 명예를 존중해 준다는 중요한 뜻
이 담겨 있었다.

유태인은 시나고그에서 예배를 보고 있는 도중일지라도, 시나고그
에 참석한 사람들 모두에게 예배를 중단시킬 권리를 주었다. 「나는
모욕을 당했소」라고 한 마디만 꺼내면 즉시 예배는 중단되고, 그 사
람의 명예가 회복될 때까지는 다시 열리지 않았다.

유태인의 조직에는 부회장이니 부위원장이니 하는 직함이 아주 많
은데 이것도 회장이나 위원장이 되지 못한 사람들의 명예를 고려하였
기 때문이다.

소수의 의견

사람을 보내어 내가 이스라엘 자손에게 주는 가나안 땅을 탐지하게 하되 그 종
족의 각 지파 중에서 족장 된 자 한 사람씩 보내라.(민수기 13장 2절)

이것이 모세가 유태인 12명을 이스라엘에 파견하여 국정을 탐지하
거나 정찰시켰을 때의 이야기이다. 이 시대의 유태인은 시내 반도의
사막 지대에 있었다.

이들 첩자들이 돌아와서 보고하는 의견은 두 갈래로 나뉘어 저마다
달랐다. 10명은 이스라엘이란 나라는 아름답기는 하지만 거기로 들어
가기는 도저히 불가능하므로 차라리 애굽으로 돌아가 노예상태로나마
살자는 것이었고, 다른 두 사람은 이스라엘이란 나라는 매우 아름다
운 나라이므로 거기에 정착하게 되면 유태인은 반드시 성공할 것이라
는 의견이었다.

이 소식이 유태인에게 알려지자 백성들은 공포에 떨었다. 왜냐하면
대다수가 이스라엘 땅에 들어가는 일은 불가능하다고 주장하였기 때

문이다. 그러나 후일 유태인은 별다른 어려움을 겪지 않고 이스라엘 땅에서 번영을 이룩하였다. 이것은 결국 앞서의 대다수 의견이 잘못이었음을 시사하고 있다.

후일 랍비들은 왜 다수인 10명의 의견이 잘못되었는지 논하였다. 또 왜 10명이 깨닫지 못했던 사실을 2명은 깨달았는가도 진지하게 고찰하였다.

그 결과 대다수의 사람들은 그 당시 상태를 있는 그대로 받아들였고, 소수파는 그 상태를 초월하여 어떻게 하면 좋은가를 깊이 생각했기 때문이라고 결론을 내렸다.

실제로 2명은 깊이 사고하였으나, 10명은 있는 그대로의 정세만을 살펴보기에 급급했었다.

유태인은 그로부터 줄곧 정세가 어떤 상태에 있느냐가 아니라, 이 정세에서 어떤 일이 발생하겠는지를 고찰함이 중요하다고 깨닫게 되었다.

인간을 대할 때 그 인간의 지금의 모습, 예컨대 그는 어리석은 자라거나 경솔하다거나 나쁜 놈이라든가 하는 단정이 아니라 그에게서 무엇을 발견할 수 있는가를 고찰하여야 된다.

이 일이 있음 다음 바로 유태인은 이스라엘을 향하여 여행을 계속했다. 몇 해가 지나 모세가 물러나고 여호수아가 이스라엘 백성의 지도자가 되었다.

여호수아 시대에도 이스라엘 근방으로 12명의 첩자를 보내어 이스라엘을 정찰시켰다. 여호수아가 보냈던 첩자가 돌아와 이스라엘로 들어가면 전망이 밝을 것이라는 보고를 하였다.

여기서 흥미 있는 것은, 모세가 여호수아보다 훨씬 위대한 지도자였음에도 불구하고 모세가 파견하였던 첩자들은 그릇된 보고를 했다는 사실이다.

랍비들은 어째서 모세는 실패하고 여호수아가 성공했는가에 관하여 토론하였다. 모세의 경우, 첩자들의 출신 성분은 대개 귀족 출신들이거나 사회적으로 존경을 받고 있던 자들뿐이었다. 그들은 모두 부족의 우두머리였기 때문에, 보고를 올릴 때는 언제나 자기 부족을 염두에 두었다. 그러므로 그들의 보고는 실패했다.

여호수아의 첩자들은 평범한 사람들이었다. 그러므로 그들의 이름은 사회적으로 알려져 있지 않았지만, 그들의 보고는 성공하였다.

여기서 얻을 수 있는 교훈은, 극히 일반적이고 평범한 사람들로 구성된 단체나 집단이 오히려 뛰어나게 일을 수행할 수도 있다는 사실이다.

퇴위

여호와께서 모세에게 이르시되 눈의 아들 여호수아는 신이 감동된 자니 너는 데려다가 그에게 안수하고 그를 제사장 엘르아살과 온 회중 앞에 세우고 그들의 목전에서 그에게 위탁하여.(민수기 27장 18~19절)
그에게 안수하여 위탁하되 여호와께서 자기에게 명하신 대로 하였더라.(민수기 27장 23절)

이 장은 모세의 후계자로 여호수아가 선출되는 이야기이다. 모세는 자기 아들을 후계자로 내세우지 않고, 능력이 출중했던 여호수아를 후계자로 선택했다. 모세는 여호수아에게 자신의 권력을 물려주면서도 자기 아들과 비교하여 결코 시기하거나 싫어하는 마음을 품지 않았다. 유태인 전체의 행복을 위해서는 그렇게 하는 것이 옳다고 생각했기 때문이다.

히브리어 성경에서 27장 18절의 『그에게 안수하라』라고 함은 단수로서 한쪽 손으로 되어 있다. 27장 23절에서는 실제로 여호수아의 머리 위에 모세가 손을 얹는 대목은 복수로 되어 있다.

하나님은 한쪽 손을 얹으라고 지시하였는데 모세가 양손을 얹었다는 것은 얼마나 기꺼이 권력을 물려주었는가를 가리키는 것이다. 정치에 대해서도 한 사회에 대해서도, 마찬가지 말을 할 수 있다.

신명기

여호와를 사랑하라

이스라엘아 들으라. 우리 하나님 여호와는 오직 하나인 여호와시니 너는 마음을 다하고 성품을 다하고 힘을 다하여 네 하나님 여호와를 사랑하라.(신명기 6장 4절~5절)

히브리어에서 하나라는 낱말 『에하드』는, 숫자의 『1』이라는 뜻 외에 『독자적이다』라는 의미가 내포되어 있다.

우선 처음 부분은 아버지 무릎에 어린 자식이 앉아 있는 것과 같다. 그 자식은 아버지를 인식하게 되고, 다음에는 아버지를 사랑하게 되며, 그 다음에는 아버지에게 복종하게 되리라.

이 문장은 그와 같은 상태를 인간 대신으로 나타내고 있다. 처음에는 하나님을 알고, 두 번째는 하나님을 사랑하고, 세 번째는 하나님께 복종함을 말하고 있다.

책의 민족

네 자녀에게 부지런히 가르치며 집에 앉았을 때에든지 길에 행할 때에든지 누웠을 때에든지 일어날 때에든지 이 말씀을 강론할 것이며. (신명기 6장 7절)

이것은 유태인의 전통을 계승시킴에 있어서 교육이 얼마나 중요한가를 의미하고 있다. 가르치는 일은 하나님을 공경하는 일과 마찬가지인 셈이다.

유태인에게 있어서 하나님을 공경하는 최고의 방법은 공부하는 일이다. 시나고그는 모두 공부하는 장소를 가지고 있었다. 그 까닭은 공부하지 않으면 종교가 미신화 된다는 사실을 잘 알고 있었기 때문이다. 전원이 함께 공부하고 서로 가르쳐 주었으며, 양친은 반드시 교사가 되어야만 했다.

여기에서 유태인은 세계에서 최초의 의무 교육을 시행했다. 그래서 『책의 민족』이라고 불리게 된 것이다.

타협

또 네 집 문설주와 바깥문에 기록할지니라. 네 하나님 여호와께서 네 열조 아브라함과 이삭과 야곱을 향하여 네게 주리라 맹세하신 땅으로 너를 들어가게 하시고 네가 건축하지 아니한 크고 아름다운 성읍을 얻게 하시면 네가 채우지 아니한 아름다운 물건이 가득한 집을 얻게 하시며 네가 파지 아니한 우물을 얻게 하시며 네가 심지 아니한 포도원과 감람나무를 얻게 하사 너로 배불리 먹게 하실 때에. (신명기 6장 9절-11절)

『문설주』는 히브리어로 『메즈사』라고 하는데, 오늘날에도 유태인 집에서는 『메즈사』 위에 새끼손가락 정도 크기의 작은 상자가 붙여져 있고 그 안에 신명기 6장 4절부터 9절까지의 성구가 적힌 종이가 들어 있다.

이것은 항상 45도 각도로 비스듬히 붙어 있다. 그 이유는 어떤 사람은 수직으로 달라고 말하고, 또 어떤 사람은 수평으로 달아 놓으라고 주장하기에 결국 타협 끝에 비스듬히 붙인 것이라 한다. 이것은 유태인에게 타협 정신이 얼마나 중요한가를 가르치고 있다.

유태인

또 그들과 혼인하지 말지니 네 딸을 그 아들에게 주지 말 것이요 그 딸로 네 며느리를 삼지 말 것은.(신명기 7장 3절)

이스라엘은 약소국가로서 다른 나라에 둘러싸여 있었기 때문에 외국 사람들과 혼인한다는 것은 나라의 존립에 대한 심각한 위협이 아닐 수 없었다.

오늘날에도 마찬가지 말을 할 수 있지만 유태인이 다른 민족과 혼인할 경우, 배우자를 유태인화(化)하지 않는 한 자식은 유태인이 될 수 없다.

그러므로 혼인한 상대가 남자이든 여자이든 반드시 유태인으로 삼아야 한다. 몇 사람이든 유태인이 될 수 있으며, 유태인으로 태어난 자나 도중에 유태인이 된 자나 다 같은 유태인 대접을 받는다. 유태인 이외의 종족과 혼인하여 그 배우자가 유태인으로 되지 않을 경우, 유태인 전체의 장래가 위태롭게 되기 때문이다.

먹는다는 것

네가 네 하나님 여호와께서 네게 주시는 땅에 이르러서 그 땅을 얻어 거할때에 만일 우리도 우리 주위의 열국같이 우리 위에 왕을 세우시라는 뜻이 나거든 반드시 네 하나님 여호와의 택하신 자를 네 위에 왕으로 세울 것이며 네 위에 왕을 세우려면 네 형제 중에서 한 사람으로 할 것이요 네 형제 아닌 타국인을 네 위에 세우지 말 것이며 왕 된 자는 말을 많이 두지 말것이요 말을 많이 얻으려고 그 백성을 애굽으로 돌아가게 말 것이니 이는 여호와께서 너회에게 이르시기를 너회가 이후에는 그 길로 다시 돌아가지 말것이라 하셨음이며 아내를 많이 두어서 그 마음이 미혹되게 말 것이며 은금을 자기를 위하여 많이 쌓지 말 것이니라. 그가 왕위에 오르거든 레위 사람 제사장 앞에 보관한 이 율법서를 등사하여 평생에 자기 옆에 두고 읽어서 그 하나님 여호와 경외하기를 배우며 이 율법의 모든 말과 이 규례를 지켜 행할 것이라. 그리하면 그의 마음이 그 형제 위에 교만하지 아니하고 이 명령에서 떠나 좌로나 우로나 치우치지 아니하리니 이스라엘 중에서 그와 그의 자손의 왕위에 있는 날이 장구하리라.(신명기 17장 14절~20절)

유태인은 통치자에게 제한된 권력을 부여하였던 최초의 민족이다. 이것은 고대 사회에 있어서 매우 혁신적인 사상이다.

근대 사회에 이르기까지도 이와 같은 사고방식은 어떠한 곳에서도 받아들여지지 않았다. 유태인 세계에 있어서는 《토라》가 왕보다 발언권이 세다고도 볼 수 있다.

《탈무드》에는 유태인이 먹어서 좋은 것과 먹어서는 안 될 것이 세세히 기술되어 있다. 이것은 먹는다는 것과 포함하여 일상생활의 온갖 행위가 종교적인 의미를 지니고 있음을 시사하고 있다.

동물들은 먹기 위하여 산다. 그렇지만 인간은 살기 위하여 먹는다. 먹는다는 것은 삶의 한 부분으로, 이것 역시 종교적인 것이 될 수 밖에 없는 노릇이다.

낭비

너희가 어느 성읍을 오랫동안 에워싸고 쳐서 취하려 할 때에도 도끼를 둘러 그 곳의 나무를 작벌하지 말라. 이는 너희의 먹을 것이 될 것임이니 찍지 말라. 밭의 수목이 사람이냐. 너희가 어찌 그것을 에워싸겠느냐.(신명기 20장 19절)

이 장소에서는 설령 전쟁이라는 비상 사태가 일어난다 할지라도 물건을 소중히 다루어야지 함부로 파괴해서는 안 된다는 것을 가르치고 있다.

이 구절은 유태의 어머니들이 자녀에게 예의범절을 가르칠 때 곧잘 인용하는 이야기이다. 즉 결코 낭비를 해서는 안 되고, 무엇이든 이유 없이 사용해서도 안 됨을 가르치려고 한 것이다.

시나고그

온 이스라엘이 네 하나님 여호와 앞 그 택하신 곳에 모일 때에 이 율법을 낭독하여 온 이스라엘로 듣게 할지니 곧 백성의 남녀와 유치와 네 성안에 우거하는 타국인을 모으고 그들로 듣고 배우고 네 하나님 여호와를 경외하며 이 율법의 모든 말씀을 지켜 행하게 하고.(신명기 31장 11절~12절)

이것은 《토라》가 유태인에 속한다는 것을 시사하고 있다.

오늘날에는 시나고그에서 매주 한 장씩 읽기로 되어 있는데, 《토라》 속에 아무 비밀이 없음을 표시하고, 사람들은 모두 그것을 이해한다. 시나고그에서의 가장 주된 일은 《토라》를 읽고, 연구하고, 해석하는 것이다.

성서의 향기

유태인들은 피로움도 시름도
여러모로 유효한 구실을 한다고 생각한다.
이를테면 사람이 죽지 않는다면 세계는 어떻게 될까.
사계절이 있기에 수목은 피고 지며,
동물은 나고 죽는다.
악(惡)이 어떠한 역할을 하고 있는가는
에덴동산을 찾아보면 알 수 있다.
하나님이 세상을 창조하셨지만,
그 다음은 인간이
그들 자신에게 알맞도록 세상을
만들어 나가야 하는 것이다.

유태인의 조상 세 사람

유태인에게는 세 명의 조상이 있다. 아브라함과 이삭과 야곱이 바로 그들이다. 오늘날 유태인들은 모두 『이스라엘의 아들』 이라고 일컬어지되, 결코 아브라함의 아들이라든가 이삭의 아들이라든가 야곱의 아들이라고는 하지 않는다.

왜냐하면 아브라함은 두 아들을 두었는데 그 중 이삭만이 아버지를 따랐고, 이삭에게도 두 명의 아들이 있었는데 역시 한 아들인 야곱만이 아버지를 따랐으며, 야곱은 12명의 아들을 두었는데 아들들이 모두 그의 뒤를 따랐기 때문이다.

아브라함은 개척자이자 탐험가였다. 그는 호기심이 강했기 때문에 늘 새로운 것을 발견하고자 노력하였다. 그리고 누군가 다른 사람이 바르게 행동하기를 기대하기 전에 자신이 먼저 행했다. 나쁜 짓을 하는 사람에게는 등을 돌리고, 옳은 일이라면 항상 누구보다 먼저 발견하고 스스로 행동할 것을 소원했다. 누구라도 남이 가까이 있는 것을 바라지 않았다.

그는 또 최초의 하나님이 유일신임을 믿었던 사람이기도 했다. 이렇게 해야?그가 행한 최초의 예를 배운 유태인은 항상 마음을 열어 놓았으며, 권위주의나 독단으로서가 아니라 제각기 호기심이나 탐구심으로 모험하기를 즐겼다.

아브라함의 아들이삭은 평범한 일생을 보냈다. 그는 유태인의 전통에 대해서도 별다른 공헌을 한 것으로는 보이지 않는다. 위대한 아버지의 자식이 늘 그러한 입장에 놓여지듯, 이삭 역시 아버지의 그늘 때문에 별로 특출한 면은 보이지 않았다.

그러나 이삭은 중요한 일 한 가지를 이루었다. 그는 아버지의 전통을 충실히 지키고 이어받았으며, 그의 자식들에게 그 전통을 고스란히 물려준 것이 바로 그것이다. 그는 뛰어난 계승자였다. 즉 전통의 계승을 위해 생명의 등불을 끊임없이 켜고 있었다. 유태인에게 있어 이것은 매우 중요한 일이다.

아브라함과 같은 천재는 아무나 될 수 없는 일이지만, 이삭과 같은 계승자의 역할은 누구든지 할 수 있는 일이다.

야곱은 풍부한 경험을 가지고 있는 사람이었다. 그는 생존을 위하여 싸웠고, 따라서 거의 인생에서 숱한 변화가 있었다.

그는 많은 경험을 바탕으로 언제나 교회에 가서 그곳에서 사색하는 방법을 배웠다. 그는 세계를 이해하는 데는 경이와 신비가 존재함을 깨달았던 사람이다.

이들 세 유형의 조상은 유태인에게 있어서 매우 중요한 의미를 갖는다. 아브라함은 유태교가 중요함을 진지하게 깨달았던 사람이며, 또한 매우 지적인 사람이었다. 이삭은 전통의 전승과 보존의 중요성을 깨닫게 해 준 조상이었다. 야곱은 전통을 경험해 나가는 것에 대해 유태인에게 가르쳤다.

아브라함, 이삭, 야곱은 어느 경우에나 최초에는 이론이 필요하며, 그것을 지키고 발전시켜 나가면서 실천하는 것이 필요하다는 사실을 몸소 제시한 사람들이다.

아브라함의 행동

하나님의 존재
성경 속에서 하나님은 아브라함에게 이르기를 집이나 나라 밖으로 나가서 하늘의 별이며 그 밖의 갖가지 사물을 관찰하도록 했다. 하나님은 때로 자기 집이나 자신에게 익숙한 환경으로부터 뛰쳐나가 혼자

사색하고 고찰하라고 가르친 적이 있다. 일상생활도 이와 마찬가지이
므로 이따금 자기 자신을 해방시킬 필요가 있다.

하나님을 안다는 것은 결코 부모로부터 이어받는 것이 아니라 자기
자신이 깨달아서 하나님을 구하는 일이다. 아브라함은 하나님이 존재
한다는 것을 깨달은 후, 자신의 생활에서 한 가지 의미를 발견하였다.
하나님이 있으므로 해서 비로소 세계에는 목적이나 의미가 부여된다
고 생각하게 되었다.

아브라함은 하나님이 최고이며, 슬플 때만이 아니라 매일매일의 생
활 어디에서나 함께 있음을 발견함으로써 종교를 일상화했다는 점에
서 큰 업적을 남겼다.

혁명가

사람들은 흔히 혁명이라고 하면 폭력과 유혈을 수반하는 행동으로
고찰하기 일쑤이다. 그러나 조용한 혁명, 파괴나 죽음이나 투쟁이 없
는 혁명도 있다. 아브라함은 그러한 뜻의 혁명가이다.

아브라함이 남긴 업적은 오늘날까지도 유태인에게 지대한 영향을
미치고 있다. 그는 자신의 세계로부터 초월할 수 있었던 사람이었다.

맨 처음에 그는 나무, 돌, 동물 등의 우상을 부정하고 유일신을 고
집하였다. 아브라함은 어떤 나라를 정복하거나 제국을 건설하지는 않
았지만, 그가 위대한 업적을 아루었다고 일컬어지고 있는 까닭은 바
로 이 때문이다.

그는 군대나 무기를 가지고 있지 않았지만 뛰어난 사상을 가지고
있었다. 그는 힘이나 부로 위대해진 것이 아니라 신념으로 위대한 인
물이 되었다. 이것은 인류 사상 처음 있었던 일이며, 그야말로 획기적
이 일이었다.

아브라함은 또한 모든 일에 의혹과 호기심을 가지고 모든 사물을

직접 조사하고 탐험하는 것을 가르쳤다. 그는 온갖 일에 대해 질문을 던지고, 다른 사람이 제시한 결론을 곧이곧대로 받아들이지 않았으며, 세계에서 당연시하는 온갖 사물에 도전하였다.

그가 우상 숭배를 하지 말라고 하였을 때, 당시에 그의 주장을 지지하는 사람은 단 한명도 없었다.

히브리어라는 말로 영어의 『히브르』라는 발음을 따서 만든 것이 히브리어로는 『이브리』라고 한다. 이것은 무엇인가에 대하여 혼자만이 다른 쪽에 서 있다고 하는 뜻이다.

오늘날 아브라함의 종교는 전 세계에 통용되고 있다. 고대 사회의 지도자는 그 지위를 세습하거나 싸움 끝에 획득하지만, 아브라함은 한 가지 교의를 가르침으로써 지도자로서의 지위를 획득하였던 세계 최초의 사람이다.

오늘날에도 군대를 장악하든가, 또는 부모로부터 물려받은 부나 권력에 의해 지도자의 지위에 앉아 있는 자가 많다. 그러나 아브라함을 조상으로 하고 있는 유태인은 결코 이러한 것을 인정하지 않는다. 지도자의 지위는 자기 실력으로 얻은 열매이어야만 한다고 믿기 때문이다.

우상

아브라함의 아버지는 우상을 만들어서 파는 일을 하고 있었다. 어느 날, 아버지가 외출하면서 아브라함에게 가게를 보라고 일렀다.

얼마 후 한 사나이가 가게에 들어와서는 집을 지키기 위한 우상이 하나 필요하다고 말하였다. 이브라함은 여러 우상 가운데서 아주 무시무시한 형상을 하고 힘이 세 보이는 남성 우상을 꺼내어 손님에게 권하였다. 그러자 손님은 아주 기뻐하였다.

아브라함은 손님에게 『손님은 춘추가 얼마나 되십니까?』하고 물었다. 손님은 「난 쉰 살인데, 30년 동안 군대 생활을 하고 있었소」 하고 대답했다.

그러자 아브라함은 손님에게 「그런 어리석은 말씀이 어디 있습니까? 저희 아버지는 1주일 전에 이 우상을 조각했으니 이건 아주 젊은 우상이죠. 손님은 30년 동안이나 군인 생활을 하셨다고 하는데, 태어난 지 1주일밖에 되지 않는 나무상을 어째서 필요로 하시는 겁니까? 그건 어리석기 짝이 없는 일입니다」 라고 말했다. 그러자 손님은 벌컥 화를 내면서 돌아갔다.

이번에는 중년 부인이 들어와 「우리 집에 도둑이 들어와서 집을 지키고 있는 우상을 훔쳐 갔기 때문에 새 것이 필요해요」 라고 말했다. 아브라함이 「댁의 우상은 자기 자신도 지키지 못하는군요」 하고 웃어대자 부인도 역시 화를 내며 돌아가 버렸다.

그런 뒤 아브라함은 가게에 진열되어 있는 우상이란 우상은 모두 망치로 두들겨 산산조각을 내 버렸다. 그가 가장 큰 우상 하나만 남겨 놓고는 그 손에 망치를 들려 놓았다.

얼마 후 아버지가 돌아와서 가게 안에 벌어진 광경을 보고 깜짝 놀라 아들에게 「도대체 어찌 된 일이냐?」 하고 물었다. 아브라함은 「이 우상들이 갑자기 배가 고프다고 떠들어대기에 제가 음식을 갖다 주었지요. 그랬더니 제일 큰 우상이 음식을 독차지하려고 다른 우상을 부숴 버렸답니다」 라고 대답했다.

아버지는 「얘야, 그건 말도 안 된다. 이 우상들은 아무 일도 못하지 않니? 이 우상들은 식사도 못하고 걷지도 못하는데 다른 우상을 파괴하다니, 그런 터무니없는 말은 하지도 말아라」 하고 말했다. 그러자 아브라함은 「아버지의 귀가 지금 당신이 하신 말씀을 제발 들어 주었으면」 하고 말하였다. 결국 아브라함의 아버지는 우상을 믿지 않고 있었다는 말이 된다.

이상은 아브라함이 어떻게 하나님을 발견하게 되었는가 하는 이야기이며, 유태의 부모들이 자식을 교육할 때 최초로 들려주는 이야기이기도 하다.

야곱의 행동

세 가지 해석

야곱이 가족과 더불어 이스라엘로 돌아가려고 했을 때, 그는 쌍둥이 형제를 만날 필요성을 느꼈다. 그들은 야곱과 적대 관계에 있었다. 그 쌍둥이들은 그와는 전혀 다른 유형의 인간이었다.

야곱이 도착하던 날 밤 꿈을 꾸었는데 그 꿈속에서 그는 어떤 사람과 함께 잠을 자고 있었다. 잠에서 깨어난 후의 야곱은 전혀 다른 인간이 되어 있었다. 즉 야곱은 완전히 다른 행동을 하였던 것이다. 그리하여 후일의 랍비들은 과연 누가 꿈속에서 야곱과 함께 자고 있었는가, 그의 적은 도대체 누구인가를 이해하려고 했다.

하나님의 해답으로서, 그의 적이란 바로 우상을 믿고 있던 인간이라고 단정하는 설이 있다. 인간의 마음속에는 온갖 우상을 섬기려는 경향이 있으므로 이것 때문에 진정한 신앙을 단념하려고 할 때가 있다. 이럴 때 인간은 자신 속에 있는 그러한 경향과 싸울 자세가 필요하다.

보통 인간은 자기 자신의 쾌락과 자기 자신의 편의를 추구하기가 일쑤이다. 우상을 숭배하노라면 하나님을 사랑할 수 없게 된다. 이 우상이란 금전이기도 하고, 쾌락이기도 하고, 권력이기도 하고, 유명하게 되려고 하는 야심이기도 하다. 어쨌든 인간은 이 같은 경향에 대하여 언제나 맞싸울 자세를 가져야만 된다.

두 번째 해석은, 야곱의 적은 학문이 있는 사람이었다는 설이다.

여기에서 깨달을 수 있는 것은, 지혜 혹은 학문마저도 두려워하지 않으면 안 된다고 하는 사실이다. 이러한 사실까지도 번번이 악용되는 경우가 있기 때문이다. 우리들이 지혜에 관해 주의해야 될 점은, 불과 조금밖에 알지 못하고 있는데도 모두를 다 알고 있는 듯한 착각에 사로잡히기 쉽다는 사실이다.

이를테면 소련의 우주 비행사가 우주를 비행하고 돌아와서는 「하늘을 돌아다니며 아무리 찾아봐도 하나님은 없었다. 그러니까 하나님 따위는 있을 리 없다」라고 말했다.

이것은 과학의 위대한 공적이나 인간의 지혜일지도 모른다. 하지만 이러한 지혜는 너무나 편협한 지혜이다.

지혜는 인간을 파괴하는 기계, 즉 인간을 멸하기 위한 수단을 만들어 내기도 한다. 그러므로 지혜나 지식은 그러한 것과 끊임없이 맞싸울 자세를 갖추고 있어야 됨을 이상의 사실은 가르치고 있다.

세 번째 해석은, 꿈속에서 무기를 빼앗기 위해 도둑과 싸웠다고 하는 설이다.

이것은 모든 인간의 마음속에는, 가장 평화로운 인간의 마음속에서조차 폭력에 대한 잠재적인 욕망이 있음을 암시하고 있다. 모든 인간은 잠재적인 욕망 - 폭력을 사용하여 무엇인가를 이루려 하는 -을 가지고 있으므로 언제나 스스로 욕망을 억제하도록 노력해야만 된다.

시내산

야곱은 이스라엘을 떠나 숙부와 함께 살기 시작했을 때에 또 하나의 꿈을 꾸었다. 이 꿈속에서 그는 지구로부터 하늘에까지 닿을 수 있는 사다리를 보았다.

랍비는 이 꿈에 대해 다음과 같이 해석했다. 「사다리에 대한 숫자적인 의미」로 보면 그것은 「시내」라고 하는 말과 마찬가지이다. 그러므로 십계명에서 나오는 시내 산(山)과 사다리와는 동일한 뜻을 지니고 있다는 것이다. 즉 이 꿈은 인간을 높인다는 의미이다.

하늘에 닿은 사다리

야곱은 위대한 민족의 아버지가 되도록 약속되어진 중요한 인물이었다. 그는 뜻하지 않게 양친과 헤어져 생이별을 하고 말았다. 태어나자마자 이스라엘을 떠나 위험한 적지를 여행해야만 했으며, 계속해서 위험한 일을 당하였다. 수중에는 돈도 없었다. 여행 첫날밤, 그는 어디에서 잠을 자야 좋을지 몰라 방황하다가 돌베개를 베고 잠을 자던 중 이 사다리 꿈을 꾸었다. 사다리는 하늘에 닿아 있었고, 하나님의 사자는 그 사다리를 타고 오르내리고 있었다.

야곱은 눈을 뜬 후 깜짝 놀랐다. 그는 이 꿈이 자신의 인생을 매우 의미심장하게 예시한 것이라 확신하여 잊지 않으려 했다. 이 꿈은 그에게 인간은 하나님을 어디에서나 발견할 수 있음을 가르쳐 주었다. 이를테면 돌베개를 베고 자야만 하는 장소에서도 하나님을 만날 수 있는 것이다.

고대 사람들은 부족신(部族神)을 믿었다. 그러나 그들은 자신들이 믿는 신을 어디에서나 볼 수 있다고는 생각지 않았다. 그런데 야곱은 어느 곳에서든 하나님이 존재함을 발견하였던 것이다. 이것은 그가 인생에서 얻은 것 중에서 가장 중요한 경험이었다

요셉의 행동

성격 개조

야곱에게는 12명의 아들이 있었는데, 그는 특별히 요셉을 애지중지하며 키웠다. 그래서 다른 형제들은 아버지의 처사에 대하여 심한 반감을 품고 있었다.

요셉은 대단한 몽상가였으므로 곧잘 이기적인 꿈을 꾸었다. 형제들이 옳지 못한 짓을 하며 요셉은 반드시 아버지에게 일러바치는 버릇이 있었다. 그래서 형제들은 더욱더 요셉을 미워하게 되었다.

어느 날, 요셉은 아버지의 명령에 따라 양떼를 감시하고 있는 형들을 살펴보러 나섰다. 형제는 자기들에게로 오고 있는 요셉의 모습이 멀리서 보이자 분노가 끓어 올라 요셉을 죽이거나 아니면 발가벗겨서 노예로 팔아 버리려고 작정하였다. 그리고 실제로 요셉은 형들의 음모로 인해 노예 상인에게 팔렸다.

요셉은 노예의 신분이 되어 애굽으로 끌려가 감옥에 갇혔다. 그러나 요셉은 자신의 꿈에 나타나는 여러 가지 전조와 그의 뛰어난 재능을 십분 발휘하여 나중에는 애굽의 수상 자리에까지 오르게 되었다.

그가 수상이 될 수 있었던 것은, 어느 날 바로 왕의 꿈을 해몽하여 『애굽은 앞으로 7년 동안은 풍작이 계속되지만, 그 후 7년간은 기근이 심할 것입니다. 그러므로 바로 왕께서는 창고를 많이 지어, 풍작이 계속된 해에 수확한 식량을 저장해 두어야 합니다』라고 예언했던 것이 그대로 적중하였기 때문이었다.

수상이 된 그는 애굽의 경제 계획을 담당했다. 그때 그는 아직 20대의 젊은 나이였으며, 그의 가슴속에는 자기를 팔아 버린 형제에 대한 복수심이 불타고 있었다. 기회만 있으면 기어코 형제들에게 앙갚음을 하려고 작정하고 있었다.

얼마쯤 세월이 흐른 후 이스라엘에도 기근이 들었다. 요셉의 형제들은 양식을 구하려고 애굽으로 왔다. 요셉은 형제들에게 복수할 기회를 얻은 셈이다. 그렇지만 그는 형제들에게 복수하지 않았다.

이 교훈은, 인간은 자신의 성격을 바꿀 수 있는 능력이 있음을 말해 주고 있다. 요셉은 증오로 가득 찬 생활에서 벗어날 수 있었다. 증오의 감옥에 갇혀 있다가 스스로 그 감옥에서 빠져 나오게 된 것이다. 그는 자신의 성격을 바꿈으로써 유태인에게 위대한 인물로 존경받게 되었다.

그로 말미암아 형제들도 역시 성격을 바꾸었다. 그들의 막내 동생 이름은 벤자민이었는데 맏형은 벤자민을 지키기 위해 전쟁에도 자진하여 나간다. 이렇듯 그들의 성격은 바뀌어 버렸다. 벤자민을 위해 싸움터에 나갈 무렵의 이 형제들은 『우리들은 이미 요셉을 팔아넘긴 행위로써 죄를 범했다. 두 번 다시 똑같은 잘못을 저질러서는 안 된다』고 다짐했다. 이리하여 마침내 요셉은 형제들과 굳게 결속할 수 있었다.

편견과 미움

유태인은 요셉과 그 형제간의 대립과 증오를 통해 편견의 악에 대해 배웠다.

야곱은 지나치게 요셉을 편애하여 그에게만 많은 선물을 했기 때문에, 형제들은 요셉을 무척 미워했다.

형제들은 양을 보살피는 일 때문에 며칠 동안 집을 비웠다. 이때 야곱은 요셉에게 형제들의 동정을 살펴보라고 명령하였다. 요셉은 형제들이 있을 만한 곳을 찾아보았으나 보이지 않았다. 도중에서 만난 사람이 그에게 누구를 찾고 있느냐고 물었다. 요셉은 형제들을 찾고 있는 중이라고 대답하였다. 그러자 그 사람은 『여기에는 없다, 네 형제들이 양을 도단이라는 곳으로 끌고 가자고 말하는 것을 들었다』고 알려 주었다.

그 사람의 말대로 요셉은 도단에 가 형제들을 발견하였다. 형제들

역시 멀리서 다가오는 요셉을 발견했다. 그리고 그를 어떻게 하면 좋은가를 상의했다.

랍비들은 이 이야기 속에서 두 가지 교훈을 배웠다. 도중에서 만난 사나이는 『형제들은 여기에 없다, 떠나 버렸다』고 말하였지만, 히브리어의 해석을 충실하게 따르면 『형제들은 여기(here)를 떠났다』라고 말하지 않고 도리어 『이것(this)을 떠났다』라고 말하고 있다. 이것은 확실치 않아서 『이것』이 과연 무엇을 뜻하는 것인지 알 수 없다.

랍비의 말에 의하면, 이것은 형제의 인연이 끊어졌음을 의미한다. 요셉이 형제들을 찾고 있다고 말하였을 때 사나이가 『이것을 떠났다』라고 말한 것은, 형제라는 인연이 끊어지고 멀리 떠나 버렸음을 알려 주었던 셈이다.

이것은 인간의 제삼자에 대한 최초의 편견이다. 형제로서의 우애가 없어짐으로써 그들의 미움이 시작된 것이다. 우애가 식지 않았다면 그들은 서로 증오하지는 않았을 것이다.

형제들이 멀리서 요셉을 발견하였다는 데에 제2의 문제가 있다. 사람들이 멀리서 볼 때, 즉 그 사람에게로 가까이 다가서려고 하지 않을 때는 결코 이해할 수 없다. 증오는 더욱더 커진다. 멀리서 사람을 바라볼 때는 이미 거기에서 편견이 싹트기 시작하는 것이다.

그 사나이가 『도단으로 떠났다』고 말했고 요셉은 도단에서 형제들을 발견했다고 했는데, 도단이라는 장소를 찾으려 해도 찾을 수 없다. 그뿐만 아니라 역사적인 증거조차 전혀 없다.

그리하여 도단이라 함은 실제로 존재하는 장소가 아니라 어떠한 사상을 나타내는 것으로 랍비들은 해석하였다. 그것은 장소가 아니고, 다른 종교 아니면 신앙이나 혹은 법률이었는지도 모른다. 형제들은 어떠한 방법을 취해 요셉에 대한 태도를 법제화(法制化)하려고 노력했는지도 모른다. 또한 그를 미워하는 마음을 정당화하려고 노력했는지도 모른다.

이런 일은 누군가를 미워하고 있을 때는 항상 가능한 일이다. 우선 당신이 누군가를 증오한다면 이를 정당화하려는 견해를 전개한다. 그리하여 미워하는 자와 미움을 받는 자는 더욱더 적대시하게 된다.

권력은 인간을 타락 시킨다

요셉은 특출한 경제 입안자이다. 역사상 처음으로 이른바 장래의 계획, 미래의 설계를 구상하였던 사람이다. 애굽의 경제 계획은 그 계획을 실행하기 14년 전에 세워졌다.

성전(聖典)에는 요셉의 경제적인 실적에 관해 불과 한 행인가 두 행밖에 안 되는 문장으로 기록되어 있는데, 그의 종교적인 사상에 관해서는 2, 3페이지가 할애되고 있다.

이러한 사실은 종교적인 사상이 경제적인 그것보다도 중요함을 시사하고 있다. 요셉은 정치권력이란 자칫 교만해지기 쉽다는 사실을 지적하여 애굽에서는 가장 막강한 사람이 되었다. 권력은 인간을 타락시킨다고 믿고 있었던 그는, 결코 권력을 악용하거나 남용하지 않았다. 그와 적대 관계에 있던 그의 형제들에게도 권력을 이용하여 탄압하는 일은 결코 없었다.

도덕성

요셉은 애굽에서 살고 있을 때 여주인으로부터 유혹을 받았다. 그의 나이 20세 전후일 때였다. 아니 18세 정도였는지도 모른다. 물론 총각 노예 시절이었다.

노예에게도 도덕이 없었다. 애굽 전체가 도덕을 지키지 않는 나라였으므로 그곳의 여주인이 그를 유혹하였다고 해서 문제가 될 일은 아무것도 없었다.

문제는 다만 그때 요셉이 왜 완강히 거절했느냐에 있다. 랍비들은 이 대목에 관해 곧잘 언쟁한다. 한 랍비는 요셉이 매우 종교적이며 도덕적인 인간으로서, 성적인 일은 거의 생각할 수 없을 만큼 고결한 인간이었다고 말했다.

또 다른 랍비가 반론을 폈다. 그것은 바보 같은 소리이다. 요셉도 보통 인간이다. 그의 나이로는 프로이트의 이론을 따를 필요도 없이 성적인 욕구가 매우 강했을 것이다. 요셉도 아름다운 여인으로부터 유혹을 받았을 때, 여느 청년과 마찬가지로 그 여성에게 욕망을 느꼈을 것이다. 그런데도 그는 굳이 거절하였다.

그 때 요셉은 그의 아버지의 상(傷)을 보았다. 그가 거절할 수 있었던 것은 머릿속에 아버지의 이미지가 떠올랐기 때문이다. 그 이미지는 아버지의 이미지라고 하기보다는 유태인 전체의 이미지였다. 한낱 인간일 뿐만 아니라 아브라함과 이삭과 야곱의 자손이라고 하는 긍지였다. 그는 도덕적인 책임을 느끼고 있었다. 「너의 정체는 무엇이냐?」라고 하는 자신에 대한 물음이 유혹을 뿌리칠 수 있는 용기를 주었던 것이다.

이 교훈은 오늘날 유태인의 보통 교육에서 흔히 인용되고 있다. 자식들에게는 유태인이 이러이러한 야곱의 자손이므로 매우 굳건한 도덕성을 지녀야 된다고 하는 사실을 지표로 삼았다.

모세의 행동

유태인인 까닭에

모세는 정치가이자 외교관인 동시에 조직의 우두머리였다. 그는 많은 사람을 조직 속에 포함시켜 유태인을 해방시키고자 했다. 한편으로는 스스로 법률을 만들고 재판관이 되기도 했으며 군대를 통솔하는 장군이기도 했다.

그는 사람들에게 비상한 영감을 주었다. 또 매우 인내심이 강하고 박애주의자였다.

유태인이 모세에 관하여 말하는 유명한 이야기가 있다.

그는 태어나자마자 강보에 싸여 나일 강에 버려졌다. 바로 왕의 압제로 말미암아 유태의 모든 사내아이는 나일 강에 버려져야 하는 시기에 태어났으므로, 모세도 작은 바구니에 담긴 채 강물에 버려졌던 것이다. 그러나 다행히도 바로의 한 공주에 의해 발견되었고, 그녀는 건져 낸 모세를 친아들처럼 키웠다.

『모세』란 말은 『물속에서 건져 낸다』라는 뜻이다. 이 이름에 관해서는 한 가지 문제가 있다. 사실은 『물속에서 건져 냈다』라는 과거형이 아닌 현재형을 쓰고 있는 데에서 한 가지 교훈을 얻을 수 있다. 모세는 교육자이다. 그러나 그는 과거만의 교육자가 아니라 오늘날의 우리들에게도 여러 가지를 가르치는 교육자라는 교훈을 담고 있는 것이다.

모세는 항상 압박하는 자로부터 압박받는 자로 구출하였다. 왕궁에서 탈출한 그는 양치기로 인생을 시작하여 양떼를 돌보는 일을 익혔다.

당시의 일에 관해서는 유명한 에피소드가 하나 있다.

새끼양 한 마리가 물이 먹고 싶어서 도망쳐 나간 일이 있었다. 모세는 열심히 찾아다닌 끝에 새끼양을 발견했다. 그러나 그 새끼양이 물을 충분히 마시지 않았음을 알아차리고는 불쌍히 여겨 물을 다 마실 때까지 기다렸다가 새끼양을 껴안고 돌아왔다. 하나님은 모세가 양을 잘 돌보는 것을 알고 있었으므로, 인간의 지도자로서도 충분히 감당해 나갈 수 있다고 판단하였다.

모세는 또한 자신이 왕궁에서 성장했다는 사실을 창피하게 생각하여 결국 왕궁을 떠나고 말았다. 형제들이 모두 양치기였다고 하는 사실, 이것은 온갖 생물에게 자비를 베푼다고 하는 사실을 암시하고 있다.

모세는 유태 백성의 지도자였다. 그들을 시내 산으로 인도하고 마침내는 이스라엘로 인도하였다. 그러나 그 자신은 이스라엘로 돌아가지 않았다.

이같이 위대한 지도자인 모세가 어찌하여 유태의 나라로 돌아가지 않았는가, 혹은 돌아가지 못했는가에 관하여 후일의 랍비들은 혹시 모세에게 어떤 잘못이 있지 않았는가를 연구하였다.

모세는 애굽의 바로에게서 떠나 유태인의 보호자가 되고자 미디안이라고는 곳으로 도망쳐 갔다. 미디안에 이르러 그는 양에게 물을 먹이고 있는 양치는 여인들을 만났다. 그리고 얼마 후 그곳에 애굽의 양치기들이 몰려와서는 여인들을 밀어젖히고 먼저 물을 먹이기 시작했다. 그러자 모세는 이 여인들을 수호하여, 먼저 온 사람이 먼저 물을 먹어야 한다고 주장하였다. 즉 기득권을 주장했다.

그런 후에 여인들은 집으로 돌아가 그들의 아버지에게 이 사실을 이야기했고, 그 중 한 여인의 아버지인 제사장은 애굽인이 그러한 일을 할 리가 없다고 생각하여 그가 누구인가를 확인하러 나갔다.

제사장은 모세를 만났다. 모세는 자기를 애굽인이라고 소개했다. 하지만 이야기를 하는 동안에 제사장은 모세가 유태인임을 알게 되었다.

이것은 모세로서는 커다란 잘못이다. 이런 연유로 모세는 유태인나라에 입국이 허용되지 않았던 것이 아닐까 하고 랍비들은 해석하고 있다. 자신이 유태인이 아니라고 말하는 것은 유태인에게 있어서 크

나쁜 죄, 혹은 큰 수치로 되어 있다.

후세에 민족적인 수난을 당했을 때 유태인들은 「나는 유태인이 아니오」하고 부정했던 경우가 있었다. 이름을 바꾸어 유태인이 아닌 것처럼 행동하여 박해를 모면했던 일도 있었다. 그러나 애굽의 노예였던 시절에 유태인은 육체적으로는 괴로웠으나 결코 유태인으로서의 이름을 바꾸지 않았고, 차림새도 바꾸지 않은 자가 많았다. 그들은 비록 노예였지만 자신들이 유태인이라는 긍지를 가지고 있었던 것이다.

모세의 이야기는, 어떠한 상황에 처할지라도 유태인이라는 사실을 부정해서는 안 됨을 가르치고 있다.

가시돋친 풀

애굽의 바로 궁전에서 왕자의 대우를 받으며 성장한 모세는, 성장함에 따라 자신이 유태인임을 강하게 의식하게 되고, 다른 유태인이 어떠한 환경에 있는가를 유의하게 보게 되었다.

이 무렵 유태인은 애굽의 노예였으며, 모세가 궁전 밖으로 나갈 때마다 애굽의 노예 감독은 유태인 노예를 채찍질하고 있었다. 이 모습을 본 모세는 그 감독에게 채찍질을 그만두라고 말했지만, 감독은 모세의 명령에 따르지 않았다. 그는 그 감독에게 덤벼들어 마침내 죽고 말았다.

왕궁에서 쫓겨난 모세는 미디안으로 피신하였다. 미디안에서 그는 목양자가 되어 생계를 꾸리고 미디안인 제사장의 딸을 아내로 맞는다.

어느 날, 모세가 목양자 무리를 거느리고 걷고 있을 때 들판이 불타고 있는 것을 보았다. 불은 거세게 타올랐지만 들판을 모조리 태워 버리지는 못했다. 그래서 모세는 들판에서 타고 있는 것이 어떠한 풀인지 알아보기 위하여 가까이 다가갔다.

여기서 문제가 되는 것은 그것이 어떠한 풀인가 하는 점이다. 이를 테면 아름다운 꽃이 피는 장미였는가, 먹을 수 있는 열매가 열리는 풀이었는가?

그런데 그것은 꽃도 피지 않고 열매도 맺지 않는, 가시가 돋친 보잘것없는 풀이었다. 만일 풀숲에 손을 넣었다면 상처를 입었을 것이다.

모세는 여기에서 무척 많은 것을 배웠다. 하나님은 이처럼 전혀 쓸모없는 풀에게도 그에게 어떠한 교훈을 주었던 것이다.

그런데 지금까지 역사상의 지도자들을 살펴보면 그들에게 매우 중요한 계시가 있을 때엔 으레 천둥이 치거나 번갯불이 번쩍이는 등 갖가지 천재지변이 수반되었다. 그런데 모세는 보잘것없는 풀에서 무엇인가를 배웠다.

이에 대한 유태인의 해석에 따르면, 사람들이 거리를 걷다가 넘어진다거나 사소한 물건을 소매치기 당하는 사건, 즉 전혀 역사에 남지도 않을 사건이 그 사람에게 일어났을 때에도, 그것은 하나님이 그 사람에 대해 관심을 기울이고 있는 증거라고 말할 수 있다는 것이다. 즉 시시하다고 여겨지는 일도 무척 중요한 일이 될 수 있고, 극적인 일만이 소중한 것이 아님을 보여주기 위한 것이다.

당시의 역사는 왕후 귀족만이 만드는 것이었으며, 하나님이 유태인에 대해 걱정하고 있다고 말해도 누구 하나 믿지 않았다. 그러므로 전혀 쓸모없는 풀이 들판에서 타고 있고, 일개 목양자였던 모세가 하나님에게서 가르침을 받았다는 사실은 극히 의미심장한 것이라 하겠다. 쓸모없는, 하잘것없는 풀이 타고 있었다는 것 또한 당시의 유태인을 암시하는 상징이기도 했다. 만일 가시 돋친 풀이 아주 작은 것이었다고 한다면, 당시의 유태인도 아주 미약한 존재였을 것이고, 그 가시 돋친 풀이 전연 쓸모없는 것으로 여겨졌다고 한다면, 유태인도 쓸모없는 존재였으리라. 그러나 그 풀을 뽑아내려고 하면 손에 상처를 입는다. 하찮은 유태인일지라도 노예로 삼으려고 한다면, 그 민족은 반드시 상처를 입게 될 것이다. 또 이 들판을 불바다로 만들어 버리려 해도 모조리 태울 수 없다고 함은 유태인을 근절하려고 작정해도 근절할 수 없다는 것을 시사하고 있는 것이다.

화를 낼 때

모세의 특징은 우선 첫째로 독립자존이다. 그는 사상을 올바르게 물려받은 적이 없지만, 스스로 연구하고 노력하여 하나의 사상을 창출했다. 그는 애굽 왕궁 속에서 마치 왕자와도 같은 대우를 받으며 자랐다. 그런데도 그의 사상은 그것과는 전혀 딴판이었다.

또 한 가지 그가 위대한 것은, 세계를 둘려 싼 상황에서 동떨어지지 않았다는 점이다. 그는 몽상가였지만 꿈만 꾸고 행동으로 실행하지 않은 적은 없었다. 비상하게 실천적이며 현실 사회에 적응하는 행동을 취하였다.

애굽의 왕궁에서 왕자의 신분으로 있을 때 그는 곧잘 백성을 시찰하기 위해 궁 밖으로 나갔다. 왕궁을 떠날 때는 친척과 함께 갔다. 그러므로 모세는 쾌락을 위해 살지는 않았다.

게다가 그의 두드러진 특징은 적시에 화를 낸다는 점이다. 대개의 경우 나쁜 짓을 보더라도 화를 내지 않는다. 그렇지만 모세는 화를 내야 할 때와 그렇지 않을 때, 그리고 항의를 해야 할 때와 그렇지 않을 때를 잘 분간하여 불의와 맞서 싸웠다. 대부분의 사람은 무사 안일한 생각에 젖어 있지만, 그는 노여움을 아주 적절하고도 강력하게 잘 나타냈던 것이다.

모세의 무덤

모세의 탄생에 관해서는 앞에서 언급한 바 있는데, 모세는 인간인 양친으로부터 태어났다고 하는 평범한 사실이 매우 강조되고 있다. 그 까닭은 모세가 유태인의 지도자가 되도록 정해져 있었기 때문이다. 유태인은 어느 특정한 인간을 숭배하지 않도록 가르치고 있으며, 또한 그에 관하여 주의하고 있다.

오늘날 세계에 존재하고 있는 위대한 종교, 예컨대 불교, 회교, 기독교, 조로아스터교(배화교) 등은 모두 인간이 창시한 종교이다. 이들 종교에서는 인간이 하나님으로서 숭배되고 있다. 그렇지만 유태인 사이에서는 모세교라는 것은 존재할 수 없다. 우리들은 모세를 인간으로서 인정하며, 그가 인간인 양친으로부터 태어났다고 하는 사실을 믿고 있다.

따라서 그가 죽었을 때 매장된 장소를 사람들은 알지 못한다. 만일 안다고 한다면, 그를 숭배하는 사람들이 그곳을 성지로 정하고 순례자처럼 찾아오게 될 것이다. 유태인은 이러한 일을 피하기 위해 모세의 무덤을 마음속에 남겨 두었을 뿐, 어떠한 구체적인 장소로서 정하지 않은 것이다.

영원한 생명

모세는 태어난 날과 죽은 날이 같았다. 이날은 아다알의 달인 7일째, 그러니까 2월이 아니면 3월에 해당된다.

유태인이 모세의 죽음을 말할 때에는, 『모세는 같은 날에 죽고 같은 날에 태어났다』고 표현한다. 보통의 개념으로 말한다면 탄생을 먼저 말하지만 그들은 거꾸로 말한다. 이 말의 뜻은 그들에게 있어 모세는 죽지 않고 있음을 의미한다. 모세의 개념은 유태인과 더불어 언제까지나 살아 있다. 진실한 것, 올바른 것은 절대로 죽어 없어지지 않음을 시사하는 것이다.

성서의 영향

기독교에서는 하나님과 그의 독생자 예수 그리스도를
인간의 모습으로 형상화하고 있다. 그러나 유태인은
하나님과 '주'를 인간의 모습과 비슷하게
그림으로 그리는 일은 일체 없었다.
그것은 결국 우상숭배와 직결되기 때문이다.
유태인은 옛날부터
하나님의 개념을 추상적으로 가지고 있었다.
그렇기 때문에 사물을 고찰할 때도
추상적으로 하는 훈련을 쌓게 되었는데,
그런 까닭에 이론 물리학 따위의 분야에서
뛰어난 업적을 남긴 인물이
많은 것이다

최초의 문자

〈창세기〉는 우리말의 「그」와 비슷한 문자로 시작되고 있다. 이것은 히브리어 문자로는 「B」에 해당한다.

유태의 랍비들과 유태인 사이에서는 오랫동안 알파벳의 많은 글자 가운데서 하필이면 왜 성경의 맨 앞에 이 글자가 나오게 되었는가 하는 논쟁이 벌어졌다.

그 해답은 결국, 성경에서는 오로지 한 문자로부터도 배울 수 있음을 가르치기 위해서라는 것이다. 만일 맨 처음 문자에서 무엇인가를 배울 수 있다면, 거기서 이어지는 한 행, 두 행, 세 행, 1쪽, 2쪽, 3쪽, 1장, 2장, 3장이라는 식으로 성경 가운데서 수많은 것을 배울 수 있다고 하는 마음가짐을 제시하는 이야기다.

그런데 히브리어에서 두 번째인 베트(B)라는 글자가, 왜 성경에서는 맨 처음 문자로서 선택되었을까? 그것은 A에 해당되는 알렙은 「저주」라는 의미를 지니고 있는 데 반하여 베트는 「축복」을 뜻하는 문자이므로, 알렙을 피하고 베트를 택한 것이다. 맨 위와 오른쪽과 아래, 이 세 곳이 닫혀 있다. 그리고 왼쪽이 크게 열려 있다.

제일 위에 닫혀 있는 것은 다음과 같은 것을 상징한다. 즉, 제일 위에 있는 것은 하나님인지라, 하나님이 어떠한 존재인가를 일생을 소비하면서까지 고찰해서는 안 된다는 것을 의미한다.

아래쪽 선은 죽음을 의미하고 있는데, 그것이 닫혀 있음은 죽음에 관해서 일생 동안을 소비하면서 고찰해서는 안 됨을 나타낸다.

닫혀 있는 오른쪽은 뒤쪽에 해당되는 셈인데, 이것이 상징하는 것은 과거로서 사람들은 과거에 사로잡혀 미래를 소비해서는 안 된다는 뜻이다.

왼쪽이 열려 있는 것은 쓸데없이 그러한 일에 구애받지 말고 앞으로 나아가라고 하는 의미이다.

그리고 『알파벳』 이라 일컬어지는 말은, 이 히브리어의 A인 알렙과 B인 베트를 합친 『알렘베트』 가 변해서 『알파벳』 이 되었다.

토라

하나님이 처음에 《토라》 를 만드셨을 때는 한 가지 구상을 가지고 있었다. 그 계획은 《토라》 에 명시되어 있다.

《토라》 라 함은 성경의 처음 다섯 편 - 〈창세기〉, 〈출애굽기〉, 〈레위기〉, 〈민수기〉, 〈신명기〉를 가리키는 것이다.

《토라》 는 정의감이 넘쳐흐르는 살기 좋은 사회를 만들기 위한 계획서이다. 그리고 그 계획을 보는 자는 좋은 것과 나쁜 것을 분별할 줄 아는 능력을 갖추게 된다.

하나님이 만드시고자 한 세계는 정의가 충만한 사회이며, 그곳에 사는 사람들은 선악을 매우 현명하게 분별하는 사람들이다.

《토라》 속의 창세기에는 하나님을 지칭하는 말로 2개의 다른 히브리어 낱말이 있다. 하나는 『정의』 를 뜻하는 말이고, 또 하나는 『자비』 를 뜻하는 말이다.

이것은 하나님이 정의만을 가지고 세계를 만들 수 없었음을 암시하고 있다. 왜냐하면 고지식하게 정의만을 지키고 있다가는 제대로 살아나갈 수 없기 때문이다.

아주 엄격하게 정의를 실현하려고 하면, 만약 인간이 어쩌다가 한번 잘못을 저질렀을 경우 두 번 다시 용서를 받을 수 없게 되어 버린다. 한편, 만일 이 세상이 자비에 의해서만 지배된다고 한다면, 결국

악의 손에 빠져 버리게 될 것이다. 그래서 하나님은 정의와 자비를 함께 베풀어 세계를 만드셨다.

이 『정의』라는 말은 히브리어로 『에로힘』이라고 읽는다. 『자비』라는 히브리말은 널리 알려져 있지만, 그 발음을 할 줄 아는 사람은 없다. 그 이유는 이 글자를 매우 신성시하여 옛날의 유태인들은 1년에 한번, 그것도 예배당에서만 이 말을 할 수 있었기 때문이다.

유태인 가운데는 이런 현상을 가리켜, 정의보다도 자비 쪽이 인간에게 더욱 소중한 것임을 하나님이 가르치기 위함이라고 해석하는 사람도 있지만, 필자는 그렇게 생각하지 않는다. 어쩌면 이 《구약성서》는 고대에 만들어진 것인지라, 그 당시에 있어서는 자비라는 낱말이 하나님의 진짜 호칭이고, 정의는 이차적인 호칭이 아니었을까라는 생각이다.

물론 《구약성서》가 씌어졌던 당시, 진정 어떠한 뜻으로 이 두 가지 말로 쓰여졌 는지는 알 수 없다. 그러나 아무튼 유태인이 몇 천 년 동안이나 이 성경을 사용하여 자신들의 한 가지 신조를 만들어 냈을 때엔 『하나님』을 지칭하는 말로 정의와 자비라는 이 두 가지의 낱말이 동시에 사용되고 있었다. 그것은 인간이란 정의나 자비 − 이 가운데는 정열이라는 의미도 담겨 있다 − 어느 한쪽만으로는 살 수 없고, 쌍방 다같이 동등하게 있어야만 살아갈 수 있다고 생각한 때문이 아니었을까.

만약 자비가 더 소중하다는 결론을 지어 그러한 생각만을 가지고 인간이 살아나가게 된다면, 무정부주의자와 같은 인간만이 생겨나지 말란 보장은 없을 것이다.

히브리어의 철자는 모음이 없고 자음뿐이기 때문에 정확한 발음법은 알 수 없다. 기독교도는 이것을 『야웨』라든가 『야붸』라고 발음한다. 유태인들은 이것을 『아드나이』라고 발음하는데, 물론 그것은 옛날 그대로의 올바른 발음인지 어떤지 전혀 확인할 수 없다. 이렇듯 정확한 발음은 모르지만 아무튼 현재는 『아드나이』라 발음하고 있다.

아드나이는 『주(主)』라는 뜻의 히브리어이다. 요컨대 아무도 정확한 발음을 할 수 없는지라, 이 글자가 나오기만 하면 그저 『아드나이』라고 부르기로 묵계되어 있다. 천주의 십계 가운데서 『하나님의 이름을 함부로 부르지 말라』고 하는 하나님은, 이 자비 쪽의 하나님으로 사용되고 있다.

따라서 이 『자비』라는 뜻의 하나님을 가리키는 낱말은, 예루살렘의 신전에서 1년에 단 한번, 유태의 정월 초하루부터 열흘 뒤인 유태의 성일(聖日) 중의 성일에만 소리 높여 부르게 된다. 이 말이 외쳐지면 당시의 유태인은 신전 안에서 마룻바닥에 엎드려야만 한다.

《구약성서》가 처음 씌어질 당시부터 이 하나님을 가리키는 말로 『자비』라는 뜻이 있었는지 어떤지는 알 수 없다. 나의 소견으로는 자비라는 의미가 아닌, 다만 『하나님』이라는 뜻이 아니었을까 생각된다.

그런데 그 후 유태인이 몇 천 년이나 성경과 더불어 살아오면서 성경을 공부하는 동안, 어찌하여 『정의』라는 낱말이 있는데도 따로 또 하나 하나님을 가리키는 낱말이 생겨난 것일까.

분명히 이것은 『자비』를 뜻하고 있으리라고 해석하였다. 그리하여 『자비』라는 뜻의 낱말은 『하나님』이 되었으리라.

그런데 『에로힘』이라는 말은 원래 정의라는 뜻을 가지고 있다. 이를테면 재판관도 『에로힘』이라는 말로 불리고 있다. 자비라는 낱말도 성경에 나오는 『자비』와 일상생활에서 쓰는 『자비』는 서로 다른 뜻을 가진 말일 것이다.

이것은 그 당시부터 성경에 씌어져 있는 이야기는 아니지만, 유태인은 성서의 『자비』와 『정의』를 함께 사용하는 낱말로서 다음과 같이 설명하였다.

어떤 왕이 아주 고급스러운 유리 술잔을 가지고 있었다. 그 술잔은 뜨거운 물을 붓는다거나 얼음물을 부으면 깨져 버린다. 그래서 왕은 언제나 뜨거운 물과 얼음물을 섞어서 붓는 것이 가장 좋다고 말했다.

이 이야기의 비유에서도 알 수 있듯이, 유태인은 타협을 생활의 지혜로 터득하고 있다.

한 가정의 살펴보더라도 부모가 자식에 대한 교육을 너무 엄격하게 하면 자식은 반발을 하게 될 것이고, 그렇다고 지나치게 귀여워해 주면 올바르게 성장할 수 없을 것이다. 이 양자를 혼합한 교육이야말로 균형이 잡힌 교육이라 말할 수 있다.

노아의 규범

〈창세기〉에 의하면 아담과 하와로부터 인류가 시작되어 차츰 죄를 범하게 되고, 홍수로 인하여 인류는 멸망한다. 그리하여 지금의 인류는 노아로부터 새로 출발한 셈인데, 이 새로운 인류는 과연 성공할 것인가.

하나님은 인류가 평화롭게 살아나갈 수 있도록 노아에게 규범을 부여하였다. 유태인 사회에는 매우 많은 법률이 있지만, 이 노아의 규범에 관해서만은 인류 모두가 지켜야 된다고 생각하고 있다.

그 가운데 일부는 성경에 수록되어 있으며, 일부는 그 해석에서 유도되어 나온 것이다. 성경 가운데 나오는 하나님의 십계명이 유태인을 위한 것이라면, 노아에게 준 규범은 온 인류에게 주어진 것이라고 말할 수 있다. 그러니만큼 아주 중요한 훈계라 하겠다.

그 규범은 다음과 같다.

⊙ 정의를 규정하는 재판소가 있어야 한다. 당사자끼리 함부로 힘으로써 해결하지 말라.

⊙ 살인하지 말라.

⊙ 도둑질하지 말라.

⊙ 살아 있는 동물의 살을 베어 먹지 말라.

⊙ 근친 사이에 결혼하지 말라.

⊙ 우상을 숭배하지 말라.

내용 그 자체는 일견 간단한 것처럼 보이지만, 4천 년 전에 이 규범이 만들어졌음을 우선 감안하여야 된다. 너무 간단한 규범이라 하여, 현대적 감각으로 그 중요성을 판단하면 잘못이다.

노아가 방주에서 나왔을 때 사람이라고는 노아와 그의 아내와 세 자녀밖에 없었는데, 이 규범은 하나님이 노아에게 내리신 것이다.

추상적인 사고

기독교에서는 「주」의 형상을 인간의 모습을 한 할아버지로 그려낸다. 그러나 유태인은 하나님을 인간의 모습과 비슷하게 그린 적이 없다. 고대 이스라엘에서부터 오늘날까지 유태인은 하나님이나 주의 모습을 그림으로 그리는 일은 일체 없었다. 그것은 결국 우상 숭배와 직결되기 때문이다.

유태인은 옛날부터 하나님의 개념을 추상적으로 가지고 있는지라, 사물을 고찰할 때도 추상적으로 하는 훈련을 쌓게 되었다. 때문에 추상적으로 여러 가지를 창조하는 힘이 축적되어, 이를테면 이론물리학 따위의 분야에서 뛰어난 업적을 남긴 인물이 나오게 되었다.

다른 민족은 옛날부터 손에 닿는 것, 이를테면 성냥 따위를 손수 만들어서 파는 일에 종사하여 왔는데, 유태인은 무엇인가를 쌓아 어디까지 가지고 간다 하는 추상적인 비즈니스를 성립시키고 있었다.

예를 들어 유태인 아버지가 자식에게 가게를 맡긴 뒤 하루를 끝났을 때, 자식이 『아버님, 오늘 제가 올린 매상은 얼마얼마입니다』라고 말한다. 그러면 아버지는 『그것은 네가 판 것이 아니라, 고객이 필요한 물건을 샀을 뿐이야. 상인은 고객이 필요로 하지 않는 것까지 팔아야 되는 거야』라고 말한다.

이것은 무슨 뜻일까. 알기 쉽게 말하면, 햇볕이 따가운 한여름 낮에 우산을 파는 것과 마찬가지이다. 『이 가뭄이 끝나고 비가 올 때 우산이 없으면 곤란할 것이고, 또 언제 우산을 살까 하고 신경을 쓴다는 것도 복잡한 노릇이니, 지금 사 두시는 게 현명합니다』라고 설득하여 고객에게 우산을 하나라도 사게 할 수 있다면, 그는 진짜 상인이다.

유태의 영업 사원은 미리 여러 모로 계획을 세워 갖가지 물건을 판다. 그 경우 추상적인 사고방식이 많은 도움이 되게 마련이다.

선택하는 것, 선택되는 것

많은 사람들이 『유태인 하나님의 선민(選民)』이라는 말에 대해 의아심을 품고 있음이 사실이다. 최근에 이러한 영시(英詩)가 발표 되었다.

하나님이 유태인을 선택하신 것은
참으로 기묘한 노릇이 아닌가.
하지만 그것은
유태인이 수많은 하나님 중에서
올바른 하나님을 선택한지라
기묘한 일이 결코 아니다.

　이것은 유태인 시인이 지은 것이므로 자화자찬으로 받아 들려질지
도 모르겠지만, 하나님이 유태인을 선택한 것이 아니라 유태인이 하
나님을 선택했다는 점이 중요하다.
　이를테면 경찰관이 제복을 입고 어떤 임무를 담당하고 있다고 하여
다른 사람보다 유달리 그가 뛰어난 사람이라고는 말할 수 없다. 유태
인도 하나님에게 선택된 백성이라 함은 다만 한 가지 임무가 부여되
고 있음에 지나지 않으며, 결코 다른 민족보다 뛰어난 민족이라고 생
각해서는 안 된다.
　하나님은 다른 민족에게도 돌아다니면서 선민이 되어 달라고 했다.
그러나 『살인하지 말라』든가, 『도둑질하지 말라』고 하는 십계명을
지켜야 됨을 알자 모두들 선민이 되기를 사양했다. 그리하여 결국 유
태인에게 차례가 돌아온 것이라고 구전에는 적혀 있다.
　하나님은 유태인에게 두 가지 역할을 부여했다. 첫째는 온 세계 사
람들에게 유일신의 존재를 가르칠 것과, 둘째로 평화로운 세계를 이
룩하는 일이다. 유태인 사이에는 다음과 같은 이야기가 있다.
　유태인이 하나님에게 가서 『우리들은 당신이 선택하신 백성이지
요?』하고 물은즉, 하나님은 『그야 물론이지』하고 대답한다. 그러자
유태인은 다시 『그렇다면 저희들은 선택된 백성의 구실은 상관하지
않겠으니, 누군가 다른 백성을 선택해 주십시오』라고 말했다 한다.

이 이야기는 유태인이 하나님에게 선택된 백성이라고 말하였기 때문에 너무나 많은 고난을 겪어 왔다는 뜻이다.

우선 아담과 하와가 실패하고, 바벨탑을 쌓을 때 실패했으며, 노아의 세대 역시 성공하지 못했다. 하나님은 인간이 지상에서 올바른 세계를 실현할 수 있다고 믿고 올바른 행동을 제시하기 위하여 한 민족에게 그와 같은 역할을 부여했으므로, 만일 온 세계가 올바른 행동을 하게 되면, 유태인은 이미 선택된 민족이라는 의식을 버려야 한다고 모두들 생각하고 있다.

사바스

토요일 아침 유태인은 매우 가벼운 식사를 한다. 이때 먹는 달걀은 금요일 아침에 삶은 것이며, 더운물도 금요일에 끓여 두었던 것이다. 가스레인지로 데워 두기 때문에 음식이나 더운물이 식지는 않는다.

토요일 아침은 우선 시나고그로 나간다. 남편은 자녀들을 데리고 간다. 아내는 남편이 데리고 가고 싶으면 함께 가게 되지만, 갓난아기가 있으면 가지 않는다. 아이를 돌보는 하녀도 그날은 일을 하지 않았으므로, 어머니는 아기의 뒷바라지를 해야만 하기 때문이다. 그래서 아내는 대개 마지막 15분간 정도만 참가하는 게 상례이다.

유태인의 가정에서도 우리와 마찬가지로, 아내는 가정을 지키는 일을 매우 중요하게 생각한다. 이를테면 자녀들에게 「오늘 시나고그에 가야겠으니 너희들이 집에 있어 주겠니?」라는 말은 결코 하지 않는다.

시나고그에서는 남자와 여자의 좌석이 엄격하게 구별된다. 미인이 옆에 앉기라도 하면 정신이 집중되지 않기 때문이다.

더불어 시나고그 안에서는 하나님이 여성을 지켜 주고 있다고 생각한다. 장소에 따라서는 1층, 2층으로 나뉘어 여성이 2층으로 올라갈 적도 있고, 때로는 남녀 사이에 커튼을 치기도 한다. 요컨대 시나고그 안에서는 남편이 아내를 지킬 필요가 없으므로, 남녀가 떨어져 있더라도 하나님이 여성을 지킨다고 하는 것이다.

시나고그 안에서는 아주 민주적이다. 누구나 『키파』라고 하는 모자를 쓰고, 같은 노래를 부르며, 같은 기도를 올린다. 신분의 상하 따위는 있을 수 없다.

사바스 날에는 평소와는 달리 가장 중요한 《토라》를 읽는다.

보통 11시에서 12시 무렵이 되면 집으로 돌아와서 점심을 먹는다. 이날의 점심은 금요일 낮부터 오븐 속에 넣어 두었던 것을 먹는다. 이를테면 큼직한 단지 같은 것을 오븐 속에다 넣고, 쇠고기나 채소 등 그 고장에서 재배되는 푸성귀를 함께 섞어 넣는다. 이것은 24시간 끓였기 때문에 모든 것이 부드럽게 섞여서 매우 맛이 좋다. 이것은 히브리어로는 『하밈』이라고 불리는데, 스튜 비슷한 요리이다.

내 아내는 중근동(中近東)에서 태어났고 나는 헝가리 출신이므로, 각기 다른 맛의 하밈 요리를 즐겨 왔다. 그러니까 하밈은 각 고장마다 맛이 다르다.

토요일 오후에는 약 30분 내지 1시간가량 낮잠을 자는 것이 의무화되어 있다. 토요일의 낮잠만큼 상쾌한 것은 없다. 이 단잠으로 말미암아 새로 시작되는 한 주의 에너지가 축적됨은 물론이다.

그리고 나서 근처에 사는 친구의 집을 방문하기도 한다. 자녀들이 웬만큼 성장하면 아버지는 자녀들과 함께 공부를 해야 된다. 아버지는 자녀들에게 한 주일 동안 배운 대목을 복습시킨다. 특히 이 때 아버지는 《탈무드》를 가르쳐야 한다.

날이 어두워지고 대략 40분이 경과하면 사바스는 완전히 끝나게 된다. 사바스의 종료에 앞서 2분가량 간단한 의식이 치러진다. 이때 모두 포도주를 마시고 향료를 맡는다. 한편 새끼처럼 꼬인 초를 이용해 두 개 이상의 불을 켠다. 한 자루뿐만 아니라 두 자루, 네 자루, 여섯 자루나 되는 커다란 촛불을 한꺼번에 켜는 이유는 곧 새로운 일이 시작된다는 표시로서 인식되어지기 때문이다. 그때 사용되는 촛대에는 『안식일을 영원토록 거룩하리라』 등의 문장이 새겨져 있다.

자유

유태인이 지켜야 하는 갖가지 규율 가운데 하나님의 십계명을 보면 『무엇 무엇을 해서는 안 된다』라고 부정하는 형식이 많다. 십계명에는 7가지 부정적인 금지 조항이 있고, 3가지만 종용하는 조항으로 되어 있다.

유태인은 『무엇 무엇을 하라, 무엇 무엇을 하라』하는 명령조가 인간의 자발성을 상실케 한다고 여기고 있다. 반대로 『이것만은 하지 말라』고 한다면, 그것을 제외한 나머지는 모두 자유이므로 진보를 기대할 수 있다는 이야기가 된다.

금기 사항이 많음은 무척 부자유스러운 느낌이 들지도 모르겠으나, 우리들의 행위는 그보다 훨씬 많기 때문에 실제로는 더 자유롭다.

인간이 창조될 때 하나님으로부터 나온 최초의 명령은 『생육하고 번성하여 땅에 충만하라(창세기 1장 28절)』는 말씀이었다. 따라서 유태인의 사고방식으로 보면 성(性)은 결코 죄가 아니다. 두 번째 명령은 『바다의 고기와 공중의 새와 땅에 움직이는 모든 생물을 다스리라(창세기 1장 28절)』고 했다. 다시 말하면 세계를 인간 소유로 하라, 세계를 이해하여 인간의 갖가지 지혜를 끌어내라, 요컨대 진보하라는 명령이었다.

올리브

〈창세기〉에 나오는 노아의 이야기를 보면, 평화의 상징인 비둘기를 날려 보냈더니, 올리브 가지를 입에 물고 되돌아왔다고 되어 있다.

랍비들은 어찌하여 비둘기가 향기로운 장미나 맛있는 열매 따위대신에 씁쓸한 올리브 가지를 물고 왔는가에 관해 오랫동안 논의를 거듭하였다.

그 결과 비둘기가 물고 온 올리브 가지는 하나님에게서 받은 것으로, 하나님이 내리시는 것은 인간이 만든 어떠한 달콤한 것보다도 귀중함을 의미한다는 의견으로 기울었다.

이를테면 동물원에 있는 코끼리며 사자며 기린을 보자. 물론 이들 동물은 인간에게 후한 대접을 받고 있다. 식사도 제공되고, 실내 기온까지 조절되어 있다. 하지만 기린이나 사자에게 물어 본다면, 틀림없이 그들은 우리 속에 갇혀 있는 안일함보다는 비바람에 시달리더라도 자유롭게 되는 편이 훨씬 행복하다고 이야기할 것이다.

교육하는 어머니

유태의 어머니들은 자녀들의 교육에 대한 열의로 가득 차 있다. 그러나 이 열의는 자녀가 일정한 나이에 달해 입시를 치러야 한다거나 해서 갖는 급작스런 형태가 아니므로 압박감은 없다. 교육이란 그들에게 있어서 오랜 세월에 걸친 전통인 동시에 하나의 생활양식이다.

100년 전에 미국에서 최대의 부호라고 일컬어지던 한 유태인에게 맨해턴 섬을 사지 않겠느냐는 제의가 들어왔다. 그는 빈털터리로 미국에 건너와, 20년간 열심히 일하여 큰 부자가 된 사람이었다.

그는 그 맨해턴 섬을 사지 않았다. 그는 아마도 자기가 거주하는 집마저 소유하지 않았을 것이다.

이 일화에서 우리는 항시 이동성을 갖추라는 신조를 가지고 있는 유태인의 본질을 이해할 수 있다. 유태인은 박해를 받은 역사가 매우 길었던 만큼, 만일 다급한 일이 일어났을 때는 많은 재산을 가지고 있어도 아무 소용이 없음을 스스로 체험으로 터득하고 있다.

게다가 유태인은 오랜 세월 동안 유럽에서 재산을 소유함이 금지되어 있었다. 이는 물론 유태인 자신이 유럽에 부동산을 가지고 있으면, 만일 박해를 받게 되어 피신하려 할 때 무척 곤란하리라는 생각 때문이다. 따라서 조금이라도 사회, 정치적으로 불안한 나라에서는 유태인은 절대로 부동산을 사들이지 않는다.

이런 복합적인 원인으로 말미암아 유태인은 지식이나 학문만이 자신의 재산으로 남는다는 것을 체득하여 온 것이다. 이러한 역사적인 훈련을 통해 금전이란 것도 아주 크게 되면 추상적인 것으로 간주하게 되었다.

개인주의

아인슈타인이 이스라엘의 초대 대통령으로 추대되었을 때, 이스라엘은 신생국가이니만큼 그보다 더 젊은 사람을 대통령으로 선출해야 된다고 말하면서 거절하였다.

한때 아인슈타인은 수학을 몹시 싫어해서 대수 시험에 낙제한 적도 있었다. 프로이트 역시 학교 성적은 무척 나빴다.

유태인이 성공하는 비결은 그들이 극도로 개인주의자라는 점에 있
다. 히브리어로 「헤브라이」 라는 낱말은 개인주의자임을 뜻한다. 이
말은 흔히 사용하는 개인주의자라는 뜻과는 다르지만, 요컨대 타인과
상이함을 의미한다. 따라서 유태인들은 기하나 대수처럼 자로 재듯이
너무나 틀에 박힌 그런 것에 서툴고, 인습 따위에 사로잡히지 않는
새로운 발상을 시도하는 데서 두각을 나타낸다.

천사

유태인의 사고 속에는 기독교에서 말하는 천사도 악마도 존재하지
않는다.

히브리어로 천사를 「마우스하」 라고 하는데, 이것은 「사자」 라는
뜻도 내포한다. 《구약성서》 에 등장하는 천사는 거의 실재하는 인간
을 하나님이 사자로 정했거나, 아니면 그에 가까운 형태일 따름이다.
그것은 결코 기독교에서 믿는 천사가 아니다. 유태교의 하나님은 친
척도 동료도 없는 고독한 존재이다.

유태인들은 괴로움도 시름도 여러 모로 유효한 구실을 한다고 생각
한다. 이를테면 사람이 죽지 않는다면 세계는 어떻게 될까. 사계절이
있기에 나무는 피고 지며, 물고기며 고양이며 개도 언젠가는 죽는다.
만물에는 끝이 있다. 인간이 죽지 않는다면 지구는 심각한 인구 문제
에 직면하게 된다.

악(惡)이라는 부정적인 것이 어떠한 역할을 하고 있는가는 에덴동
산을 찾아가면 알 수 있으리라. 하나님이 세계를 만들었지만, 그다음
은 인간이 그들 자신들에게 알맞도록 세계를 만들어 나가야한다.

이를테면 하나님은 밀은 만들었지만 빵은 만들지 않았다. 인간도 이 세계를 보다 좋게 하기 위하여 만들어졌다.

밀은 잠재적인 빵이며, 인간도 하나의 가능성으로 무장된 잠재적인 원료이다. 그 밖의 자연도 역시 마찬가지이다. 우리들은 동물적인 요소를 가지고 있지만, 가능성이라고 하는 하나의 신성한 요소도 내포하고 있다.

옮기고 나서...

일찍이 강한 선민의식을 가지고 축복받은 민족임을 자부해 온 유태인은 오늘날 전세계의 모든 분야에서 그들의 힘을 유감없이 발휘하고 있다. 나라를 잃고 불뿔이 흩어져 갖은 박해와 수난 속에서도 그들은 말살 되기는커녕 더욱 강해져만 갔다.

그러면 이렇듯 유태인을 이끌어 오고 격려시켜 온 힘의 원천은 과연 무엇인가?

그것은 성서와 탈무드였던 것이다. 성서의 예언은 그들의 희망이었고 삶을 영위하는 궁극의 목적이었다. 성서가 그들의 정신적인 지주였다면 탈무드는 그들의 실질적인 삶을 규정지워주고 이끌어가는 윤리요 도덕이요 철학이요 교육이었던 것이다.

'탈무드' 란 히브리어로 미슈나(Mishnah), 즉 〈가르침〉에 대한 교훈이나 설명이라는 뜻이다.

통권 20권, 1만 2천 페이지에 이르며, 낱말 수로 따지면 250만 단어 이상, 무게가 75킬로그램이나 되는 '탈무드' 는 기원전 500년에서 기원후 500년까지 구전(口傳)되어 온 내용을 10년이란 세월에 걸쳐서 2천여 명의 학자가 편찬한 것이다. 이것은 다시 말해 유태 민족 5천 년의 슬기이며 모든 지식의 저수지라고 할 수 있다.

'탈무드' 에는 팔레스타인에서 나온 것과 메소포타미아에서 나온 것의 두 종류가 있는데, 전자는 '팔레스타인 탈무드' 혹은 '예루살렘 탈무드' 로 불리고 후자는 '바빌로니아 탈무드' 를 말한다.

유태교의 율법, 전통적 습관, 축제, 민간전승, 해설 등을 집약하여 성서 다음으로 유태인의 정신적 지주가 되어 온 '탈무드' 는 유태인의 종교적 생활뿐만이 아니라 법적 규정이나 판례법까지 포함하고 있다. 따라서 당시 유태 민족의 사상이나 생활양식, 그리스도교와의 관계 등을 아는 데는 더할 수 없이 귀중한 자료이다.

이 책은 마빈 토케어가 방대한 '바빌로니아 탈무드' 중에서 일반적으로 교훈이 될 만하다고 생각되는 내용을 발췌하여 엮은 것인데, 한 권의 책으로 묶기에는 분량이 너무 적어, 구약성서 이해에 도움이 될 '속 · 탈무드' 를 부록으로 합본하였다.

아무렴 어려운 시대를 살아가는 우리들로서는 온갖 수난을 슬기롭게 극복해 온 유태인들의 지혜를 본받아야 할 점이 없지 않다고 여겨져 이 책을 소개하는 바이다. 졸역이나마 독자 여러분에게 큰 보탬이 된다면 위안이 되겠다.

옮긴이

탈무드

1판 1쇄 발행 | 1988년   5월 10일
2판 1쇄 발행 | 1993년   2월 10일
3판 1쇄 발행 | 1994년   1월 20일
4판 1쇄 발행 | 1999년   4월 15일
5판 1쇄 발행 | 2002년 12월 20일
6판 1쇄 발행 | 2007년 12월 15일
7판 1쇄 발행 | 2012년   5월 10일
8판 1쇄 발행 | 2017년   3월   5일

지은이 | 마빈 토케어
옮긴이 | 오 용 수
펴낸이 | 김 용 성
펴낸곳 | 지성문화사
등 록 | 제 5-14호 (1976.10.21)
주 소 | 서울시 동대문구 신설동 117-8 예일빌딩
전 화 | (02) 2233-5554 / 2236-0654
팩 스 | (02) 2236-0655,2953